ADMINISTRAÇÃO REGIONAL DO SENAC
NO ESTADO DE SÃO PAULO

Presidente do Conselho Regional
Abram Szajman

Diretor do Departamento Regional
Luiz Francisco de A. Salgado

Superintendente Universitário e de Desenvolvimento
Luiz Carlos Dourado

EDITORA SENAC SÃO PAULO

Conselho Editorial
Luiz Francisco de A. Salgado
Luiz Carlos Dourado
Darcio Sayad Maia
Lucila Mara Sbrana Sciotti
Luís Américo Tousi Botelho

Gerente/Publisher
Luís Américo Tousi Botelho

Coordenação Editorial/Prospecção
Dolores Crisci Manzano
Ricardo Diana

Administrativo
grupoedsadministrativo@sp.senac.br

Comercial
comercial@editorasenacsp.com.br

Projeto Gráfico e Fotos: Olivia Ferreira e Pedro Garavaglia/Radiográfico
Ilustrações: Olivia Ferreira, Pedro Garavaglia e Bárbara Abbês/Radiográfico
Diagramação: Bárbara Abbês/Radiográfico e Juliana Schetino
Copidesque: Alexandre Rodrigues Alves, Maria José Sant'Anna e Selma Monteiro
Revisão: Sonia Cardoso/Editare
Impressão e acabamento: Gráfica CS

Proibida a reprodução sem autorização expressa.
Todos os direitos reservados à:

Editora Senac São Paulo
Rua 24 de Maio, 208 – 3º andar
Centro – CEP 01041-000
Caixa Postal 1120 – CEP 01032-970 – São Paulo – SP
Tel. (11) 2187-4450 – Fax (11) 2187-4486
E-mail: editora@sp.senac.br
Home page: http://www.livrariasenac.com.br

© Editora Senac São Paulo, 2017

Dados Internacionais de Catalogação na Publicação (CIP)
(Jeane Passos de Souza - CRB 8ª/6189)

Freixa, Dolores
    Gastronomia no Brasil e no mundo / Dolores Freixa, Guta Chaves. – São Paulo : Editora Senac São Paulo, 2017.

    Bibliografia.
    ISBN 978-85-396-1299-4

    1. Gastronomia: Aspectos históricos 2. Culinária brasileira I. Chaves, Guta. II. Título.

17-576s   CDD – 641.509
                                                641.5981
                                       BISAC CKB099000

Índice para catálogo sistemático:
    1. Gastronomia : Aspectos históricos 641.509
    2. Culinária brasileira 641.5981

A você que se interessa por esta saborosa aventura que é a gastronomia.

NOTA DO EDITOR

A cozinha é o lugar das transformações, das soluções criativas, do encontro e das revelações. Na cozinha, a fome é substituída pela saciedade e a reunião das pessoas se converte em troca e satisfação. É na cozinha que se prepara a comida que nos faz sentir parte de um grupo social, cujos hábitos alimentares passaram de geração em geração desde tempos remotos, "quando os nossos antepassados partilhavam a comida que preparavam de acordo com os recursos disponíveis na época e nas regiões onde viviam", como dizem as autoras Dolores Freixa e Guta Chaves.

A alimentação revela alguns dos códigos mais intrínsecos de uma cultura. Ao analisar a alimentação dos povos, descobrem-se os valores, as práticas sociais, as hierarquias dos grupos humanos, bem como os limites que estes estabelecem com o mundo. Segundo o antropólogo francês Claude Lévi-Strauss, em seu livro *O cru e o cozido*, "quando se percebe a lógica e o conteúdo da alimentação, a ordem que regula a comida, a mesa (o que se come, como se come, com quem se come, a lógica dos diversos lugares e funções à mesa), alcança-se um saber antropológico decisivo".

A historiadora Dolores Freixa e a jornalista gastronômica Guta Chaves procuram desvendar um pouco da cultura dos povos contando aqui a história da gastronomia no Brasil e no mundo. Elas tratam dos hábitos alimentares de diferentes grupos sociais, tanto do Ocidente quanto do Oriente, desde a Pré-História até o século XXI. Temas como técnicas de cocção, utensílios, costumes à mesa – tanto do povo quanto da elite –, surgimento dos restaurantes e cozinha profissional são considerados de acordo com o momento histórico do qual fazem parte. O Brasil ganha destaque nos capítulos em que elas examinam a alimentação de nossos antepassados indígenas, contemplando as heranças portuguesa e africana e as influências mais recentes.

Com esta publicação, o Senac São Paulo espera colaborar para a formação de profissionais do setor de Turismo e Gastronomia, pois acredita que uma melhor formação cultural, aliada às técnicas do ofício, cria novas perspectivas pessoais e de carreira.

NOTA DAS AUTORAS

Aos cozinheiros, com carinho

Este livro é dedicado aos alunos de gastronomia e também aos amantes dos prazeres do paladar. Faz parte de um projeto do Senac Nacional que nós abraçamos com muita paixão e empenho.

O objetivo desta obra é contemplar toda a história da gastronomia no mundo, com atenção especial ao Brasil. Para tanto, nos valemos da nossa especialização em gastronomia, história e turismo cultural. Como resultado, surgiu este olhar diferente que preenche uma lacuna do mercado editorial: uma obra de leitura acessível, leve e reflexiva, que abrange o estudo da gastronomia dentro de uma visão do estudo da história mais usual, que vai da Pré-História até a Idade Contemporânea, focalizando as tendências advindas da globalização e privilegiando a cozinha profissional.

A tarefa não foi fácil, pois tivemos que condensar e alinhavar a história pelo foco da alimentação. E, principalmente, incluir todos os setores da sociedade, analisando não só os festins das elites, mas a comida do cotidiano das populações de várias partes do mundo, de diversas épocas. Durante a pesquisa, deparamos com o fato de que há pouco material que enfatiza a vida e os costumes alimentares do povo. Encontramos, sim, vasta literatura das refeições memoráveis, como bodas de príncipes e cardápios de banquetes.

Em cada capítulo procuramos uma bibliografia que abrangesse vários pontos de vista sobre o assunto. Assim, consultamos as mais importantes fontes da literatura nacional e internacional especializadas em gastronomia, incluindo também algumas primárias. Constatamos que em alguns casos havia informações divergentes sobre o assunto, nesses momentos procuramos uma linha mais coerente. Além disso, buscamos informações nas principais colunas de jornais e revistas do setor. E, para mostrar que a gastronomia permeia a vida e está presente em todas as artes, adicionamos um tempero a mais: comentários de filmes que fizeram sucesso e cuja temática gira em torno da boa mesa.

Também entrevistamos alguns dos mais renomados chefs e especialistas na atualidade, que nos forneceram com muita generosidade preciosos depoimentos. Esses frutos nos ajudaram a desenhar a melhor trilha rumo à orientação do profissional do setor.

Diante de um mercado que se mostra competitivo, passa a ser um diferencial possuir, além da técnica, conhecimento amplo da história da gastronomia. Ao mesmo tempo, acreditamos que o "bom garfo" e o "bom copo" ampliarão seu gosto pela leitura e pela comida por puro deleite.

Então, para começar os estudos, que tal lançar mão da sabedoria oriental: *Meshiagate kudasai*, ou seja, bom proveito!

Prefácio, J. A. Dias Lopes ... 12

Capítulo 1
uma cultura chamada gastronomia ... 14
VOCÊ PODE PERGUNTAR: O QUE É, AFINAL, GASTRONOMIA? ... 16
MAS COMO DEFINIRÍAMOS COZINHA E CULINÁRIA? ... 18
E ONDE SE ENCAIXA A ALIMENTAÇÃO? ... 18
COMO SURGIRAM OS TERMOS "RESTAURANTE" E "RESTAURAÇÃO"? ... 19
NOSSO ASSUNTO É A HISTÓRIA DA GASTRONOMIA ... 21

Capítulo 2
pré-história e história antiga ... 22
GASTRONOMIA E PALADAR NA PRÉ-HISTÓRIA ... 24
HISTÓRIA ANTIGA: AS PRIMEIRAS CIVILIZAÇÕES ... 29
POVOS DO ORIENTE: ÍNDIA E CHINA, ARTE E EQUILÍBRIO À MESA ... 37
BERÇO DO SABER GASTRONÔMICO ... 52

Capítulo 3
europa medieval, árabes e bizantinos ... 54
FUNÇÃO DO CLERO: A IGREJA PROMOVE A CULTURA ... 56
A VIDA COTIDIANA MEDIEVAL ... 60
O REAPARECIMENTO DAS CIDADES ... 66
LE VIANDIER: **O PRIMEIRO LIVRO MEDIEVAL DE CULINÁRIA** ... 70
POVOS DO ORIENTE: IMPÉRIO BIZANTINO E OS ÁRABES ... 71

Capítulo 4
renascença, a contribuição italiana 76
A ITÁLIA COMO SÍMBOLO DE REQUINTE 78
ETIQUETA E BOAS MANEIRAS 80
OS PRIMEIROS LIVROS DA RENASCENÇA 80
A INFLUÊNCIA ITALIANA NA FRANÇA 81
O NASCIMENTO DA COZINHA REGIONAL 84

Capítulo 5
expansão marítima e a américa 86
ESPECIARIAS E EXPANSÃO MARÍTIMA – PORTUGAL E ESPANHA 88
CULTURAS PRÉ-COLOMBIANAS QUE GANHARAM O MUNDO 92

Capítulo 6
a influência da gastronomia francesa 102
REIS ABSOLUTISTAS, SEUS HÁBITOS E SEUS CHEFS 104
AO POVO O QUE É DO POVO 109
AS TRANSFORMAÇÕES DO SÉCULO XVIII 110
AS PRINCIPAIS BEBIDAS E SUA HISTÓRIA 116
RUMO A UMA SOCIEDADE DE BONS MODOS 119

Capítulo 7
a idade de ouro da gastronomia francesa 120
A ASCENSÃO DOS RESTAURANTES 123
OS PRIMEIROS CRÍTICOS GASTRONÔMICOS 127
CHEFS DE OURO 131
OS HOTÉIS DE LUXO 135
A CLASSE MÉDIA E O POVO 138
A CIÊNCIA A FAVOR DA ALIMENTAÇÃO 140
EXPECTATIVAS PARA O SÉCULO XX 141

Capítulo 8
idade contemporânea 142

O TURISMO, A CULINÁRIA REGIONAL
E OS PRIMEIROS GUIAS DE RESTAURANTES 144
LE CORDON BLEU: UMA ESCOLA SECULAR 149
VIDA AMERICANA: TEMPO É DINHEIRO 152
A REAÇÃO FRANCESA 154
POVOS DO ORIENTE: JAPÃO 155
O NOVO MUNDO DOS VINHOS 162
CAMINHOS DA GLOBALIZAÇÃO 163

BRASIL 164

brasil – heranças 168

A EXPANSÃO MARÍTIMA E A CHEGADA DOS PORTUGUESES AO BRASIL 170
NOSSO LEGADO INDÍGENA 171
A HERANÇA PORTUGUESA 174
A CONTRIBUIÇÃO AFRICANA 176

brasil – colônia 178

O AÇÚCAR NO NORDESTE 180
SÃO PAULO E OS BANDEIRANTES 186
O CICLO DO OURO 187
A TÃO ESPERADA INDEPENDÊNCIA 193

brasil – império 194

A VIDA DA CORTE PORTUGUESA 196
D. PEDRO I, A INDEPENDÊNCIA E O COMEÇO DO IMPÉRIO 199
O REINADO DE D. PEDRO II 201

O CAFÉ NO BRASIL	204
OS ESCRAVOS E OS IMIGRANTES	206
A BELLE ÉPOQUE BRASILEIRA	209
A ALIMENTAÇÃO DO POVO	213

brasil no século xx — 214

INÍCIO DA REPÚBLICA E VIRADA DO SÉCULO XX	216
OS PRIMEIROS RESTAURANTES EM SÃO PAULO, RIO DE JANEIRO E OUTRAS CAPITAIS	217
O INÍCIO DO TURISMO NO BRASIL	221
OS CAMINHOS DA MODERNIZAÇÃO	223
A COZINHA PROFISSIONAL NO BRASIL	227

brasil – cozinha típica regional — 232

REGIÃO NORTE, O SABOR AMAZÔNICO	234
AS COZINHAS DO NORDESTE	238
CENTRO-OESTE, REGIÃO DO PANTANAL E DO CERRADO	246
A DIVERSIDADE GASTRONÔMICA DO SUDESTE	248
REGIÃO SUL: UMA RELEITURA DO VELHO MUNDO	253

Capítulo final
globalização — 258

NAVEGAR É PRECISO	262
TENDÊNCIAS NO MUNDO	264
A COZINHA DO SÉCULO XXI	279
CONSELHOS AOS JOVENS CHEFS	289
PARA ONDE CAMINHAMOS?	292

Glossário de termos históricos e gastronômicos	294
Referências	308

PREFÁCIO

Modo de usar

Um dos mais ferinos críticos literários do Brasil no século XX afirmou: a parceria entre dois autores, para escrever um livro, é boa ou ruim, pois não comporta o meio-termo. A sentença se adapta como uma luva de pelica a esta obra. Guta Chaves e Dolores Freixa se uniram para produzir um livro interessante que, além do mais, foge do convencional. Obras sobre gastronomia se multiplicam em língua portuguesa. A maioria, porém, limita-se à publicação de receitas, umas boas, outras nem tanto, seguidas de inconsistentes ou inexistentes comentários. Às vezes sequer as situam no tempo. Obviamente, não nos referimos aos trabalhos dos grandes chefs e *pâtissiers*, cujas criações têm interesse público; nem aos que ensinam técnicas de cozinha. Exemplos do que criticamos não faltam. No ano passado, adquirimos um livro em Lisboa. Fala dos sabores judaicos de Trás-os-Montes. Tem capa dura, papel de primeira qualidade e fotos coloridas. Mas em nenhum momento de suas páginas se explica como e por que os judeus foram parar em Trás-os-Montes. Nem se diz que aquela região é irmã do Douro, localiza-se no norte de Portugal e nela buscaram refúgio muitas pessoas acossadas por suas devoções religiosas e convicções políticas. Pressuposto da obra: as pessoas já sabem disso tudo.

O trabalho conjunto de Guta e Dolores é, sobretudo, gostoso de ler. Seus textos leves, bem escritos e substanciosos, seduzem ao primeiro olhar. Afortunadamente, não são extensos, evocam os que enriqueciam os almanaques de antigamente. Ao mesmo tempo, não se deixaram contaminar pelos indigestos cacoetes acadêmicos. Livros assinalados por torrencial complexidade podem fazer sucesso na noite de autógrafos. Mas, lidos por poucos, acabam condenados ao sedentarismo das estantes. Esta obra, porém, revela-se deliciosamente atraente. Guta é tarimbada jornalista gastronômica; Dolores, aplicada historiadora. Se não fosse expressão surrada, diríamos que o trabalho da dupla nos proporciona uma suculenta viagem pela história da gastronomia, começando na Pré-História e terminando na cozinha do século XXI. Ou, então, que sua leitura nos estimula a cometer o gratificante pecado da gula. Porque os textos resgatam hábitos alimentares de diferentes povos do mundo, tratam dos costumes à mesa e daí por diante.

Por falar em gula, aproveitamos a oportunidade para lamentar o fato de ela já ter sido considerada atentado contra a lei divina. Santo Tomás de Aquino (1225-1274), o filósofo e teólogo que elaborou o mais importante sistema de ideias da Igreja Católica, condenou-a severamente, definindo-a como "o gosto de ingerir alimentos e bebidas mais do que é necessário". A seguir, acoplou a gula ao elenco das sete faltas capitais, ao lado da vaidade (depois substituída pela soberba), avareza, luxúria, ira, inveja e acídia (atualmente preguiça). Entretanto, bispos e padres jamais lhe atribuíram a mesma infâmia das outras transgressões mortais. No fundo, como dizem os escritores gastronômicos Alfredo Saramago e Manuel Fialho, no livro *Doçaria dos conventos de Portugal* (1997), nunca acreditaram que comer demais atrapalhasse a salvação da alma. Afinal, nem sempre conseguimos estabelecer a fronteira entre o admissível prazer à mesa e a exorcizada intemperança.

O controvertido e guloso Clemente VI nos daria razão. O pontífice de Avignon, no sul da França, onde o papado permaneceu no século XIV, ao ser flagrado quando sorvia um pote de cozido de legumes, verduras e carnes, em plena Quaresma, teria assegurado à pessoa inconveniente: "Deus também está nos cozidos". Em resumo, Clemente VI era dos nossos...

Modo de usar o livro de Guta e Dolores: que o leitor o abra à procura de informação, entretenimento e inspiração gastronômica.

J. A. Dias Lopes

Diretor de redação da revista *Gosto* e colunista gastronômico do jornal *O Estado de S. Paulo*.

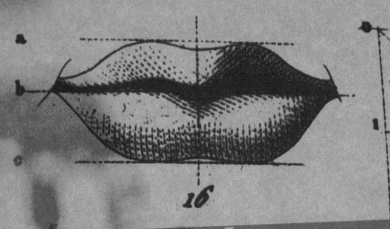

CAPÍTULO 1
UMA CULTURA CHAMADA GASTRONOMIA

gastronom...

Gastronomia é o conhecimento fundam
de tudo o que se refere ao homem na m
em que se alimenta. Assim é ela, a bem dizer
que move, os lavradores, os vinhateiros, os pescadores,
os caçadores e a numerosa família de cozinheiros,
seja qual for o título ou a qualificação sob a
qual disfarçam sua tarefa de preparar alimentos...
A gastronomia governa a vida inteira do homem.

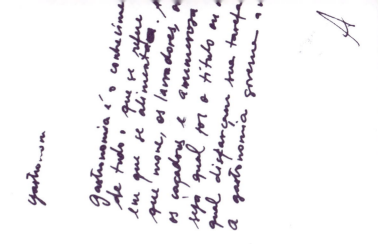

A GASTRONOMIA É UM INVENTÁRIO PATRIMONIAL TÃO IMPORTANTE CULTURALMENTE QUANTO OS MUSEUS, AS FESTAS, AS DANÇAS E OS TEMPLOS RELIGIOSOS.

Desde tempos remotos as pessoas não se alimentam movidas apenas pela necessidade de sobrevivência, mas também por puro prazer.

Na busca incessante de contentar o paladar, desde a História Antiga o cozinheiro é tido como um mágico, um alquimista que transforma simples ingredientes em manjar dos deuses.

E porque cozinhar é uma arte, sempre despertou encantamento. A ponto de muitas pessoas se interessarem pela gastronomia.

VOCÊ PODE PERGUNTAR: O QUE É, AFINAL, GASTRONOMIA?

Vamos começar mencionando a origem da palavra. Vem do grego *gaster* (ventre, estômago) e *nomo* (lei). Traduzindo, literalmente, "as leis do estômago".

Quem criou o termo foi o poeta e viajante grego Arquestratus, no século IV a.C. Apreciador da boa mesa, ele percorreu vastos territórios, observando e provando as especialidades das cozinhas locais. O resultado de suas experiências foi compilado no *Hedypatheia*, um tratado dos prazeres da comida, com conselhos de como comer bem e a primeira definição de gastronomia.

Muito tempo depois, no final do século XVIII, a palavra voltou à tona e o conceito se expandiu graças a um escritor apaixonado pelos prazeres da mesa, o francês Brillat-Savarin. Em *A fisiologia do gosto*, o livro de cabeceira de todo bom gourmet, ele diz:

> gastronomia é o conhecimento fundamentado de tudo o que se refere ao homem na medida em que ele se alimenta. Assim, é ela, a bem dizer, que move os lavradores, os vinhateiros, os pescadores, os caçadores e a numerosa família de cozinheiros, seja qual for o título ou a qualificação sob a qual disfarçam sua tarefa de preparar alimentos... a gastronomia governa a vida inteira do homem. (BRILLAT-SAVARIN, 1995, p. 57-58)

Hoje a gastronomia continua se expressando por meio dos hábitos alimentares de cada povo, legado que passa de geração em geração desde a pré-história, quando os nossos antepassados partilhavam a comida que preparavam de acordo com os recursos alimentares disponíveis nas regiões onde viviam. Cada comunidade foi criando sua cozinha, cuja seleção de alimentos era ditada pela tradição e pela cultura.

Até 2003, a Organização das Nações Unidas para a Educação, a Ciência e a Cultura (Unesco) valorizava os patrimônios edificados ou materiais, como museus e monumentos. A partir daquela data se definiu que as expressões, as celebrações e os saberes de uma comunidade seriam considerados patrimônios culturais imateriais.

Dentro desse quesito está inserida a gastronomia, e nesse campo já foram registrados alguns patrimônios mundiais. O primeiro foi a Cozinha Mexicana, envolvendo sua antiguidade, continuidade histórica, originalidade, ingredientes nativos e procedimentos. Em seguida, a Refeição Gastronômica à Francesa, representando a convivialidade, o requinte, as técnicas, os produtos únicos e uma herança secular. Outro patrimônio é a Dieta Mediterrânea, inspirada em uma alimentação à base de frutas, legumes, azeite de oliva, cereais, laticínios, peixes, vinho e pouca carne vermelha. Ela é o legado de um modelo nutricional milenar, que se manifesta como um dos cardápios mais saudáveis da humanidade.

A partir de 2002, o Iphan (Instituto do Patrimônio Histórico e Artístico Nacional) passou a registrar os bens culturais de natureza intangível ou imateriais para salvaguardá-los.

Na gastronomia, alguns deles são:

→ **O Ofício das Paneleiras de Goiabeiras**, do bairro de Vitória, Espírito Santo. É uma tradição indígena de 400 anos na feitura das panelas de barro, base para o preparo da moqueca capixaba, prato símbolo do estado.

→ **Ofício das Baianas de Acarajé**, de Salvador, Bahia. Contempla a comida de tabuleiro de rua, consumida também nos rituais religiosos do candomblé, em que o bolinho acarajé tem grande representatividade.

→ **O Modo Artesanal de Fazer Queijo de Minas**, nas regiões do Serro, da Serra da Canastra e do Salitre, elaborado com leite cru por pequenos produtores.

→ **O Sistema Agrícola Tradicional do Rio Negro**, no Amazonas, que garante a sustentabilidade do modo de produzir e a conservação da floresta.

Existem também bens registrados em nível estadual. São eles o bolo de rolo e o bolo Souza Leão, em Pernambuco, patrimônios imateriais ligados às receitas das famílias dos engenhos de açúcar do século XVII, na região da Zona da Mata.

Cada vez mais se avaliam manifestações gastronômicas que contribuem para a valorização da nossa diversidade alimentar, inclusive municipais. É o caso do Bolinho Caipira, da cidade de Jacareí, reconhecido como patrimônio cultural da cidade, e preparado com farinha de milho branco e recheio de linguiça de porco.

A gastronomia também está ligada às técnicas de cocção e ao preparo dos alimentos, ao serviço, às maneiras à mesa e ao ritual** da refeição. Sendo assim tão abrangente, podemos entender que a cozinha e a culinária estão inseridas na gastronomia.

**Ao longo do texto, as palavras contidas no Glossário de Termos Históricos e Gastronômicos (p. 294) estão destacadas com dois asteriscos.

MAS COMO DEFINIRÍAMOS COZINHA E CULINÁRIA?

Cozinha e culinária são sinônimos. Ambos os termos se referem ao conjunto de utensílios, ingredientes e pratos característicos de um país ou de determinada região. Por exemplo: a cataplana, um utensílio para cozinhar alimentos típicos do Algarve (Portugal), e o bacalhau assumem as mais variadas receitas neste país; em Minas Gerais, a panela de pedra é usada há séculos para preparar pratos cozidos, e entre os pratos típicos da culinária brasileira estão a feijoada e o churrasco.

Cozinha e culinária dizem respeito também à arte de preparar os alimentos e às práticas e técnicas usadas para esse fim. Por exemplo: quando nos referimos à "cozinha de vanguarda de Ferran Adrià", estamos falando tanto do estilo de sua arte quanto das técnicas que ele emprega.

E ONDE SE ENCAIXA A ALIMENTAÇÃO?

O conjunto de ingredientes *in natura* ou industrializados com os quais as pessoas se nutrem é o que chamamos de alimentação. Ela está ligada aos setores de produção, abastecimento e consumo, ou seja, agricultura, pecuária, indústria alimentícia, mercados e feiras. Também tem vínculos com a nutrição, que estuda os alimentos e de que forma eles devem ser combinados e preparados de modo que o indivíduo tenha uma vida saudável.

No entanto, quando passamos a analisar a alimentação sob o aspecto das tradições sociais, religiosas, das preferências, gostos e conhecimentos ligados à alimentação de determinado povo, estamos falando da gastronomia.

COMO SURGIRAM OS TERMOS "RESTAURANTE" E "RESTAURAÇÃO"?

A palavra "restauração" tem origem no *bouillon restaurant*, ou seja, no "caldo restaurador", que no século XVIII era oferecido em determinado estabelecimento na França, que passou a ser chamado de *restaurante*. Já no século XIX, a ideia de uma casa que servisse pratos variados constando num cardápio** com preço e horário fixo se espalhou pela Europa.

Hoje, o setor da restauração engloba não apenas os restaurantes, mas todos os estabelecimentos comerciais destinados a alimentar as pessoas e, por conseguinte, os restauradores (proprietários) e os diversos profissionais que nele trabalham, tais como: *commins* (aprendiz de garçom), garçons, maîtres, sommeliers**, baristas**, chefs, cozinheiros, confeiteiros e ajudantes de cozinha.

GOURMAND E GOURMET

Convencionou-se chamar de gourmand o indivíduo que gosta de comer bem e, muitas vezes, em quantidade. Já no século XIX, surgiu na França o conceito de gourmet, que se refere à pessoa de paladar apurado e conhecedora da boa mesa. Esse conceito evoluiu atualmente para definir também alimentos e locais diferenciados e de excelência. Muitas vezes, porém, o marketing das empresas e a mídia têm usado essa palavra de forma equivocada e vulgarizada para qualquer produto alimentar.

gastronomia é o conhe

16

Restaurante

NOSSO ASSUNTO É A HISTÓRIA DA GASTRONOMIA

Neste livro, dedicado aos profissionais e amantes da boa mesa, trataremos da história da gastronomia no mundo e no Brasil. Enfatizaremos os hábitos, as preferências alimentares dos povos, tanto do Ocidente quanto do Oriente, desde os primórdios da humanidade até o nosso globalizado século XXI.

Na viagem pelos capítulos, o leitor também descobrirá as técnicas de cocção, os utensílios típicos, bem como os costumes à mesa – tanto do povo quanto da elite –, incluindo a cozinha profissional.

Com relação ao Brasil, um texto especial destaca os hábitos alimentares de nossos antepassados indígenas, passando pelas heranças portuguesa, africana e outras múltiplas influências.

No campo profissional, imagine que, até a década de 1990, não se dava muito valor à cozinha nacional. Para se ter uma ideia, muitos consideravam que não existia uma gastronomia brasileira, por julgarem ser o termo "gastronomia" ligado apenas ao requinte das classes privilegiadas e à alta cozinha.

Felizmente, esse tempo já passou. Segundo a chef paulista, pesquisadora e professora de gastronomia Mara Salles, o Brasil vive um momento de alta estima em relação à sua cultura. "Hoje, profissionais estrangeiros e brasileiros se encantam com a diversidade gastronômica do nosso País", diz. "E ainda há muitas riquezas escondidas nos quatro cantos do Brasil."

É importante notar que a nossa cozinha regional, que se formou com as tradições e mostra a identidade do nosso povo, anda de mãos dadas com a alta cozinha, como destaca Salles: "O que faz a alta cozinha é transformar a cozinha regional, atualizando-a de acordo com os novos tempos, tornando-a mais lapidada, jovial e afinando sua técnica".

O turismo é parte integrante desse contexto. Quando as pessoas viajam, naturalmente se sentem tão envolvidas pela natureza, pelos monumentos históricos, pelas festas e danças quanto pela gastronomia do lugar.

Você descobrirá, no próximo capítulo, 'Pré-História e História Antiga', como os nossos antepassados incorporaram à sua dieta os ingredientes encontrados na natureza, inventaram panelas, desenvolveram formas de preparo, num empenho constante e interminável de aprimorar o gosto da comida, obtendo com isso mais prazer. E sempre buscando a convivência e o bem-estar em grupo, em torno da mesa, tanto em refeições triviais quanto em banquetes.

Podemos, assim, afirmar que há milhares de anos já existia a gastronomia. Vamos agora entrar no túnel do tempo e desvendar essa cultura milenar...

CAPÍTULO 2
PRÉ-HISTÓRIA E HISTÓRIA ANTIGA

As bases da gastronomia dos povos se constituíram na história antiga. Mas seus primórdios são ainda mais remotos, datando da Pré-História.

A gastronomia é fruto do homem, um ser inteligente que vive em sociedade e produz cultura. E uma das mais peculiares ao ser humano é a cultura ligada à alimentação.

Na luta pela sobrevivência, fruto da necessidade de buscar alimento e se defender dos ataques de outros animais, nossos ancestrais aprimoraram seus recursos, elaborando armas de caça e aperfeiçoando as formas de cozinhar, dividir, armazenar e conservar a comida. De nômades, tornaram-se sedentários. De caçadores e coletores, ergueram povoados com base na agricultura e criação de animais. Do excedente de sua produção, desenvolveram trocas entre as sociedades, gerando o comércio. Formaram cidades, inventaram a escrita e, desse movimento evolutivo, surgiram as primeiras civilizações.

ENTENDA AS FASES DA PRÉ-HISTÓRIA

Convencionou-se chamar de Pré-História o período que compreende desde a origem da humanidade até o desenvolvimento da escrita, por volta de 3500 a.C. Esse período inicial da história compreende três fases:

Idade da Pedra Lascada ou Paleolítico – Desde a origem da humanidade até cerca de 10000 a.C. Os homens dependiam exclusivamente da caça e da coleta de grãos.

Idade da Pedra Polida ou Neolítico – Vai de 10000 a.C. até 6000 a.C. Neste período têm início a agricultura e a criação de animais.

Idade dos Metais – Entre 5000 e 4000 a.C. Nesta fase, alguns grupos humanos substituíram o uso de pedra por metais, como o cobre, o bronze e o ferro. Aparecem as primeiras cidades, o comércio e os ofícios especializados, como o de cozinheiro.

A História Antiga começa com o surgimento da escrita, por volta de 3500 a.C. É importante observar também que toda data antes do nascimento de Jesus Cristo é contada de forma decrescente.

GASTRONOMIA E PALADAR NA PRÉ-HISTÓRIA

Para entender como nasceu a gastronomia e suas inter-relações com outras culturas, precisamos voltar ao princípio da humanidade – literalmente, à Idade da Pedra – momento em que surgiu o *homo sapiens*, ou o homem moderno, entre 130 mil e 200 mil anos.

Desde os primórdios, o ser humano sentiu necessidade de se reunir em grupo. Como ser social e inteligente, desenvolveu normas para reger a vida em comunidade, consagrou costumes, crenças e também produziu arte. Entre os saberes passados de geração em geração, está a cultura ligada ao ato de caçar, de coletar e de como preparar os alimentos para compartilhá-los.

PALEOLÍTICO: FOGO, COCÇÃO, CAÇA E COLETA

Hoje sabemos como é importante o convívio em torno da mesa e que o lugar mais caloroso de uma casa é a cozinha. Há 500 mil anos, quando o hominídeo dominou o fogo, estávamos ainda muito distantes de conhecer objetos que pudessem ser chamados de "mesa" e muito menos de "garfo".

Foi o ato de reunir-se à volta do fogo para partilhar o alimento que gerou a comensalidade**, conceito no qual estão implícitos os sentimentos de fraternidade e empatia. Assim, o fogo, além de cozinhar o alimento e ajudar a nutrir, também unia as pessoas. Foi cultuado como uma das primeiras divindades e acalmava o espírito humano, ávido por respostas para os mistérios da vida.

Do que se alimentava o homem do Paleolítico → Como vimos, o *homo sapiens* surgiu no Paleolítico, e sua sobrevivência era assegurada pela caça, pesca e coleta de alimentos. Como naquele tempo sua atividade era unicamente predatória, ele se via obrigado a migrar quando os recursos locais de alimentação se esgotavam. Vivendo em grupo, unia forças para conseguir o que comer: as mulheres coletavam vegetais e cozinhavam os alimentos; os homens produziam armas e caçavam.

Alimentavam-se de raízes, tubérculos, talos tenros, frutas e grãos silvestres. Lentilha, framboesa, figo, uva e mel foram talvez os primeiros alimentos coletados na natureza. Por muito tempo o mel foi utilizado para adoçar alimentos – o açúcar só foi difundido no final da Idade Média.

As pinturas rupestres**, feitas nas cavernas, foram os primeiros registros da arte e constituem os principais documentos que mostram os hábitos alimentares dos primeiros grupos humanos. Nelas estão as provas da importância da caça para o homem do Paleolítico. Registram grandes conquistas, revelando a captura de animais de grande porte – entre os quais mamutes e bisões.

No fim do Paleolítico, a partir de 10000 a.C., quando as geleiras começaram a derreter (antes desse período, o clima na Terra era muito frio), a vegetação rasteira deu lugar às florestas e o clima tornou-se mais ameno e úmido. Apareceram cada vez mais pássaros, peixes, mariscos e animais da nossa fauna atual, como cervos, renas, javalis, lebres e até caracóis – os *escargots*, hoje tão apreciados na cozinha francesa. Sem o impedimento das geleiras, o homem espalhou-se por todo o planeta.

Com que instrumentos fabricavam suas armas → Como não podia depender apenas de sua força física para caçar grandes animais, o homem usou a inteligência para desenvolver armas e ferramentas e, aos poucos, dominou a natureza. A principal matéria-prima para a fabricação das ferramentas era a pedra (daí, Idade da Pedra). Fazendo uso também da madeira, ossos e dentes de animas abatidos, foram desenvolvidos o arco e a flecha, o arpão dentado, o machado manual, as lanças de pedra e de madeira, as pontas de lança feitas de chifre, as armadilhas.

De que forma o homem primitivo cozinhava e conservava o alimento → O uso do fogo, iniciado há cerca de 500 mil anos, também serviu para tornar a carne de caça mais palatável. Antes disso, os ancestrais do homem moderno destrinchavam alimentos crus. O ato de cozinhar com o fogo tornou a comida mais saborosa e ajudou a desenvolver o paladar humano.

Cozinhar foi, além disso, a primeira forma de conservação da caça, pois o homem logo percebeu que a carne cozida demorava mais para se deteriorar e que se tornava também mais digestiva.

Naquela época, as receitas eram simples e os cardápios, repetitivos. A carne era assada sobre brasas, cinzas ou num espeto improvisado feito de ossos. Praticamente não havia temperos, e o uso do sal na comida ainda era desconhecido. Buscando conservar as sobras da caça, o homem passou também a secar a carne ao sol para consumi-la mais tarde.

Um dos primeiros utensílios criados pelo homem pré-histórico foi a faca, instrumento que então tinha pontas afiadas e uma extremidade arredondada para o encaixe na palma da mão.

Até aqui ficou claro que os hábitos alimentares não decorriam tão somente da necessidade de sobrevivência. Já se manifestavam preferências alimentares. E estas se diversificaram à medida que o homem foi se fixando na terra e aproveitando a oferta de produtos locais.

NEOLÍTICO: DE CAÇADOR A CRIADOR, DE COLETOR A AGRICULTOR

Há dez mil anos, o clima da Terra se estabilizou e as temperaturas mantiveram-se parecidas com as de hoje. Esse foi um marco para que o homem buscasse vales férteis para se fixar, pois, como já vimos, até então se vivia da caça e da coleta.

A grande revolução aconteceu a partir do momento em que os homens começaram a cultivar plantas e domesticar animais, controlando, assim, o próprio abastecimento.

Esses fatos não ocorreram de uma hora para outra. Evoluíram gradativamente. Na agricultura, por exemplo, desde o primeiro momento em que se observou que as sementes caídas na terra tinham o poder de germinar e gerar novas plantas.

Fixados em vales férteis onde puderam desenvolver a produção de cereais (sobretudo, trigo e centeio), os povoados mais primitivos de que se tem registro se fixaram, em cerca de 10000 a.C., nos vales férteis do rio Nilo (Egito), no delta entre os rios Tigre e Eufrates (Mesopotâmia), na bacia do rio Amarelo (China) e no vale do rio Indo (Índia). O homem aprendeu a se valer das cheias dos rios como uma espécie de irrigação natural para suas plantações.

Pelo que se sabe, o arroz começou a ser plantado na China há oito mil anos; a soja, há cinco mil anos. No Crescente Fértil (atuais Egito, Líbano, Israel, Iraque, Turquia, Síria, Líbano e Jordânia), além dos cereais e da figueira (a primeira a ser cultivada), há registro do cultivo da uva (7000 a.C.), da ervilha (8000 a.C.) e da oliveira (4000 a.C.). Nas Américas, o milho é um dos cereais mais antigos, plantado há cerca de 5.500 anos (PINSKY, 2006, p. 45-46).

A domesticação animal teria tido início com o fato de os caçadores levarem filhotes de animais selvagens para conviver com seu grupo. Observando que muitos se adaptavam à nova forma de vida, começaram a confinar animais, como a ovelha e a cabra (8000 a.C.), o porco (7000 a.C.), a vaca (4000 a.C.).

Primeiro, o confinamento servia como uma reserva de caça. Depois, começaram a abater apenas o que precisavam para a alimentação, deixando os mais dóceis para o consumo de leite. Com o leite excedente, aprenderam a produzir derivados, dentre os quais a coalhada, a manteiga e o queijo. Do gado domesticado aproveitava-se tudo, inclusive os ossos, o couro e a lã para as vestimentas.

PETISCOS DA HISTÓRIA

Descobertas recentes revelam a figueira, da espécie *Ficus carica*, consumida até hoje, como a primeira planta cultivada pelo homem, há 11,4 mil anos, no sítio arqueológico de Gilgal 1, a 12 km ao norte de Jericó, na Cisjordânia, território palestino. Até há pouco tempo se acreditava que os alimentos mais antigos cultivados pelo homem seriam o trigo e a cevada, domesticados há 10,5 mil anos, na Mesopotâmia.

Como o homem do Neolítico criou raízes e manteve comunidades permanentes, as relações sociais também se transformaram. A divisão do trabalho entre homens e mulheres tornou-se mais nítida: os homens se encarregavam da criação de animais, da caça, da pesca e de preservar o grupo contra os predadores, enquanto as mulheres ficavam encarregadas de cuidar dos filhos, plantar, colher e preparar os alimentos.

A agricultura começava a gerar um excedente. A partir daí, as trocas e os contatos entre as comunidades se intensificaram, fomentando o que poderíamos chamar de um rudimentar "comércio".

Como eram guardadas as sobras das colheitas → A possibilidade de estocagem de alimentos levou à necessidade de fabricação de recipientes para armazená-los e conservá-los. Foi assim que o homem desenvolveu a cerâmica – secando o barro no fogo, dando-lhe formas e volumes diversos e decorando as peças. Parece que a primeira utilidade dos novos vasos de cerâmica foi guardar água, óleo de oliva, fermentar e estocar bebidas como vinho e cerveja.

Com o desenvolvimento da cerâmica, apareceram também as primeiras panelas. E, com elas, o cozimento em água fervente, feito nos recipientes de cerâmica sobre o fogo. Este foi um passo muito importante para o aperfeiçoamento da culinária, pois abria caminho para a criatividade, permitindo o uso de condimentos e temperos, como ervas e sementes aromáticas, que deixavam a comida mais saborosa.

PRIMEIRAS BEBIDAS DA HUMANIDADE

As bebidas fermentadas, antes de se tornarem um hábito, foram primeiramente consumidas em ocasiões festivas e rituais. É o caso específico do vinho e da cerveja.

Achados arqueológicos** recentes identificaram depósitos residuais de vinho no fundo de um jarro datado de 7400 a 7000 a.C. na região do Oriente Médio. Quanto à cerveja, pelo que consta, já existia por volta de 6000 a.C. É provável que a cevada, o centeio ou o trigo umedecido e esquecido num canto qualquer tenham germinado e fermentado naturalmente, produzindo um líquido agridoce.

O homem da época deve ter provado e gostado tanto do sabor quanto dos efeitos relaxantes dessas bebidas e, por isso, talvez tenha resolvido produzi-las. Havia ainda outras bebidas alcoólicas de sucos de frutas fermentadas e açucaradas.

Pode-se dizer que, a partir do Neolítico, o homem não somente se deparou com alimentos diferentes de acordo com as regiões onde se fixou como também selecionou aquilo que mais lhe agradava. As escolhas derivaram da peculiaridade da cultura de cada um desses povos: europeus, por exemplo, não têm insetos em sua dieta alimentar, como acontece na África e Ásia, mas comem *escargots* e rãs, o que não é comum entre os africanos e asiáticos. Na América, o milho é um alimento apreciado desde as civilizações pré-colombianas.

IDADE DOS METAIS: O ARADO

Entre 5000 e 4000 a.C., o homem aprendeu a técnica da fundição dos metais. Colocando o cobre no fogo junto com o estanho, descobriu o bronze. Mais tarde, o ferro. Com eles, pôde desenvolver armas e ferramentas de trabalho; entre elas o arado.

Ao preparar a terra para o plantio, esse instrumento propiciou maior excedente de produção. O suficiente para intensificar o comércio e para que surgissem as cidades, que evoluíram como centros administrativos e urbanos – com divisão do trabalho e classes sociais sob uma liderança, como a do faraó**, no Egito, ou a do rei, na Mesopotâmia.

A necessidade de registrar as trocas de produtos como trigo, óleo de oliva, vinho, cereal e gado estimulou o surgimento da escrita, por volta de 3500 a.C.

PETISCOS DA HISTÓRIA

O *design* mais próximo do que se conhece hoje como faca surgiu na Idade dos Metais, 4000 a.C. Feita de bronze, era pontiaguda e eficaz tanto para cortar quanto para destrinchar o alimento. Além de objeto de uso culinário, também se transformou em poderosa arma.

HISTÓRIA ANTIGA: AS PRIMEIRAS CIVILIZAÇÕES

As civilizações do Mundo Antigo se desenvolveram na Mesopotâmia, Egito, Índia, China e Pérsia (atual Irã). Para sua sobrevivência e prazer, cada um desses povos criou um sistema de organização e hierarquia ligado ao comer e beber. Surgiu na Mesopotâmia o primeiro registro escrito da profissão de cozinheiro, que data de 2000 a.C.

PESTISCOS DA HISTÓRIA

O que chamamos de História Antiga é o período que se estende desde o aparecimento das cidades e do desenvolvimento da escrita, por volta de 3500 a.C., até a degradação do Império Romano no Ocidente, no século V d.C.

MESOPOTÂMIA

"Entre rios" é o significado da palavra "mesopotâmia", uma vez que esta região localizava-se entre os rios Tigre e Eufrates (hoje, em grande parte, território do Iraque). Ao longo desses vales férteis desabrochou uma cultura que produziu muitas riquezas no Mundo Antigo. Existia um ativo intercâmbio comercial, à base de trocas, e a cevada era uma moeda vigente – e também compunha o "salário" do camponês.

Os povos desta região desenvolveram receitas com estruturas muito semelhantes às das atuais. O historiador francês Jean Bottéro (2002), no livro *La plus vieille cuisine du monde* (*A mais velha cozinha do mundo*), fez um estudo de três tábuas de argila com escrita cuneiforme** datadas de 1600 a.C. Nelas constam 350 linhas com cerca de 40 receitas. Analisando tais documentos, Bottéro revelou detalhes da alimentação dos povos da Babilônia, na Mesopotâmia, e o requinte no preparo das comidas reais.

Você, leitor, deve estar curioso para saber o que constam nessas receitas babilônicas, não? Pois bem: todos esses modos de preparo descobertos sugerem a existência de um mestre (cozinheiro) que explicava a seu aluno quais ingredientes e técnicas de elaboração ele deveria usar.

Uma dessas tábuas é o registro de um receituário em que constam caldos, como o de legumes, de beterraba, de carne, de cordeiro, de pombo e de *agarakku* (uma ave da região). Eram usados temperos como vinagre, cebola, alho, cominho, coentro, alho-poró e ervas como a menta. O sal era usado, mas com parcimônia, por ser ainda um produto difícil de se obter.

Consumiam-se muitas carnes, tanto de animais de criação como selvagens, e utilizava-se a técnica de cozinhar em água fervente. Era comum a utilização do sangue do animal nas preparações, como se faz o "molho pardo" na culinária regional brasileira, por exemplo.

Também há tipos de pães, feitos com farinha de trigo – na época o mais nobre entre os cereais. No entanto, muitas vezes faltam detalhes dos ingredientes e do preparo, o que dificulta sua reprodução fiel (BOTTÉRO, 2002, p. 30-66).

PETISCOS DA HISTÓRIA

Na Mesopotâmia, havia um "pão que se comia e outro que se bebia". Uma espécie de cerveja, a *kwass***, era então conhecida como "pão que se bebia". Ambos – o pão sólido e o "pão líquido" – eram obtidos pela fermentação da cevada.

O VALOR DO SAL

O sal é um elemento essencial para o corpo humano. Sua ingestão é fundamental para a sobrevivência do homem e de outros animais. Durante o Paleolítico, o homem não sentia necessidade de buscar sal em outros alimentos, pois a carne selvagem já continha boa porcentagem de cloreto de sódio. No período Neolítico, com o desenvolvimento da agricultura e da criação de animais, o homem precisou complementar tanto sua alimentação quanto a dos animais que domesticava.

Observando outros animais, que lambiam ardósias, o homem inicialmente passou a retirar delas o sal para a sobrevivência. Na Antiguidade, o sal passou a ser extraído do mar, das superfícies de salinas (em desertos, especialmente) e de jazidas subterrâneas. Os registros do uso do sal como condimento e conservação remontam a 3000 a.C. Já era usado na Mesopotâmia, no Egito, na China e em civilizações pré-colombianas; porém somente aqueles que viviam em regiões costeiras tinham acesso a ele. A tecnologia da mineração do sal só começou a se desenvolver na Idade Média, no século XII. E o seu comércio foi um dos mais rentáveis – o primeiro monopólio estatal foi o do sal, pois cabia ao governo a exploração das jazidas. No Império Romano, os soldados eram pagos com sal – daí, a palavra "salário".

Banquetes sagrados e profanos → O festim (ou banquete) aparece na Mesopotâmia entre as classes poderosas e era considerado um meio de se comunicar com os deuses. Erguia-se um templo para cada divindade. Dentro dele, cada santuário prestava homenagem ao deus principal, sem deixar de contemplar toda a corte divina. Cada templo tinha seus serviçais e sacerdotes**, encarregados de preparar os alimentos em oferenda. O ritual era feito com carne de vaca e de carneiro, pão fresco, leite, cerveja e vinho. Aos sacerdotes cabia servir esses alimentos e tocar e entoar hinos em honra às divindades. Em seguida, os mesmos pratos eram servidos ao rei.

Na mitologia politeísta** da Mesopotâmia, os banquetes louvavam deuses como Anu, Antu, Istar, Nanaia, Baal e Anshar. Nos templos, ofertava-se comida aos deuses, que "degustavam", por exemplo, cereais, nata e tomavam vinho e cerveja, reproduzindo a sociedade humana. Trata-se de algo análogo ao que se observa ainda hoje no candomblé com as comidas ofertadas aos orixás. Nos terreiros baianos, por exemplo, a chamada "comida de santo" está presente nos rituais como forma de homenagear as divindades africanas, como o acarajé feito para Iansã (ver capítulo "Brasil – cozinha típica regional" na página 232).

Existiam também os banquetes reais, que celebravam grandes acontecimentos: a inauguração de um palácio ou templo, a celebração de uma vitória ou a recepção de delegações estrangeiras. Depois de lavar as mãos em água fresca, os visitantes recebiam óleo perfumado com essências para untar o corpo no início e no fim da refeição. Os pratos principais eram feitos com carnes de cabra, carneiro, cordeiro, veado e aves, grelhadas ou guisadas** e acompanhadas de pães de cevada. Também eram servidos vinho ou cerveja, frutas e bolos adoçados com mel. E tudo ao som de cantos e várias diversões (FLANDRIN; MONTANARI, 1998, p. 56-66).

Para se ter uma ideia de como eram as comemorações da época, Roy Strong mostra no livro *Banquete, uma história ilustrada – culinária dos costumes e da fartura à mesa* a noção de grandeza da recepção organizada no palácio de Assurbanipal II, por ocasião da reforma urbanística realizada na cidade de Kalah (no Iraque atual). O soberano ofereceu aos convidados 10 mil peixes, 2 mil bois, 1.400 cabritos, mil carneiros, entre outras iguarias regadas a 10 mil jarras de cerveja e a mesma quantidade de vinho.

Como se vê, os contemporâneos** jantares de negócios, os encontros entre empresários ou diplomatas têm uma raiz ancestral.

→ → → → → → → O CÓDIGO DE HAMURABI

Soberano do antigo império babilônico na Mesopotâmia, Hamurabi (1792-1750 a.C.) elaborou em seu reinado um dos primeiros códigos de leis que regravam a vida cotidiana. Com 282 artigos, o código de Hamurabi procurava homogeneizar, juridicamente, o reino e garantir uma cultura comum (por exemplo, fixava as cargas fiscais aplicadas sobre a coalhada, o queijo e a manteiga) e normatizava o consumo e a venda de uma cerveja típica da região, a já mencionada *kwass*.

← ← ← ← ← ← ← ← ← ← ← ← ← ← ← ← ← ← ← ←

Técnicas e conservação dos alimentos  Hábeis na conservação dos alimentos, os mesopotâmicos preparavam conservas em óleo de oliva. Defumavam alimentos, que eram armazenados em recipientes de cerâmica, e salgavam, antes de secar, carnes e pescados Em ânforas, guardavam e conservavam o mel, o óleo de oliva, o vinho, o vinagre e a gordura animal. Há indícios arqueológicos do cultivo da videira e da fabricação da cerveja na antiga Mesopotâmia.

EGITO ANTIGO

A gastronomia do povo egípcio também refletiu sua riqueza cultural. Tinham grande conhecimento sobre o valor nutricional dos alimentos e comiam de forma saudável. Sua dieta era à base de legumes, peixes, frutos, verduras, laticínios, mel, óleo de oliva vegetal, pão, vinho e cerveja (TALLET, 2005).

Os principais registros da gastronomia do Egito estão nos sarcófagos** dos faraós e de pessoas influentes da época. Nas paredes de câmaras mortuárias**, desenhos figurativos mostravam como era a confecção dos alimentos, a caça, a pesca, a agricultura, a criação de animais, os utensílios de cozinha e os alimentos que deveriam ser consumidos na "outra vida" (após a morte).

Com as descobertas arqueológicas, foi possível traçar um perfil das preferências alimentares dos egípcios.

Hábitos alimentares do povo → As classes desfavorecidas comiam, basicamente, cozido de cereais, de leguminosas (como o tremoço**, grão-de-bico, favas, lentilhas e ervilhas), pães de cevada, queijo, peixe e rins de carneiro cozidos. Cultivavam frutas como tâmaras, figos, uvas, melancias e melões. Segundo Pierre Tallet, autor da *História da cozinha faraônica: alimentação no Egito Antigo* (2005), "o figo era elemento essencial na dieta egípcia, consumido ao natural ou seco". Na horta, havia temperos como alho, cebola, bagas de zimbro** e grãos de cominho, pepino e alface (esta última considerada símbolo da fertilidade). Consumiam algumas aves, carne de porco e pouca carne bovina. Era comum se alimentarem de peixes, como tilápia, carpa e sargo, pois o rio Nilo oferecia grande variedade deles.

> **PETISCOS DA HISTÓRIA**
> O ditado "receber o pão de cada dia", como referência a um pagamento, surgiu por volta de 3000 a.C. no Egito. A cada trabalhador rural eram dados três pães e duas canecas de cerveja por dia como retribuição aos serviços prestados.

Refeições e banquetes na corte do faraó → Uma orquestra com harpa e flauta doce costumava animar os banquetes dos faraós e da nobreza. Eram servidas aves de pequeno porte (gansos, patos, pelicanos, codornas e pombos recheados), ovas de tainha (a botarga, uma iguaria** no mundo atual) e manteiga.

Os confeiteiros faziam bolos especiais preparados com farinha de junça (tubérculo da mesma família do papiro). A partir dessa farinha, preparavam uma espécie de bolinho para servir aos deuses e, é claro, aos nobres, que também se deliciavam com o *korsion*, um cozido ou grelhado feito com a raiz do lótus, flor símbolo do Egito.

Para trinchar os alimentos, utilizavam-se facas de bronze. Colheres, conchas e escumadeiras de madeira ou metal eram usadas para servir, mas ninguém comia com talheres. Em ocasiões solenes usavam taças de ouro ou de prata.

Na cozinha, as funções eram bem definidas: trabalhavam padeiros, confeiteiros (com massas e doces), açougueiros, cervejeiros e degustadores de vinho. O ofício dos padeiros chegava a ser artístico; eles confeccionavam os pães em formatos variados: redondos, semicirculares, ovais, triangulares ou cônicos. Havia também um pão feito de lótus, misturado com leite e água.

Técnicas de cocção → Foram os egípcios os primeiros a utilizar fornos de barro, em 4000 a.C. Antes disso, pães e broas eram assados sobre pedras quentes e tinham a forma achatada. Os egípcios também foram pioneiros na padaria artística e desenvolveram as leveduras por volta de 1500 a.C. para fazer crescer (fermentar) o pão.

Mesmo as casas mais modestas tinham um forno simples de terracota. E em construções espaçosas, de famílias mais abastadas, já havia um cômodo destinado à cozinha, onde ficava o forno.

PETISCOS DA HISTÓRIA

Os fósseis mais antigos do esturjão, peixe pré-histórico de cuja ova se faz o caviar, remontam à formação do mar Báltico. Por volta de 2400 a.C., os egípcios já dominavam a técnica de salgar e conservar essas pérolas negras. No auge do Império Romano, no século IV d.C., muitos escritores e filósofos – incluindo Cícero, Plínio, Ovídio e Athenaeus – escreveram sobre o caviar.

Para preparar as refeições, os egípcios usavam panelas e frigideiras resistentes ao fogo, de cerâmica e de metal (cobre ou bronze). Utilizavam-se da fritura e, para dar sabor, usavam gordura de ganso, de porco ou de boi, além de óleos vegetais como *bak* (extraído da noz das moringáceas**), de gergelim, de linho e até de rícino. Não se usava muito óleo de oliva. As carnes, aves e os peixes eram assados no espeto ou cozidos em panelas.

Para conservar os alimentos, usavam a secagem dos peixes ao sol e a salga das carnes de boi, cabra e porco. Gansos e patos cozidos eram conservados em gordura e sal em grandes recipientes – técnica antiga ainda usada, por exemplo, na famosa receita francesa de coxa de pato confit**.

Bebidas → O vinho e a cerveja eram as bebidas prediletas dos egípcios. Havia cerca de 20 variedades de cerveja, inclusive as de alto teor alcoólico, assemelhadas à bouza**, produzida até hoje no Cairo (FLANDRIN; MONTANARI, 1998, p. 72). Segundo a mitologia egípcia, o deus Osíris teria legado a seu povo as técnicas de preparo da bebida. Os egípcios gostavam tanto de tomar cerveja que construíram as primeiras cervejarias, onde as pessoas se encontravam para beber e conversar. Seriam os primórdios do contemporâneo happy-hour?

Nutrição, saúde → Sabiamente, os egípcios já acreditavam que uma boa alimentação estava relacionada à saúde e à longevidade. Em antigos papiros se encontrou a recomendação de não comer em exagero; fala-se sobre as propriedades terapêuticas de plantas aromáticas como anis, coentro e cominho, que deveriam ser usadas na culinária; e assinala-se a importância de ingerir frutas e vegetais para se ter boa saúde.

HEBREUS: SOB AS LEIS DA TORÁ

Povo nômade de origem semita**, os hebreus surgiram na Mesopotâmia, onde se dedicavam ao pastoreio e viviam em grupos familiares dirigidos pelos patriarcas (homens mais idosos). Lá, fundou-se a religião monoteísta, o judaísmo. Em 1800 a.C., em nome da crença religiosa, os hebreus partiram rumo à Terra Prometida, a Palestina (ou Canaã).

Num período de escassez, tiveram que sair de Canaã em busca de alimento. Foram parar no Egito, onde permaneceram escravizados por séculos. Liderados por Moisés, em 1300 a.C. retomaram sua jornada mítica, atravessando o mar Vermelho. Ao chegarem ao monte Sinai (parte do território egípcio), Moisés recebeu de Jeová as Leis da Torá**.

Na Torá também estão inseridos os preceitos alimentares dos judeus – a chamada alimentação *kosher* ou *kasher*, que significa "apropriado para consumo" – seguidos à risca até nossos dias pelos judeus ortodoxos. Ela determina regras rígidas para a alimentação do povo semita. Até hoje é o rabino – figura máxima nessa religião – que veta um produto ou dá o selo *kosher* ao alimento.

→→→→→→→ **REGRAS JUDAICAS À MESA**

Há uma série de proibições na alimentação *kosher*. Listamos aqui as regras mais importantes:

Ao abater o animal, deve-se extrair dele o máximo de sangue possível. O restante é retirado com água e sal. O abate deve ser feito de maneira rápida e indolor por um especialista, sob a supervisão de um rabino.

Não consumir a carne misturada com o leite e seus derivados. Essa norma vem da frase bíblica

"não cozerás o cabrito no leite de sua mãe" (Êxodo 23,19).

Por exemplo: se o cardápio contém bife, o molho não deve conter manteiga, nem se pode terminar a refeição com café com leite, creme ou sorvete. Os judeus mais tradicionais separam inclusive os utensílios de cozinha usados para manipular os diferentes alimentos.

Jamais usar carne de porco, pois o Levítico considera "impuros" animais com cascos fendidos e que não ruminam.

Só podem ser consumidos peixes que possuam escamas e barbatanas, como a truta. Assim, o judeu também não consome frutos do mar, como camarão, polvo e caranguejo.

Pessach, a Páscoa judaica → O *Pessach*, a Páscoa judaica, é uma comemoração que reúne as famílias judias durante oito dias em torno de rituais simbólicos. A história da Páscoa judaica está relacionada ao Êxodo. É até hoje uma das datas religiosas mais importantes para esse povo, pois representa a liberdade. Nessa ocasião se colocam à mesa alimentos simbólicos no *keará*, prato cerimonial com divisões, em que cada parte faz referência ao sofrimento na época da escravidão no Egito. Acompanha a refeição o *matzá*, o "pão da fé" – achatado, sem fermento, pois, segundo a Torá, na fuga do Egito, os judeus não tiveram tempo para esperar crescer a massa do pão.

POVOS DO ORIENTE:
ÍNDIA E CHINA, ARTE E EQUILÍBRIO À MESA

Desde a Antiguidade, Índia e China têm rica gastronomia baseada em conceitos milenares. Elas estão entre as civilizações mais antigas, e ambas surgiram próximas a vales férteis, com ótimas terras para a agricultura.

ÍNDIA

No vale do rio Indo já existia uma economia baseada na agricultura do arroz e do trigo, na domesticação de animais como o galo selvagem (por volta de 2000 a.C.) e no artesanato, com comércio bem desenvolvido.

Boa parte da população hinduísta é vegetariana. A vaca até hoje é considerada sagrada porque simboliza a fertilidade e a vida.

Hábitos alimentares → Na base da refeição indiana estão, até hoje, os cereais, como arroz, trigo, painço**. Desde tempos antigos, os legumes eram bastante utilizados, principalmente secos e em conservas. Também usavam lentilha e grão-de-bico, em especial em ensopados, frituras e nos pães.

"Na Índia, os pães foram desde cedo imprescindíveis. Nas escavações das antigas culturas do vale do Indo, encontraram vestígios de trigo e de cevada" (MORO, 2000, p. 50). Os pães indianos, feitos de farinha de trigo, são de inúmeras variedades. Os mais comuns são os preparados no *tandoor***, entre eles, o *naan*, macio e de forma triangular. O *chapati*, leve e macio, é preparado com farinha de trigo integral; e o *rumali-roti*, consumido em forma de lâmina muito fina e crocante, é feito na chapa.

É controversa a origem do chá, uma das bebidas mais consumidas no mundo atual. Seria China ou Índia? De todo modo, o chá é tradicional e inspirou o ritualístico cerimonial do chá, no Japão (ver Idade Contemporânea, página 142), e o hábito do *five o'clock tea* (chá das cinco), na Inglaterra.

→→→→→→→→ **MOLHOS PRIMORDIAIS**

São marcantes na gastronomia indiana os molhos. Os indianos desenvolveram vários tipos deles, que misturam frutas, hortaliças e especiarias, para conservar os legumes e dar sabor aos alimentos. O curioso é que não existe uma receita definida para os molhos, cada um faz sua mistura. Especiarias e ervas frescas são ingredientes tão fundamentais para a culinária indiana que antes de um profissional se tornar cozinheiro no país precisa ser mestre em mistura de especiarias. Molhos à base de derivados de leite são também muito apreciados. Veja alguns dos molhos e condimentos mais usados pelos indianos.

Chutney, molho agridoce preparado com frutas e especiarias.

Garam masala, mistura elaborada de condimentos, ervas e plantas aromáticas que chega a ter até 30 ingredientes.

Achar, molho à base de hortaliças ou frutas, conservadas em suco de vinagre.

Raita, molho de iogurte com especiarias e produtos vegetais, muito usado nos pratos apimentados para amenizar o efeito picante.

Curry**, uma mistura de especiarias trituradas em forma de pó. Em sua composição entram, por exemplo, gengibre, cilantro, cúrcuma, noz-moscada, cardamomo, semente de papoula e muitas vezes cravo e açafrão.

Panir, receita que está entre o requeijão e a coalhada.

Koya, leite texturizado (coagulado), muito usado em sobremesas e no *curry*.

Ghee (lê-se "gui"), espécie de manteiga clarificada, usada para fritar e também como condimento.

CHINA

Estima-se que a civilização chinesa, nascida às margens do rio Amarelo, já teria suas bases constituídas entre 4000 e 3000 a.C. Desenvolveu hábitos alimentares e filosofias de vida, em grande parte ainda preservadas, que influenciaram e continuam influenciando outras culturas. Na China encontra-se a origem de muitas cozinhas asiáticas, como a japonesa, a tailandesa e a vietnamita.

A soja, de crescente consumo mundial e importante fonte de proteína, nasceu às margens do rio Amarelo, há cinco mil anos. Mas só chegou ao Ocidente a partir do século XV.

Hábitos alimentares → Dessa rica cultura milenar foram se formando, ao longo dos séculos, cerca de 20 cozinhas regionais e uma infinidade de pratos típicos, baseados no cultivo do arroz, da soja, da cevada e do milhete**, tendo o alimento caráter também simbólico. O arroz, por exemplo, simboliza a vida e a fertilidade. No ritual de despedida dos mortos, uma tigela de arroz com duas varinhas de madeira na vertical é colocada aos pés do falecido para que este se alimente em sua passagem para o outro mundo.

Desde o século III a.C., sal, molho de soja (shoyu) e vinagre são os temperos básicos da cozinha chinesa. Com a dieta baseada na soja e no arroz, a carne vermelha tem importância secundária, sendo que peixes, crustáceos** e aves são complementos alimentares.

Para o chinês, a comida não era apenas uma forma de alimentar o corpo, mas também o espírito, conceito preservado até os dias de hoje. Para a elite, mesmo um jantar entre amigos era composto de um cerimonial elaborado, com regras bem definidas. Estabeleciam-se desde as maneiras de os convidados se sentarem à mesa até como conduzir a conversação. Até hoje as mesas são redondas, uma forma de facilitar a conversação, com a disposição dos pratos no centro.

QUAL A VERDADEIRA ORIGEM DO MACARRÃO?

Na disputa pela origem do macarrão, a versão mais popular conta que Marco Polo teria trazido a massa da China para a Itália no século XIII. Mas há controvérsias. Alguns pesquisadores defendem que a famosa pasta feita à base de farinha e água já existia na antiga civilização da Mesopotâmia. De acordo com uma recente descoberta, o mais antigo ancestral do macarrão seria mesmo o chinês, datando de 2500 a.C. Pesquisadores da Academia de Ciências de Pequim encontraram um tipo de espaguete bem fininho (fio de 0,3cm de espessura e quase 0,5m de comprimento) que só se diferencia do atual macarrão pelo fato de ser feito de farinha de milhete e não de farinha de trigo. Mas uma coisa é certa: os italianos foram, sem dúvida, os difusores de uma das receitas mais populares e saborosas da atualidade.

Técnicas → Com base no melhor aproveitamento tanto dos ingredientes quanto da lenha (o combustível para prepará-los), os chineses passaram a cortar o alimento em pequenos pedaços. Com esta técnica, os mesmo ficam prontos mais rapidamente, sem perder os sucos naturais. Desde o século I d.C., a panela usada é a *wok*, de fundo abaulado e que descarta o uso da manteiga, por conta da temperatura muito alta utilizada.

Equilíbrio dos opostos → O taoísmo, representado pelo símbolo do *Yin* (princípio passivo, frio) e *Yang* (princípio ativo, quente), é uma filosofia milenar chinesa, criada por Lao-Tsé, em 570 a.C., e rege também a alimentação. Representado pelo desenho de dois peixes (um preto e o outro branco), simboliza a mútua atração entre os opostos, que se juntam para dar equilíbrio a tudo.

Na culinária chinesa, são considerados alimentos *Yang* pratos apimentados ou gordurosos; e *Yin*, peixes e frutos do mar. Da mesma forma, uma refeição balanceada deve conter cinco sabores: doce, salgado, ácido, amargo e picante. A alimentação natural, que ganhou espaço no mundo contemporâneo, tem raízes na China.

Colocando sua sabedoria a serviço dos reis, Confúcio (551-497 a.C.) viajou pela China ensinando comportamentos adequados e respeitosos entre soberanos e súditos, entre pais e filhos, marido e mulher e entre amigos. Portar-se bem à mesa era uma dessas boas regras. Muitos dos conceitos e hábitos empregados à mesa no mundo ocidental resultam de um longo aprendizado e de intercâmbios com a rica cultura do Oriente.

PETISCOS DA HISTÓRIA
A cozinha diversificada da China aparece no filme *Comer, beber, viver*, do diretor Ang Lee. O filme, de 1994, mostra que o país ainda mantém a tradição dos banquetes milenares, extremamente elaborados e requintados, com pratos como barbatana de tubarão, frutos do mar e carpas servidos ao mesmo tempo e muito bem decorados, inclusive com esculturas em legumes. Esses petiscos eram compartilhados em uma mesa redonda, com centro giratório. O protocolo de um banquete chinês pode chegar até a 18 pratos. A boa etiqueta chinesa pede que não se recuse comida e que se deixe um pouquinho no prato, como sinal de satisfação.

MEDITERRÂNEO, MAR DE POVOS

Berço da civilização ocidental, o mar Mediterrâneo une povos de três continentes: sul da Europa, parte do Oriente Médio (Ásia) e norte da África. Intensas atividades comerciais marítimas e guerras de conquistas resultaram em grande intercâmbio. Tanto que podemos falar em uma "cultura mediterrânea" em vários campos, inclusive na gastronomia.

Desde a Antiguidade, o óleo de oliva, o trigo e o vinho compunham a tríade dos alimentos comuns e fundamentais para a alimentação. Desde 3000 a.C., as oliveiras eram cultivadas na região do Crescente Fértil (Oriente Médio). O óleo de oliva tinha vários usos: além do culinário, era fonte de iluminação, limpeza e cosmético, utilizado para embelezar os cabelos em momentos de festa. Desde tempos remotos, da farinha de trigo se fazia o pão, o vinho, que começou a ser produzido na Mesopotâmia, teve sua cultura espalhada por todo o Mediterrâneo.

Hábeis comerciantes e navegadores, os fenícios são considerados os grandes responsáveis pelo intercâmbio alimentar entre os povos que habitavam as terras banhadas pelo Mediterrâneo. Eles detiveram o comércio da região de 1400 a 600 a.C. Possuíam vários entrepostos comerciais, como Cartago (norte da África, hoje Tunísia).

Por falta de espaço para a criação de gado, desde a Antiguidade o consumo de carne incluía, basicamente, cabra e cordeiro. Para balancear a pouca carne, muita salada e legumes iam à mesa. Os assados e grelhados eram as principais técnicas culinárias em uso.

Foi essa gastronomia milenar, tão simples quanto essencial, que inspirou o desenvolvimento do conceito da dieta mediterrânea no século XX (ver "Idade Contemporânea", na página 142).

GRÉCIA CLÁSSICA

Foi no berço dos filósofos e do conhecimento ocidental que surgiu pela primeira vez a palavra "gastronomia", relacionada aos relatos e conselhos sobre a cultura da alimentação. E ela só foi resgatada na Idade Contemporânea.

A relação dos gregos com a comida se estendia à mitologia; por isso, muitos deuses estão ligados a essa cultura. São muitas as contribuições gastronômicas dessa rica civilização, como veremos a seguir.

Hábitos cotidianos → Os horários de alimentação dos gregos eram parecidos com os atuais. Faziam-se três refeições diárias: o *akratismon* (desjejum), o *ariston* (almoço) e o *deiphon* (refeição do fim do dia). Era hábito adicionar-se água ao vinho, exceto na primeira refeição, que consistia de pão molhado em vinho puro. Também usavam essa bebida nos preparos culinários, como os guisados, aos quais acresciam também ervas.

Base da alimentação, os cereais tinham grande importância no cotidiano. Da cevada, por exemplo, fazia-se a *mazza*, receita em que se juntava à farinha de cevada (pré-cozida, torrada e moída), água, óleo, mel ou leite e condimentos, e se amassava até ficar compacta. A massa estava pronta para ser consumida e podia ser conservada. A técnica é usada até hoje em países mediterrâneos como a Turquia, em que o preparo é chamado de *bsisa*. Outras receitas tradicionais eram a *rophema* (sopa à base de hortaliças) e o *etnos* (purê feito de legumes esmagados).

Na Grécia, criavam-se cabras e carneiros, adaptados a relevos montanhosos e que forneciam carne, leite e queijo, como o feta, ainda hoje consumido. Também javalis, linces e lebres eram caçados e marinados** em cebola e ervas, como orégano e tomilho. Às vezes, utilizava-se o sangue do animal na preparação.

Peixes, moluscos** e crustáceos eram consumidos em abundância e das mais variadas formas, frescos ou secos, usando-se em geral óleo de oliva em preparos como assados, ensopados, à milanesa, ou temperados com sal.

Utensílios → A partir do século V a.C. a cozinha grega evoluiu muito. Cada preparo culinário tinha uma panela específica. No cozimento do peixe estufado, por exemplo, usavam *lopas*, panela de ferro fundido. Para as frituras, a *tagenon*, uma frigideira funda. Pães e bolos eram feitos em fornos diversos: desde os de estufa, onde o pão era cozido nas paredes internas (*clibanos*), à campânula para cozer (*pnigeus*), até o forno campanulado (*hipnos*). Leves, os instrumentos de cozinha eram fáceis de transportar. Para triturar os cereais, utilizava-se o pilão e uma mó (pedra com que se afiam instrumentos cortantes).

Os ceramistas produziam a maior parte dos utensílios domésticos, como ânforas, panelas e jarros em cerâmica. Também eram comuns objetos de bronze e metais preciosos. Obras de arte de valor incalculável, as pinturas em cerâmica representavam tanto a vida cotidiana quanto as festas e os deuses – e estão entre os mais importantes documentos históricos gregos.

Profissões ligadas à comida → No século V a.C. também se desenvolveu a função de padeiro (mageiro), responsável pela moagem e pelo cozimento do pão, à base de farinha de trigo, óleo de oliva e mel. Acrescentavam-se à massa óleos vegetais, frutas secas (nozes, tâmaras, amêndoas, pinhões), ervas e sementes aromáticas (cominho, erva-doce, anis, sementes de papoula e de coentro), além de passas, alecrim, alcaparras, sálvia, alho e cebola.

Essa base para a confecção dos pães da Grécia Clássica é muito parecida com versões norte-africanas, do Oriente Próximo e dos países balcânicos. Interessante notar que a influência grega perdurou no Império Romano, pois a maioria dos padeiros ainda continuou sendo de origem grega.

Nessa mesma época áurea, em Atenas apareceram os cozinheiros especializados – antes desse período, eram as escravas que moíam os grãos e preparavam os pratos. No início, tanto padeiros quanto cozinheiros eram escravos dos nobres, com o diferencial de que tinham uma posição de destaque entre os demais. Preocupavam-se com a qualidade das mercadorias e dos condimentos e utilizavam grande variedade de ingredientes. Costumavam colocar vinagre nos pratos, pois este era muito apreciado. Após anos de dedicação, podiam ser libertados e promovidos a archimageiro (mestre na sua arte, um tipo de chef de cozinha), com uma equipe sob seu comando.

Comer, beber e dialogar → Verdadeira instituição grega, o "simpósio" tinha por objetivo alimentar o espírito (com discussões intelectuais e transmissão de conhecimentos) e o corpo (com os melhores quitutes).

Graças ao hábito do simpósio, instituído por volta de 485 a.C., foram se desenvolvendo profissões ligadas à recepção dos convidados e ao serviço dos pratos e dos vinhos. Na Grécia Clássica, portanto, estão os precursores do mestre de cerimônias (ou maître) e do sommelier. Sem os nomes franceses, é claro, que surgiram apenas no período da restauração francesa (ver capítulo 6, "A influência da gastronomia francesa").

Hábito também na Antiga Roma, o simpósio dividia-se em duas partes: a primeira, dedicada à comida propriamente dita, em que se faziam as refeições no triclínio, sala em que três leitos retangulares eram dispostos em torno de uma mesa, e em que se comia reclinado. Sobre a mesa, os servos ou escravos colocavam tudo o que havia sido preparado para o jantar, em pequenas porções, e cada um se servia à vontade. Como ainda não existia o garfo, comia-se com as mãos. Havia certa cerimônia: o anfitrião ficava no centro; do seu lado direito, o convidado de honra; e do lado esquerdo, o de segundo grau de importância. No Império Romano, no final da República, passou-se a adotar um sofá de forma semicircular (*stibadium*), em que os convidados se reclinavam lado a lado.

Toda casa da elite tinha uma sala reservada para banquetes e simpósios, o *andron*, cujos móveis eram adequados para essa finalidade. As mulheres dos aristocratas não participavam do evento.

Entre os pratos consumidos em banquetes, aqueles à base de aves eram muito apreciados. Os gregos gostavam muito de receitas com pato, ganso, pavão, galinha, faisão, perdiz, codorna e até garça-real. Desta última faziam também o recheio, que incluía o tempero de bagas de murta**, para uma espécie de pastelão, e que era considerado um prato refinado. O chef do simpósio tinha o respeito de todos.

Terminada a refeição, iniciava-se a segunda parte do jantar, que os gregos chamavam de *simpósio* e os romanos, de *comessario*. Para homenagear o deus Dionísio, nesta segunda parte era hábito derramar um pouco de vinho para a divindade. Durante a discussão de temas diversos, serviam-se "petiscos" como frutas secas e frescas, azeitonas, nozes (FRANCO, 2001, p. 43).

Mas a estrela gastronômica do simpósio era mesmo o vinho. Havia até um profissional gabaritado e responsável pelo seu serviço, o arconte. Era ele quem fazia a seleção dos vinhos, administrava a dosagem de água a ser misturada à bebida e cuidava da escolha dos copos. Não seria o mesmo que faz o sommelier hoje em dia? O arconte ia além: influía no tema da conversação, separando contos e relatos para serem discutidos.

Comandando todo o séquito** estava o mordomo (*triclinarca*) e o mestre de cerimônias (*nomenclator*). Os encontros culturais eram regados ainda com muita música, canto, jogos, acrobacia e dança. Assim, com a instituição dos simpósios, os banquetes se sofisticaram e ganharam importantes profissões ligadas à gastronomia, as quais se fortaleceriam nos séculos seguintes.

→→→→→→ MITOLOGIA, COMIDA E VINHO

Segundo a mitologia, Cécrops, rei de Ática e fundador de Atenas, teria trazido do Egito a oliveira, ensinado ao povo a arte da produção do óleo de oliva e iniciado os gregos na agricultura.

Diz a lenda que o nome da cidade, Atenas, foi dado em homenagem à deusa da sabedoria, Atena. O fato ocorreu numa disputa entre Poseidon e Atena, em que a deusa venceu por ofertar a oliveira como fonte da alimentação do povo ateniense.

Quanto à vinha, a mitologia e o simbolismo antigos atribuíam ao seu fruto e ao vinho poderes regenerativos e a capacidade de aproximar o homem da divindade. Hoje, essa crença tem fundamentos científicos: como se sabe, o vinho produz comprovados benefícios à saúde (se tomado com moderação, claro) – é antioxidante e, para quem tem por hábito degustá-lo quase todos os dias, ajuda a prevenir doenças do coração.

Dionísio, para os gregos, e Baco, para os romanos, o deus do vinho e do êxtase, era cultuado em festas, banquetes e simpósios. Tornou-se uma das divindades mais populares do Olimpo e da Antiguidade, ainda hoje celebrado. Tanto que quando se pensa em vinho, é um dos primeiros personagens de que lembramos.

Conforme ilustra o belo quadro renascentista de Botticelli, a deusa Afrodite (ou Vênus) nasceu das águas do Oceano, emergindo de dentro de uma concha. Com Afrodite, surgiu também o mito dos ingredientes e da cozinha afrodisíaca. Por analogia ao seu nascimento, os primeiros alimentos que se passou a acreditar terem poderes sensuais foram os frutos do mar. Com o tempo, estabeleceram-se outras analogias como com as sementes (símbolo da fertilidade), grãos (que fortalecem o corpo e, por consequência, melhoram o desempenho sexual) e a estimulante canela, entre outros.

A quem os gregos pediam uma boa colheita? A Deméter, deusa da fecundidade, venerada pelos agricultores e que cuidava também da fertilidade das mulheres.

Filosofia do gosto → O movimento vegetariano e sua defesa dos animais não são invenções do mundo contemporâneo; surgiram ainda na Grécia Clássica, com Pitágoras (século VI a.C., por volta 580 a.C.). O célebre filósofo e matemático é considerado "pai do vegetarianismo". Em sua época, os adeptos dessa alimentação eram chamados de "pitagóricos" ou "pitagorianos". Seu argumento tinha três vertentes: veneração religiosa, saúde física e responsabilidade ecológica.

Como já dissemos, o século V a.C. representou uma era de grande avanço gastronômico para os gregos, e o pensamento gastronômico de então foi frutífero. É dessa época Mithékos, grego de Siracusa (Sicília), considerado o Phidias (famoso escultor grego) da cozinha. Era também contemporâneo do filósofo Platão (século V a.C.). Ele teria publicado instruções para acondicionar e conservar certos pratos mediterrâneos, sobretudo os de peixe. Pena que pouco se saiba a seu respeito, pois o livro que escreveu foi perdido.

Hipócrates (460-377 a.C.), considerado o pai da medicina, descreveu a importância da alimentação para combater as doenças. Deixou o *Tratado dos ares, lugares e das águas* e aforismos. Desenvolveu a teoria dos quatro humores corporais, doutrina que foi aprimorada por outro médico grego, Galeno (129-199 d.C.) e que teve grande influência na Idade Média (ver capítulo 3).

Foi no século IV a.C. que viveu o grego Arquestratus, poeta e cozinheiro nascido em Gela, na Sicília, e que viveu na época de Péricles, sendo considerado o primeiro gastrônomo** da história. Foi ele quem criou o termo gastronomia na obra *Hedypatheia* (*Tratado dos prazeres*). O livro conta suas viagens pelo mar Mediterrâneo em que gastava verdadeiras fortunas em busca das regiões produtoras dos melhores e mais frescos ingredientes. E ainda dá dicas de como assar no ponto certos peixes como a tainha, somente com sal e enrolada em folhas de figo. Sabemos pouco sobre Arquestratus, pois sua obra se perdeu. Mas parece que tinha bom senso: aconselhava sempre a preparação de pratos da forma mais simples (FREEDMAN, 2009).

Por volta do ano 200 d.C., Ateneu de Náucratis (colônia romana em território egípcio) escreveu *Deipnosophistai (O banquete dos sofistas)*, verdadeira enciclopédia, composta por 15 livros, em que retrata os costumes dos antigos gregos à mesa, descrevendo os pratos servidos, com destaque para os peixes, além de enumerar cerca de 70 tipos de pães. Essa preciosa obra é uma compilação de inúmeros autores gregos, alguns cujos manuscritos se perderam, inclusive os de Arquestratus.

Assim, os gregos tanto vivenciaram quanto valorizaram os prazeres da boa mesa, denominando deuses para proteger patrimônios como a oliveira e o vinho. Foram precursores de importantes profissões da restauração, como o maître e o sommelier. E, efetivamente, intelectualizaram uma das mais importantes culturas do homem.

ROMA ANTIGA

No início de sua formação (753 a.C.), Roma era um estado na Península Itálica com características essencialmente agrárias**. Com terras férteis, dedicava-se à agricultura, mas também à criação de animais. Entre os séculos V e III a.C., a cidade passou a empreender conquistas, anexando a Península Itálica e, por fim, dominando toda a região mediterrânea, inclusive a Magna Grécia.

Boa parte dos conhecimentos romanos se deve à influência grega, inclusive na gastronomia. No fim do Império, que demarca também o fim da História Antiga, os romanos cometeram muitos excessos e extravagâncias, o que precipitou a derrocada do Império. O que se sabe de Roma se deve muito a Catão, o Velho, estadista que revelou os hábitos da República.

Pão e circo → Na Roma Antiga, o pão era objeto do desejo dos pobres, pois, como estes não tinham fornos, o pão só era produzido nas casas aristocráticas – no Império, quem produzia o pão para os ricos eram muitas vezes, padeiros gregos, que, como vimos, dominavam esta arte.

A partir do século III, Roma começou a expandir seus domínios. Mas como ter controle sobre a plebe faminta? No auge do Império Romano (século I), a solução encontrada pelos imperadores para manter a ordem foi oferecer pão e lazer, com espetáculos ao ar livre a que chamavam de "circo". Essa política ficou conhecida como "pão e circo".

Hábitos cotidianos e ingredientes → Como os gregos, os romanos faziam três refeições: o *jentaculum* (desjejum), o *cibus meridianus* ou *prandium* (refeição do meio-dia) e a *cena* (ceia). O desjejum romano era um pedaço de pão umedecido em vinho (como entre os gregos) ou mel, que podia ganhar mais substância com a adição de queijo ou azeitonas. A alface era apreciada e consumida por todas as classes. Os soldados, por exemplo, plantavam-na em volta dos acampamentos para facilitar a colheita e o manuseio.

Essencialmente agrária nos seus primórdios, na Roma Antiga cultivavam-se oliveiras para obter a azeitona e o óleo; parreiras para a produção de vinho; e cereais para fazer o pão. Havia abundância de legumes, favas, feijões, lentilhas, tremoços, couve e rábano (raiz comestível). As verduras e hortaliças constituíam os alimentos de base do camponês pobre. Muitas frutas, como figos, ameixas e uvas, também eram consumidas.

Um prato camponês era o *pulmentum*, precursor da polenta (FRANCO, 2001, p. 48). Era um guisado de cereais acompanhado de pão, que saciava os menos abastados. Derivou da receita do *puls*, papa feita de diversos cereais à qual às vezes se acrescentava farinha de grão-de-bico, além de queijo, mel e ovos. Simples e essencial, o *pulmentum* tornou-se a base da refeição diária.

Os romanos já conheciam a importância das proteínas para o organismo e a chamavam de *obsonium*. O *obsonium* mais cobiçado era a carne, considerada artigo de luxo. As mais consumidas eram as de porco, de cordeiro, de cabrito e de frango. Havia pouco gado bovino disponível. O ovo também era uma importante fonte de proteína, consumido habitualmente.

Tanto no desjejum quanto na refeição do meio-dia, o queijo constituía um importante *obsonium* no campo e na cidade. Os romanos tomavam leite de ovelha e faziam queijo de leite de cabra, de jumenta e de égua. Só no final da República (27 a.C.) é que se difundiram o leite e o queijo de vaca.

Em Roma, os homens do povo e viajantes confraternizavam nas tabernas, locais onde se vendiam bebidas, principalmente vinho. Mas também eram oferecidas refeições, como guisados, carnes ou peixes salgados. Eram lugares engordurados, com panelas e caldeirões de molhos sempre no fogo.

A cozinha romana e seus utensílios → Um dos registros que se tem sobre a vida privada na Roma Antiga vem dos achados arqueológicos da cidade de Pompeia, destruída em 79 a.C. pela erupção do vulcão Vesúvio. Segundo as descobertas, nas casas das famílias abastadas de Pompeia, a cozinha era bem pequena, composta em geral de fogão rústico, feito de uma base de tijolos com trempes (aro de ferro com três pés) para as panelas e um orifício lateral em que se colocava a lenha ou carvão. No pátio ficava o forno para assar grandes porções de alimentos, como o pão.

Nas casas dos pobres, espécies de apartamentos individuais com pouco espaço, não havia nem fogão, nem forno, nem instalações fixas. Em raros casos, as pessoas dispunham de braseiros móveis, perto da janela, em que preparavam alguma comida. Mas o mais comum para o povo era usar fornos e fogões coletivos. Estas peças estavam espalhadas pela cidade, onde havia também espaço para sentar e comer. Uma das explicações que justificaria a cocção de alimentos em maior quantidade fora das casas era o medo dos romanos de provocar incêndios.

Os diferentes tipos de cozimento (o cozido em fogo brando e o assado) exigiam o uso de recipientes variados: caldeirões, pequenas frigideiras com as bordas baixas ou travessas de forno feitas de cerâmica, conforme a tradição do lugar.

Para ir à mesa, eram usados utensílios de cerâmica, grande variedade de taças semiesféricas ou quadradas, pratos mais ou menos fundos com um sulco no centro e moringas de diferentes formas e tamanhos, utensílios cujo uso se perpetuou ao longo dos séculos.

> **PETISCOS DA HISTÓRIA**
>
> O termo "colher" vem dos romanos, que chamavam de *cocheare* uma espécie de espátula feita de madeira e marfim usada para pegar alimentos de consistência líquida. A primeira colher teria sido uma massa de trigo côncava. Mas se pensarmos numa colher mais próxima da concepção atual, as mais antigas foram encontradas em túmulos de faraós, no Egito.

Técnicas de preparo e paladar → O paladar dos romanos estava mais próximo dos sabores agridoces. Adoravam preparar pratos com molhos elaborados e muitos temperos. A carne, depois de fervida e cozida, era adoçada com mel. Todos os alimentos passavam por processo de fervura antes de serem consumidos. Costumavam usar preparações assadas, cozidas, ensopadas e alguns alimentos eram recheados.

Segundo o poeta Horácio (65-8 a.C.), um hábito comum e muito apreciado era comer pão com sal e agrião; também gostavam muito de peixe.

Profissões ligadas à alimentação → Além da valorização da profissão de padeiro, a função de cozinheiro também passou a ter cada vez mais importância. De escravos comuns, muitos cozinheiros acabaram se tornando figuras respeitadas e estimadas socialmente. Passou a existir uma hierarquia na cozinha: o cozinheiro-chefe se encarregava de controlar o fogão, e o cozinheiro-assistente preparava as massas, moendo o trigo e fazendo os recheios. Quem fazia as compras e o armazenamento dos gêneros era o *pistor* ou *pinsitor*, e havia também quem provasse os pratos, o provador ou *proegustador*. Este seria o primeiro a morrer, caso houvesse um alimento envenenado, o que não era incomum.

Personagens da gastronomia → Boa parte do que se sabe sobre a gastronomia da Roma Antiga foi encontrada nos manuscritos do romano Apicius, embora haja dúvidas sobre sua identidade. É provável que se trate de Marcus Gavius Apicius (37-68 d.C.), conselheiro do imperador Nero. *De re coquinaria* é uma coletânea de 468 receitas de vários autores que revelam as preferências romanas. A obra mostra os molhos concentrados utilizados na época, muitos feitos com redução de vinho, com ervas e especiarias, como cominho, arruda, coentro e pimenta-do-reino e, ainda, amêndoas, avelãs ou pinhões. Para triturar os temperos, usavam o pilão.

Vale ressaltar o *defructum*, molho típico da cidade de Pompeia, que Apicius descreve como um molho de vinho reduzido no fogo até a metade do volume e que dava mais consistência aos pratos. Em seu manual havia truques de conservação e preparação de carnes, peixes e uma exaltação ao patê de fígado de ganso (o atual foie gras), o que demonstra que se produzia a iguaria já naquela altura.

De re coquinaria era considerado o livro mais antigo da história até Jean Bottéro publicar suas descobertas em *La plus vieille cuisine du monde*. Mas não há como contestar a fama de Apicius. Conta-se que de tão apaixonado pela gastronomia, chegava a fretar um navio para ir à Líbia provar os camarões locais, muito saborosos.

Mare nostro: **política expansionista** → Com as Guerras Púnicas (264-146 a.C.) entre Cartago e Roma e a conquista da Grécia e do Egito, a região do mar Mediterrâneo foi incorporada a Roma, que começou a se tornar grande potência – tanto que os romanos passaram a chamá-lo de *mare nostro* (nosso mar). Junto com as imensas riquezas conquistadas, vieram também tesouros culturais, e, claro, os gastronômicos. E a culinária romana tornou-se mais requintada. Mercados públicos se espalharam por todo o Império, propiciando as trocas de alimentos.

O domínio do *mare nostro* representou também o controle das reservas de mais de 60 salinas. Uma das bases para a construção do Império, o sal servia de conservante, tempero e complemento alimentar para todas as classes e era fundamental para abastecer o exército romano – os soldados, os cavalos e o gado. Para conter as revoltas populares, o governo instituiu o direito ao sal a todo cidadão. vale notar que o sabor amargo das verduras era aplacado com sal, o que originou o nome "salada", item fundamental dos menus** até hoje.

PETISCOS DA HISTÓRIA

Documentos arqueológicos dão a noção de como era a gastronomia em Jerusalém e em locais do Oriente Próximo por onde Jesus Cristo passou. Naquele tempo, pela região da Galileia (hoje Israel), pastavam carneiros, cabras e cabritos. O mel era muito consumido, assim como as tâmaras doces e suculentas, figos e abricós secos ao sol. Cresciam amendoeiras e havia fartura de peixes. Nos palácios, as receitas sofisticadas eram de influência romana, caracterizadas pelo uso de especiarias e do molho de peixe, o *garum*.

→→→→→→→→→ LUA DE HIDROMEL

O hidromel, um fermentado à base de água e mel, é uma das bebidas alcoólicas mais antigas do mundo, conhecido por gregos, romanos, celtas, saxões, gauleses e escandinavos. Há evidências arqueológicas (Cuevas de Aramas, na atual Espanha) de mais de 15 mil anos de coleta e uso de mel.

É dessa bebida que se origina a expressão lua de mel. Na Antiguidade era tradição os casais beberem hidromel durante um mês após o casamento. Entre os povos germanos, na atual Alemanha, era costume casar na lua nova e os noivos levarem a mistura de água e mel para beber ao luar (CARNEIRO, 2005, p. 32).

←←←←←←←←←←←←←←←←←←←←←

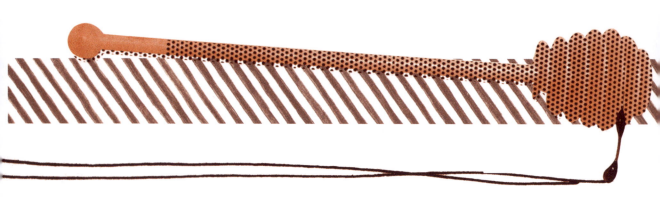

Banquetes romanos → Um banquete romano, chamado de *convivium*, era realizado no jantar, a refeição mais importante do dia. Ele começava às cinco horas da tarde e ia até o entardecer. Constava de três etapas. Primeiramente, era servido o *gustatio*, com saladas e pequenos pratos equivalentes aos *anti-pasti* de hoje. Em seguida, os *mensai primai*, etapa principal, com pratos mais consistentes. Por último, servia-se o *mensae secundae*: doces, bolos, frutas frescas e secas e vinho misturado à água.

Nesses banquetes havia muita carne, tanto de animais domésticos quanto selvagens. Serviam-se também peixes e frutos do mar, e as ostras já eram tidas como alimentos requintados. Verduras, legumes e queijos também iam para a mesa. Vinho e hidromel regavam as refeições.

Uma receita muito apreciada e típica das classes altas era o *garum*, um molho agridoce de peixe com mel. Encontram-se muitas variações desse molho na literatura da época e a quase todos os pratos ele era adicionado. Com o fim do Império, esse hábito também desapareceu.

Havia ainda outros molhos espessados com pinhões, amêndoas, avelãs, ovo cozido ou pão. E o que chamamos hoje de omelete era originalmente preparado com mel e servido no fim da refeição.

Uma das ocasiões festivas era o Ano-Novo. Como na atualidade, os romanos tinham o costume de comemorar a passagem do ano e a data coincidia com a nossa. A tradição foi instituída por Júlio César (101-44 a.C.), que, por sua vez, adotou o calendário egípcio. Um dos hábitos da ceia de Ano-Novo era trocar porções de mel puro ou passado em figos e tâmaras. Os primeiros cristãos adotaram o hábito e este persiste até hoje em algumas regiões europeias. Desde então, acredita-se que a tradição traga boa sorte.

No auge do Império, a elite romana se regalava cada vez mais com alimentos inusitados. Além de crista de galo e patas de ganso, chegava-se a servir carnes de girafa e de urso, trombas de elefantes, ratos selvagens engordados com castanhas e hidromel, cabeças de papagaio, e outras esquisitices.

Comer em demasia tornou-se uma obsessão para os romanos abastados, tanto que foram instituídos os vomitórios**, de forma que os convivas pudessem voltar a comer mais. Em termos políticos e sociais, não foi nada bom para o Império, pois dava margem a revoltas populares.

PETISCOS DA HISTÓRIA

Na obra literária *Satíricon*, o escritor Petrônio (27-66 d.C.) faz uma crítica dos costumes e exageros à mesa, relatando o famoso "Banquete de Trimalquião", realizado na época do Império Romano, quando Nero estava no poder. Há descrições detalhadas desse jantar, composto de pratos extravagantes, como ovos de pavão e lombo de urso. Por meio desse livro constatamos que os romanos eram conhecedores dos embutidos, como revela este trecho: "o cozinheiro rasgou o ventre do porco, aqui e ali, com mão hesitante. Imediatamente, pelas fendas, saem salsichas e chouriços. Um porco coroado de morcela e, em redor, sangue coalhado". Cita, entre outros produtos da charcutaria (produção de embutidos), chouriços e linguiças, que "fumegavam numa churrasqueira de prata...". Inspirado nesse clássico, o cineasta italiano Frederico Fellini dirigiu um filme homônimo, em 1969.

BERÇO DO SABER GASTRONÔMICO

Aprendemos neste capítulo que a gastronomia tem suas raízes na Pré-História: o *homo sapiens* assava, temperava e comia em grupo suas refeições, partilhando-as. Assim, o saber ligado à alimentação era transmitido de geração em geração. Vimos que o homem passou de caçador e coletor a agricultor e criador de animais, controlando cada vez mais a natureza, aperfeiçoando instrumentos de trabalho e técnicas de cozimento dos alimentos.

Na História Antiga, os primeiros registros escritos de receitas são atribuídos à civilização da Mesopotâmia. Eram de autoria de um cozinheiro, o que comprova o quanto é antiga a profissão. Essas receitas se assemelhavam às de hoje: constavam de caldos de legumes e de carnes (em francês, *court-bouillon*), sopas, guisados, grelhados e até preparos "ao molho pardo".

Do Mundo Antigo data também o surgimento de outras profissões da gastronomia: padeiro, confeiteiro e a equipe de serviço, com sommelier, maître e mestre de cerimônias, que se desenvolveram com os banquetes regados a vinho e cerveja organizados pela nobreza. Foi curioso descobrir também que já existiam cervejarias e padarias na Antiguidade. E desde então se empregava o conceito de nutrição, relacionado à boa alimentação e à saúde das pessoas.

Assim, constatamos que o berço da gastronomia ocidental teve suas bases constituídas no Mundo Antigo, por meio do intercâmbio entre os povos da região mediterrânea. É nesse passado tão rico quanto longínquo que está estruturado o pensamento gastronômico atual, resultado de muitas influências, inclusive das relações entre Ocidente e Oriente.

→→→→→→→→→ **O IMPÉRIO ROMANO**

A partir do século III, iniciou-se uma crise econômica, política e social, determinante para a decadência do grande Império Romano. A situação se agravou com a invasão dos povos germânicos (ou "bárbaros") que viviam fora de seus domínios e buscavam terras para a agricultura e o pastoreio. A queda do último imperador romano, em 476, marca o fim não apenas do Império, mas também da Idade Antiga.

Muito do requinte da boa mesa – herança da cultura greco-romana – ficou esquecido durante alguns séculos na Europa, onde passou a prevalecer, a partir do século V, uma sociedade com base na agricultura de subsistência** e caracterizada pela religiosidade da Igreja Católica.

←←←←←←←←←←←←←←←←←←←

CAPÍTULO 3
EUROPA MEDIEVAL, ÁRABES E BIZANTINOS

No começo da Idade Média, na Europa, a alimentação era rústica e sem luxo, apenas nos mosteiros se concentrava a cultura gastronômica. Depois do desenvolvimento das cidades e do comércio com o Oriente, renasce uma refinada gastronomia.

Como vimos no capítulo anterior, a invasão dos povos germânicos no Mediterrâneo e a queda do Império Romano fizeram com que a estrutura econômica, política e social da Europa se modificasse profundamente. Assim, nos primeiros séculos da chamada Idade Média, parecia que todo o requinte à mesa e o desenvolvimento gastronômico construído pelos romanos tinham caído por terra. O legado culinário daquele Império foi sobreposto pelos gostos dos novos donos do poder.

Na Europa medieval, de característica agrária e fechada, isolada em feudos**, desenvolveram-se novas classes sociais ligadas à agricultura de subsistência. Os senhores feudais e o clero ficavam no topo da pirâmide social, e os servos, na base.

Das duas classes dominantes da época, o clero, que representava a Igreja Católica, era a mais poderosa. Os sacerdotes foram praticamente os únicos letrados durante bom período da Idade Média. Eles detinham a cultura, inclusive a gastronômica, e influenciavam no poder. Mesmo os nobres não sabiam ler nem escrever – até o famoso imperador Carlos Magno era analfabeto.

No momento em que a estrutura feudal se solidificou, começaram a ocorrer mudanças na cultura gastronômica. No período medieval, os artesãos da gastronomia, como padeiros, cozinheiros, açougueiros e charcuteiros (produtores de embutidos), uniram-se nas chamadas corporações** de ofício.

A profusão de especiarias advindas do comércio com o Oriente e o início das regras de boas maneiras (isso já no final da Idade Média), assim como o uso do garfo, na Renascença, impulsionaram o requinte na Europa.

→→→→→→→→→→→→→→IDADE MÉDIA

Tendo em vista fatos políticos e sociais, a Idade Média foi o período da história europeia que começou no século V (ano 476), com a queda do Império Romano, e se encerrou no século XV (1453), data da tomada de Constantinopla, em Bizâncio, pelos turcos-otomanos**. Foi também no final da Idade Média que se formaram os primeiros países do continente europeu, dentre os quais Portugal, Espanha, Inglaterra e França.

É importante saber que a cultura e a gastronomia medievais existiram apenas nos países da Europa Ocidental, mas não no restante do mundo. Considerar a Idade Média como um acontecimento mundial é uma visão eurocentrista.

←←←←←←←←←←←←←←←←←←←←

FUNÇÃO DO CLERO: A IGREJA PROMOVE A CULTURA

Entre os séculos IV e XIV, os mosteiros foram de capital importância para a preservação do conhecimento clássico e gastronômico. Como a imprensa só surgiu no final do período, o registro do conhecimento e a tradução de manuscritos ficavam a cargo dos monges copistas**. Da mesma forma, na maioria das vezes eram padres e monges que supervisionavam o cultivo das hortas e dos pomares, a criação de animais, o refinamento dos queijos e a produção de bebidas.

MEIO DE REFEIÇÃO E HOSPEDAGEM

Além de ser guardião da cultura, o clero também oferecia hospedagem e comida aos peregrinos e muitas vezes aos nobres em viagem. Até hoje se encontram na Europa muitos hotéis e pousadas de charme com o nome de "convento" ou "abadia", que preservam sua estrutura antiga, remetendo muitas vezes à Idade Média. Em Portugal, por exemplo, há o Convento Nossa Senhora da Esperança, nas Beiras, construção recuperada a partir das ruínas (século XIII).

GASTRONOMIA E QUESTÕES RELIGIOSAS DA COMIDA

Uma das culturas preservadas pelos abades foi, sem dúvida, a gastronômica. No monastério de Alcântara, na região de Extremadura (Espanha), por exemplo, existia um receituário feito pelos frades cozinheiros. Nele constava, entre outros pratos, o faisão à moda de Alcântara, desossado na parte dianteira e recheado de foie gras e pedaços de trufas** cozidas no vinho, altamente refinado. Já no colégio jesuíta de Vizcaya (Espanha), sabe-se que a tortilha de batata fazia parte dos hábitos alimentares, prato típico até hoje naquele país.

Havia também nos mosteiros e conventos da Europa muitas variedades de sopa, prato comum em todas as classes sociais na Idade Média. Os religiosos preparavam sopas de toucinho, peixe, beterraba, espinafre, leite, amêndoas, abóbora, favas-secas, vinho, e outras (ECHAGUE, 1996, p. 188).

À parte os jejuns em datas indicadas pelo calendário religioso, os monges comiam muito bem nos outros dias, principalmente aos domingos e em datas festivas. No Ano-Novo, fartavam-se de pratos como arroz com leite e amêndoas, pão ralado e ovos batidos, seguido por peixe fresco, queijo e pastéis regados com mel (FRANCO, 2001, p. 63).

Nas datas litúrgicas em que se exigia abstinência de muitos ingredientes, os costumes eram bem rigorosos. O jejum começava pelo mais apreciado dos alimentos, a carne, que não podia ser consumida em toda a quaresma, na Semana Santa, entre outras datas durante o ano. Todas as classes sociais faziam jejum conforme as normas da Igreja Católica.

Nessas ocasiões, comia-se peixe, um hábito adotado menos por preferência e mais por questões religiosas. O peixe, aliás, era considerado, na época, menos nutritivo do que a carne vermelha. Os mais apreciados eram o salmão, a truta, o bacalhau, o esturjão e o arenque. Também se substituía a carne por queijo, frutas secas e ovos; e a gordura era substituída por óleo de oliva.

As padarias públicas do Império Romano tinham desaparecido, mas elas foram mantidas nos monastérios, nas abadias e nos castelos. Muitos senhores feudais cobravam para assar o pão para seus vassalos**.

PETISCOS DA HISTÓRIA

Alguns queijos tradicionais nasceram e tiveram seu processo de afinação** apurados em abadias medievais, como os franceses *cîteaux*, do mosteiro de Cistertium, na Borgonha; o *laguiole*, da abadia de Dômerie d'Abrac; o *chaource*, do mosteiro de Pontigny; e o *munster*, queijo dos monges irlandeses produzido em Vosges desde o século VII.

Além de fabricarem licores, em muitas abadias também se plantavam a maçã para fazer a sidra** e o malte para a cerveja. É por isso que muitas bebidas têm como lugar de origem um mosteiro ou um convento. As famosas cervejas feitas pelos mosteiros trapistas**, como o Chimay e o Rochefort, até hoje são consagradas.

Na Idade Média, a cerveja chegou a ser considerada "milagrosa", e o beneditino Arnold, seu santo padroeiro. Acontece que, para acabar com as epidemias causadas pela água contaminada, o monge Arnold incentivou as pessoas a tomar cerveja, pois, por conta de seu processo de elaboração (a água da produção era naturalmente esterilizada), tornava-se mais saudável substituir a água por esse fermentado. Na feitura da bebida usava-se o malte (cevada germinada), grãos de trigo, centeio, aveia e cevada, leveduras para induzir a fermentação e ainda aromatizantes como cascas e resinas de árvores, além de ervas, frutas, sementes, especiarias e mel. A partir da Idade Média, foi incorporado o lúpulo, planta que serve como conservante e confere à bebida características de amargor e aroma.

Do mesmo modo que a cerveja, o vinho tinha grande importância, tanto como "complemento alimentar", por seu aspecto nutritivo, como por suas qualidades antissépticas. Misturado ao azeite, o vinho era usado para cicatrização de feridas e ainda acreditava-se nas suas propriedades medicinais, sobretudo no tratamento de problemas do aparelho digestivo. Também era usado nas missas e consumido à mesa pelos monges e pela população em geral. Nos mosteiros, boa parte do terreno era destinada ao cultivo da vinha e à produção do vinho.

O desenvolvimento da viticultura se mostrou crescente durante a Idade Média. Os servos também plantavam parreiras em suas terras e, já nos séculos XII e XIII, em quase todos os terrenos rurais cultivava-se vinha e mantinham-se pequenas adegas e equipamentos caseiros com lagar**, dornas**, funis e tonéis para se fazer o vinho no próprio local.

PETISCOS DA HISTÓRIA

Defendia-se, na Idade Média, uma curiosa teoria chamada "A grande cadeia do ser" – uma espécie de pirâmide alimentar em que quanto mais próximo da terra estivesse o produto, mais ele era considerado inferior. No topo da pirâmide estavam os alimentos mais próximos do céu e, por conseguinte, de Deus. Sob esse olhar, os vegetais eram desprezados e a fina flor dentre os ingredientes eram as aves, alimentos mais próximos do firmamento.

DOÇARIA NOS CONVENTOS PORTUGUESES

A doçaria medieval se desenvolveu nos conventos. Ganharam fama os doces conventuais de Portugal. Como a clara-do-ovo era utilizada no processo de clarificação** do vinho ou ainda para engomar roupas, as gemas eram aproveitadas pelas freiras na preparação de doces que, desde a Idade Média, já levavam muito açúcar em sua composição, além de especiarias como cravo, noz-moscada e canela.

Muitas receitas criadas no período medieval mantêm até hoje seu caráter original, como as boas e velhas massas de pão-de-ló, os delicados fios-de-ovos, as marmeladas, os toucinhos do céu, os ovos-moles, os filhoses, os sequilhos e tantos outros. Não podemos esquecer de citar as raivas** e os tabefes**, provavelmente feitos para exorcizar os maus sentimentos e intenções. E ainda os marzipãs**, doces de abóbora, cidras e os suspiros, que, como o próprio nome diz, despertam desejos de provar mais de um. Muitos desses doces continuam tradicionais em Portugal e se incorporaram também à cultura brasileira, fazendo parte da nossa memória gustativa e do nosso gosto por doces muito açucarados.

O HUMOR E O EQUILÍBRIO DO SER

Influenciado pelas ideias do médico grego Hipócrates (século IV a.C.), o médico Galeno (129-199 d.C.) ressaltou em seu trabalho a "Teoria Humoral", em que cada pessoa se destacava por um tipo de humor e, consequentemente, de personalidade ligada aos elementos da natureza. Estes eram: sangue (fogo, o tipo sanguíneo), fleuma (água, tipo moderado), bílis amarela (terra, tipo colérico) e bílis negra (ar, melancólico). Acreditava, assim, que a doença estaria dentro do próprio homem: a constituição física e os hábitos de vida levavam ao desequilíbrio. Havia, inclusive, alimentos adequados para cada tipo. Os coléricos, por exemplo, não podiam comer pratos muito temperados, pois isso influenciaria no seu temperamento mais exacerbado. Essa teoria prevaleceu até o século XVIII.

A VIDA COTIDIANA MEDIEVAL

A COZINHA RUDIMENTAR DO CAMPONÊS

Para preparar os alimentos, os camponeses utilizavam trempes para apoiar caldeirões, colocados diretamente nas brasas ou pendurados numa corrente. As trempes ficavam próximas ao chão e eram usadas para cozinhar, na maioria das vezes, legumes e cereais que viravam sopas, ensopados ou papas, base da alimentação camponesa. Da terra, tiravam leguminosas para seu sustento como favas, lentilhas e grão-de-bico.

O pão continuou sendo o alimento básico de todas as classes. A diferença estava na matéria-prima. Para prepará-lo, os cozinheiros da nobreza usavam a farinha de trigo. Quanto aos servos, como estes não possuíam fornos, seus pães acabavam sendo rudimentares. Feitos sobre placas de terracota, os pobres utilizavam cevada, aveias, centeio e espelta**, ou uma mistura desses grãos nos anos de boa safra. Quando a colheita era ruim, o jeito era fazer o pão com farinha de leguminosas**. Como este endurecia com muita rapidez, a saída era mergulhá-lo em água, vinho ou algum caldo, o que explica a origem da sopa e do ensopado, significando "um caldo que se come com pão". Não é à toa que pão e sopa são companheiros inseparáveis até hoje.

Essencial na alimentação camponesa, a sopa era preparada com banha de porco ou óleo, feita com o que conseguiam colher, como espinafre, abóbora, nabo e couve. Com menos frequência, acrescentavam carne de caça ou salgada ao preparo.

Entre os animais criados pelos servos estavam o porco, o carneiro, a ovelha e a cabra. Do porco vinha a banha para fazer a comida e a maior parte da carne consumida, sendo que no inverno ingeriam a carne fresca, salgando-a ou fazendo embutidos (charcutaria), que se conservavam melhor para comer no verão. Do carneiro, da ovelha e da cabra obtinham-se a lã (para a vestimenta) e o leite, o qual servia também para a fabricação do queijo. Esses animais só eram abatidos para consumo da carne quando suas possibilidades de produção estavam esgotadas. Criavam-se também galinhas e gansos.

HÁBITOS E TÉCNICAS DE COCÇÃO UTILIZADOS PELA NOBREZA

Na época medieval, nem os castelos dos senhores feudais exibiam luxo, mas havia fartura de comida, um ideal que estava longe de ser alcançado pelos servos. As cozinhas dos ricos e dos pobres se assemelhavam, o que as diferenciava era o uso do ingrediente mais nobre da época: a carne.

No cotidiano, a carne de porco chegava à mesa dos senhores feudais em abundância. Nos festejos e ocasiões especiais, os nobres caçavam javalis, pavões, perdizes, codornas, pombos e patos-selvagens. Assim, a carne se manteve como o alimento principal da Idade Média, tanto que os nobres proibiam os camponeses de entrar nos bosques para a caça (sob pena de morte) fora dos períodos de temporada, em que os animais corriam risco de extinção. Curiosamente, o hábito da caça, que na Pré-História era pura necessidade, tornou-se um luxo da elite, uma forma de expressar o poder no domínio sobre a natureza selvagem. Até hoje a "carne selvagem" tem valor de iguaria.

Como no início do período medieval praticamente não existiam fogões, os cozinheiros dos castelos partiam as carnes em pedaços e as assavam, com pouco tempero, em espetos movidos à mão, cuja engrenagem mecânica girava sobre lareiras. Nessas lareiras também se penduravam caldeirões para cozinhar sopas e legumes; porém, uma vez que elas não favoreciam o controle do calor, era impraticável a realização de cocções lentas. Por isso, os preparos mais elaborados, como guisados e carnes em molhos, só foram possíveis mais tarde. Como também não existia um meio de combustão fácil e imediato, o fogo era mantido sempre aceso.

Apenas entre os séculos XI a XIII a grande vedete dos cozinheiros, o fogão, voltou à cena na Europa medieval como principal peça da cozinha. Feito de tijolos, tinha forma retangular e media cerca de 2m x 2m. Construído no centro da cozinha, à sua volta ficavam os outros mobiliários.

O COZINHEIRO MEDIEVAL E O GOSTO DA ELITE

A figura do cozinheiro como profissional especializado e personagem importante da história da gastronomia voltou à cena no século XIII (como vimos, ele já existia no século V a.C. na Grécia Antiga), quando se recuperou a arte do preparo de guisados e molhos. Voltaram a usar preparos como *poché***, fritura e grelhado nos castelos (BRAUNE; FRANCO, 2007, p. 27).

Os utensílios de cozinha incluíam as caçarolas, frigideiras e grelhas. Fritavam-se carnes e legumes com toucinho e peixes com óleo de oliva. A ostentação da nobreza estava tanto na abundância de pratos que compunham a mesa quanto na quantidade de ingredientes caros e raros que passaram a empregar na comida.

Como o paladar da nobreza da época não era apurado, no final da Idade Média, os temperos e condimentos vindos da Índia eram sobrepostos sem preocupação com o equilíbrio do sabor final. O cozimento era feito em água com especiarias, ervas aromáticas e outros condimentos, que amaciavam a carne e realçavam seu sabor. Quanto às carnes mais duras, como as de caça, usavam-se cozimentos sucessivos, como escaldá-las** ou aferventá-las antes de cozinhá-las na panela, fritá-las ou grelhá-las.

ESPECIARIAS COMO SIGNO DE PODER

Diversos especialistas afirmam que as especiarias eram usadas na Idade Média para conservar os alimentos. Mas por que os nobres pagariam tão caro por elas se já tinham o sal e o vinagre para esse fim? "Mais do que conservar, as especiarias representavam ingredientes luxuosos e raros e, portanto, uma distinção nas mesas da nobreza, pois eram acessíveis apenas às classes dominantes" (FLANDRIN; MONTANARI, 1998, p. 478).

No preparo dos molhos, privilegiava-se o gosto ácido, usando-se como base vinagre, uvas verdes ou suco de limão. Por conta dos molhos empregados no preparo, os pratos apreciados pela elite tinham sabor ao mesmo tempo forte e agridoce. Forte por conta do uso de especiarias em demasia, como pimenta-do-reino, cardamomo, açafrão, gengibre, cravo e canela; e agridoce pelo uso do vinagre, agraço** e molhos de vinhos. O doce vinha do açúcar extraído da cana-de-açúcar, que, por ser de difícil obtenção, era considerado também uma especiaria, a *crème de la crème* da época, e utilizado inclusive em pratos principais, à base de peixe, aves e carnes.

PETISCOS DA HISTÓRIA

O açúcar era uma iguaria, que custava caro, um luxo permitido só aos abonados, isto é, à nobreza e ao clero. Mesmo por estes, o açúcar era usado com moderação e guardado em arcas especiais, fechadas "a sete chaves". Raro e caro, o açúcar também era vendido por boticários, pois consideravam que curava dores de cabeça e melancolia.

Para a elite dominante, o doce misturado aos outros sabores melhorava a comida. Como vimos, os antigos romanos também apreciavam os sabores açucarados e condimentados, mas em vez do açúcar usavam o mel. Visto que os gostos mudam, hoje esses molhos seriam agressivos ao nosso paladar, tendo sobrevivido até a atualidade apenas o molho de mostarda.

Você se lembra do garum, aquele molho de peixe muito apreciado pelos romanos? Seu uso foi desaparecendo aos poucos, dando lugar ao *verjus*, o ingrediente básico dos molhos da Idade Média. Assim como o molho romano, o *verjus* era uma mistura de vários ingredientes, mas não constava peixe na lista. Podia ser composto de vegetais como brotos de feijão, suco de limão ou de laranja e maçã; podia ser perfumado com romã, hortelã, água de rosas; acrescido de especiarias como pimenta-do-reino, gengibre, canela e cravo, além de vinagre, mostarda, alho e ainda açúcar. Como se vê, boa parte dos componentes desse molho típico medieval era de características ácidas.

O visual era valorizado, mas com um conceito diferente dos padrões atuais: aves eram colocadas inteiras sobre a mesa, inclusive com as penas, como os cisnes emplumados ou javalis servidos com a cabeça. As perdizes e os tordos** costumavam ser oferecidos em grande número numa bandeja com decoração simulando um ninho. Mais que o sabor, era o visual das bandejas de serviço que importava. Comer em demasia era sinônimo de poder, nessa sociedade dirigida por guerreiros e que, portanto, valorizava a força física.

63

OS BANQUETES DOS SENHORES FEUDAIS

Dando continuidade à tradição do Mundo Antigo, os banquetes prosseguiram como uma forma de fazer alianças, tomar decisões e firmar acordos. No início do período medieval eram mais simples, mas o luxo voltou à cena na época de Carlos Magno (742-814), que imitava seus rivais bizantinos na abundância dos pratos e na ostentação do serviço e protocolo.

Os senhores feudais não comiam deitados como os romanos, alimentavam-se sentados em cadeiras ou bancos e em frente a mesas. Claro que estas eram tão rústicas quanto os hábitos medievais: grandes pranchas de madeira escoradas sobre cavaletes. Sentavam todos do mesmo lado, para que pudessem apreciar os espetáculos que ocorriam durante a comilança diante da mesa – outro hábito herdado dos antigos romanos.

→→→→→→→**COMIDA, DIVERSÃO E ARTE**

De caráter simbólico, os banquetes medievais duravam dias e dias. É claro que não daria para manter convidados no castelo apenas com sucessivos banquetes. Assim, seguindo-se o modelo romano, os espetáculos eram indispensáveis.

Os banquetes representavam uma forma de os senhores e vassalos estreitarem seus laços de união e amizade. Começavam com a troca de presentes entre anfitrião e convidados; prosseguiam com discursos e debates e, logo após, davam início à diversão, com a primeira apresentação dos menestréis**, momos** e músicos, que animariam os convidados também nos dias seguintes.

Após o espetáculo de abertura desse festim, era hora de entrar a comida, que chegava em cortejo, trazida por um batalhão de serviçais, ao som de uma orquestra de pífaros** e oboés**. Nos intervalos da comilança, os convivas brindavam à saúde do anfitrião, enquanto este ostentava, nos pratos, sua riqueza e poder. O vinho continuou sendo a bebida oficial para regar esses laços de cordialidade.

←←←←←←←←←←←←←←←←←←←←←

A ordem do serviço → Consagrado à mesa, o vinho era diluído com água. A bebida foi se tornando cada vez mais importante ao longo da história da Europa Ocidental, fato demonstrado pela presença crescente de vinhas nos campos próximos às cidades. Dependendo da ocasião e das posses do senhor, servia-se o vinho em copos de madeira finamente decorada, copos de vidro ou ainda de metais preciosos.

Não existia uma ordem para o serviço dos pratos na Idade Média. Costumava-se comer frutas secas antes de começar a refeição. Servida em grandes bandejas ou pratos de serviço, toda comida praticamente era colocada ao mesmo tempo sobre a mesa. Os convivas medievais comiam com as mãos, pois não havia talheres individuais nesta época, muito menos pratos exclusivos. Mesmo os talheres de serviço eram escassos. Em alguns castelos, havia colheres apenas para caldos e sopas e algumas facas para cortar as carnes, talheres que eram compartilhados pelos comensais** e colocados sobre a mesa para que as pessoas pudessem se servir.

Você deve se perguntar sobre que base comiam os convivas para se apoiar e não sujar as toalhas. Pois é, nas refeições dos castelos não havia toalha de mesa propriamente dita. Comia-se sobre uma massa de pão que, estendida sobre a mesa, servia de base para colocar a comida e cortar a carne. Ao final da refeição, repleta de caldos e restos de alimentos (mais parecia um campo de batalha!), era entregue aos pobres. Faminto e ciente desse hábito, o povo já ficava esperando a caridade na porta dos castelos.

Somente no auge da Idade Média se passou a usar grandes toalhas brancas, que, aliás, também ficavam em estado lastimável, porque os comensais, ainda sem bons modos, aproveitavam para limpar a boca ali mesmo. No final da Idade Média, muitas pessoas da elite tinham por hábito levar sua própria faca aos banquetes para não precisar dividi-la com ninguém, o que já era um avanço. Os homens a portavam na bainha das calças, e as mulheres, em estojos. E, literalmente, sacavam-nas na hora de "atacar" a comida.

Ao término da refeição principal, toda a aparelhagem de jantar era retirada, e os convidados comiam a sobremesa em pé, a qual consistia, por exemplo, de bolos feitos com mel e frutas secas, especialmente figos. As frutas eram cortadas ao meio e enriquecidas com creme de ovos, nozes ou amêndoas.

Nesse momento se servia o hipocraz, bebida famosa na Europa medieval, feita com vinho branco ou tinto, acrescido de canela, açúcar e aromatizantes como bagas de zimbro, noz-moscada, baunilha, cidra, cravo, açafrão e violeta, cujo hábito permaneceu também por boa parte da Idade Moderna, até o século XVII. Para refrescar o hálito, ao final do banquete eram servidas sementes de coentro, erva-doce, anis ou cominho (FRANCO, 2001, p. 79).

O PALADAR REQUINTADO DE CARLOS MAGNO

Afora ser um dos maiores imperadores da história, tendo construido um Império quase tão grande quanto o romano, Carlos Magno também era um gourmand. Como os nobres da sua época, o rei gostava de caçar e adorava mais ainda comer bem. Do resultado da caça, no meio de javalis, veados e lebres, o imperador mandava preparar assados, ainda feitos em grandes espetos, que giravam sobre lareiras e eram temperados com muitos condimentos.

Ao que consta, adorava carne de jumento recheada com pão, trufas, passarinho e azeitonas, especialidade do Périgord (França), região reputada também pela tradição do foie gras e das trufas pretas. Outro prato pelo qual tinha predileção era o pavão-real assado e recheado com ervas aromáticas, servido com sua plumagem reconstituída. Na hora de servir, os convidados ainda eram agraciados com um espetáculo: acendia-se um pavio de lã no bico do pássaro e este chegava à mesa em chamas, o que lembra os flambados**, moda na década de 1980 (LOPES, 2004, p. 54-56).

O REAPARECIMENTO DAS CIDADES

A partir do século XI, vários fatores fizeram com que as cidades reaparecessem na Europa; entre eles, o desenvolvimento do comércio, que impulsionou novos mercados urbanos, transformou consideravelmente as estruturas sociais e fez surgir novas profissões.

As Cruzadas, que traziam do Oriente especiarias e produtos de luxo, estimularam as rotas comerciais para buscar e vender esses produtos no continente europeu, criando um comércio intenso e lucrativo.

Entre o cristianismo e o islamismo havia alguma hostilidade, mas isso não inibia os contatos econômicos e culturais envolvendo o Oriente e a Europa. Esses contatos, aliás, contribuíram para acentuar as mudanças nas estruturas do feudalismo** na Idade Média.

PETISCOS DA HISTÓRIA

As Cruzadas eram expedições cristãs que visavam garantir o domínio cristão sobre os locais sagrados da Palestina, controlados pelos muçulmanos. Elas duraram do século IX ao século XIII, e a adesão dos nobres ao apelo do Papa foi imediata, já que as expedições à Terra Santa (Jerusalém) eram também uma forma de conquistar terras e riquezas do Oriente.

Nas cercanias dos castelos e das casas dos nobres, surgiu um intenso movimento por conta das diversas atividades decorrentes do comércio e do renascimento das cidades. Formaram-se os núcleos de artesãos, chamados "burgos". E, conforme esses núcleos iam crescendo, com novos adeptos, as cidades tomavam forma.

Pelas cidades passavam os mais diversos comerciantes, os que vendiam, os que negociavam especiarias e mercadorias de regiões distantes. Os camponeses também começaram a vender seus excedentes agrícolas. Como consequência, as feiras tomaram conta dos arredores dos castelos ou dos conventos, principalmente por ocasião das festas religiosas.

As feiras eram eventos animados, duravam cerca de quatro semanas e agitavam toda a comunidade local. Eram parecidas com as feiras livres atuais, mas, além de gêneros alimentícios, os mercadores exibiam e vendiam produtos como carnes salgadas, especiarias e seda. Paralelamente, as feiras ofereciam espetáculos de dança, música e acrobacia.

O comércio e a produção artesanal tornaram-se tão intensos que aqueles que se dedicavam a tais ocupações passaram a se organizar, fundando as primeiras corporações de ofícios de artesãos, boa parte delas ligadas à alimentação. Organizavam-se de acordo com a especialização. Eram corporações de charcuteiros, padeiros (*boulangers*), cozinheiros, confeiteiros (*pâtissiers*), açougueiros, peixeiros.

A função das corporações de ofício era evitar a concorrência desleal. Para tanto, fixavam os preços dos produtos e os salários. Controlavam ainda a qualidade e a quantidade de mercadoria produzida. Assim reunidos, os grupos de artesãos conseguiam com facilidade a aprovação e o registro de seus estatutos para poderem trabalhar legalmente. Asseguravam também a constância da produção e da venda dos produtos.

Uma rígida hierarquia permitia a eficácia dessas organizações, formadas pelo mestre (o dono da oficina), pelo jornaleiro (o assalariado) e pelo aprendiz, que trabalhava para o mestre em troca de aprender o ofício, além de casa e comida.

Os comerciantes também tinham suas corporações, chamadas hansas. Uma das mais poderosas era a Liga Hanseática, que detinha o monopólio comercial de quase todo o norte da Europa e Báltico. Os comerciantes da Liga Hanseática trocavam, por exemplo, peixe e laticínios da Escandinávia por trigo da Prússia Oriental e peles da Rússia.

HÁBITOS ALIMENTARES NAS CIDADES

Nas cidades se consumiam os produtos alimentícios de primeira necessidade produzidos no campo, como carne de porco, legumes, ovos, queijo, além do peixe, que, como vimos, era de suma importância nas datas religiosas em que não se comia carne. Para acompanhar, bebiam vinho.

O pão, importantíssimo como alimento, passou também a ter um caráter simbólico difundido pela Igreja Católica. Representava a união entre Cristo e os seguidores de sua religião, o amor a Deus e a compaixão ao próximo por meio da partilha do "pão nosso de cada dia". Nas cidades, além de a farinha de trigo continuar sendo a base dos pães considerados mais nobres, também se tornou matéria-prima para a confecção de outros produtos da padaria e da confeitaria. Esta última ganhou fama em 1440, com os primeiros estatutos da profissão e seu reconhecimento em Paris. A partir daí, confeiteiros empenharam-se cada vez mais em diversificar sua produção, preparando produtos à base de leite, ovos, natas, que incluíam doces como queijadinhas, bolinhos, flãs** e tortinhas** (FLANDRIN; MONTANARI, 1998, p. 429).

Para os pobres, os pães continuavam sendo feitos à base de farinha de cevada, espelta ou de leguminosas. Assim, o pão também diferenciava as classes pobres das abastadas. Além disso, os ricos possuíam seu próprio forno, enquanto a maioria da população levava suas massas aos forneiros ou compravam diretamente de padeiros e confeiteiros.

PETISCOS DA HISTÓRIA

A palavra francesa *boule* significa "bola" e está na origem do termo *boulanger* (padeiro). Na Idade Média, era comum o formato arredondado, semelhante ao do pão da Roma Antiga. O escritor Du Cange, no seu *Glossaire de la basse latinité* (Glossário da baixa latinidade), já falava que os padeiros, entre os séculos XII e XIII, faziam 12 tipos diferentes de pães ao gosto do freguês, como o *pain de cour* (pão da corte), o *pain de chevalier* (pão do cavalheiro) e o *pain de valets* (pão dos criados).

HOSPITALIDADE: MOSTEIROS, TABERNAS E ESTALAGENS

Como vimos, até o século XI ficava a cargo dos mosteiros cumprir a função de hospedar viajantes e peregrinos. Essas pousadas ficavam próximas a locais religiosos, como templos ou outros lugares sagrados – caso da cidade de Santiago de Compostela, na Galícia (Espanha), com grande afluxo de turistas até hoje – e abrigava missionários, padres e peregrinos.

As tabernas e estalagens, localizadas nos perímetros urbanos e próximas a mercados ou portos, surgiram a partir do século XI, com o reaparecimento das cidades. Nessas tabernas e estalagens, ofereciam-se com frequência bebidas como cerveja, vinho e hidromel, mas nem sempre eram servidas refeições. Quando ofereciam comida, na maioria das vezes era algo bem simples, como pão, queijo e carne. Na hora de dormir, colchões eram espalhados pelo que chamamos hoje de saguão, de maneira nada confortável.

Algumas hospedarias eram casas de madeira ou pedra com um único cômodo, em que homens, seus animais e mercadorias ficavam alojados perto do fogo. Nesses cômodos, em geral, os hóspedes cuidavam da própria alimentação e das roupas. Não havia muita higiene nas pousadas – característica comum em lugares públicos e privados da época – e, não raro, os alimentos ficavam espalhados pelo chão, sem local para armazenamento ou refrigeração (o que hoje é obrigatório). O manuseio dos ingredientes era feito pelos cozinheiros (ou cozinheiras) sem qualquer higiene. É por isso que as doenças causadas por contaminação dos alimentos eram muito comuns (WALKER, 2002, p. 6).

AMOR CORTÊS: O PRECURSOR DAS BOAS MANEIRAS

Veremos, mais adiante, que as regras de boas maneiras e a etiqueta** vão ganhar forma no Renascimento. Mas a partir do século XII já começam a aparecer os primeiros sinais de refinamento da sociedade. Um exemplo disso é o surgimento do conceito do amor cortês, que fez surgir vários gêneros da literatura medieval. Era como uma cartilha poética que deveria ser seguida pelos verdadeiros cavalheiros; uma forma de os cavaleiros ou poetas expressarem à mulher amada um amor imenso, respeitoso e desinteressado.

A corte, que era um local de reunião política e administrativa em torno do senhor (suserano), tornou-se também um ponto de encontro cultural das elites, quando se apresentavam os trovadores cantando poemas em honra à altivez das grandes damas. Assim, o amor cortês possibilitou a consolidação de uma moral baseada na moderação e na amizade. E reforçou os laços éticos** entre vassalos, base da política da época.

LE VIANDIER:
O PRIMEIRO LIVRO MEDIEVAL DE CULINÁRIA

Uma lacuna de mais de mil anos separa o livro de cozinha do romano Apicius (37-68 d.C.) dos tratados culinários da Idade Média. Pelo que se tem notícia, só no século XIV reapareceram os primeiros livros de cozinha, uma consequência do ressurgimento das cidades que, por sua vez, estimulou o renascimento cultural. Nesse momento da História, outros grupos de elite, e não apenas o clero, passam a ter acesso ao conhecimento.

O livro *Le viandier*, do chef Taillevent, é considerado inaugural da literatura culinária da Idade Média. Nascido na Normandia, o francês Guillaume Tirel (1310-1395), mais conhecido por Taillevent, foi o primeiro de uma série de chefs que serviram às cortes europeias e sobre eles exerceu influência. Taillevent prestou seus serviços para a corte francesa de Felipe VI e Carlos V.

Numa época em que ainda não tinha sido inventada a imprensa, ele foi o primeiro chef da Idade Média a transmitir o conhecimento por escrito. Seu *Le viandier* revela as técnicas culinárias da época medieval, como o emprego dos molhos e das especiarias.

Base de quase toda culinária amadora ou profissional, os molhos ganharam destaque entre os profissionais de cozinha da época. Como os romanos, Taillevent usava pão (e não farinha) para engrossar seus molhos e, claro, como seus contemporâneos, empregava especiarias sem parcimônia.

Considerado um grande *saucier* (preparador de molhos), Taillevent criou receitas que ficaram famosas, como o célebre *galimafrée* (feito de frango desossado, cozido com vinho branco, manteiga, sal, pimenta-do-reino, noz-moscada, cominho, louro e cebolas) e o salsa *formidable* (que levava pimenta, cravo, canela, âmbar, alho e cebola). Costumava acompanhar carnes vermelhas com o molho camelina, em cuja composição entravam vinagre ou vinho tinto, pão assado e uma mistura de quatro a cinco especiarias (canela, gengibre moído, cravo-da-índia, pimenta-do-reino, cardamomo). Para as aves e os peixes fritos, empregava o jance, uma mistura de vinho branco, agraço e gengibre e um pouco de pimenta-malagueta africana, cravo e pão preto.

Em sua homenagem, existe ainda hoje um restaurante em Paris chamado Taillevent. Aberta em 1946 e, fazendo jus à notoriedade do chef, a casa é outro patrimônio da gastronomia francesa, contando com três estrelas no *Guia Michelin*.

Em *Le viandier*, o autor escreve sobre a renovação da cozinha em seu tempo. Introduz termos que continuam sendo usuais, como *habiller*, referindo-se à limpeza do peixe. O livro é considerado o primeiro de culinária profissional da França. Teve grande importância para a gastronomia por organizar as receitas medievais do século XIV. Apesar de raro, ainda é possível encontrar versões da obra de Taillevent editadas em francês e inglês.

POVOS DO ORIENTE: IMPÉRIO BIZANTINO E OS ÁRABES

Como já vimos no início do capítulo, o termo "Idade Média" e suas características – regime fechado feudal, agrário e com forte influência da Igreja Católica – eram aplicados à Europa Ocidental. Mas não podemos esquecer que importantes civilizações, como a bizantina e a árabe, estavam em franco desenvolvimento e exerceram forte influência na Europa medieval.

Vamos conhecer aqui um pouco da evolução cultural e gastronômica de bizantinos e árabes nesse período.

IMPÉRIO ROMANO DO OCIDENTE E DO ORIENTE

Relembrando: o Império Romano enfrentou diversas crises internas e invasões dos povos germânicos. Em 395 d.C., para tentar solucionar os problemas políticos, o imperador romano Teodósio dividiu o Império em dois: Roma se tornou a capital do Ocidente, e Constantinopla, a capital do Oriente (Bizâncio). O Império Bizantino perdurou até 1453, quando os turcos-otomanos tomaram Constantinopla. Essa data marca o final da Idade Média e início da Idade Moderna.

O Império Bizantino teve um papel fundamental de transição entre o mundo greco-romano e o mundo moderno que chegaria com o Renascimento.

O IMPÉRIO BIZANTINO

Ponto estratégico, localizado na confluência dos continentes asiático e europeu, Constantinopla era tanto o local de passagem obrigatória de embarcações que transportavam produtos alimentícios (cereais, manteiga, mel e caviar, vindos de portos russos e do Danúbio; e trigo, vindo do Egito) quanto o único caminho por terra utilizado pelas caravanas que vinham da Índia, do Ceilão, da China e do Oriente Médio, carregadas de tesouros como pedras preciosas, âmbar, marfim, porcelana, açúcar, almíscar, sedas, medicamentos e especiarias.

Ao contrário da Europa, os bizantinos não se desvincularam dos valores greco-romanos. Nos seus mais de mil anos de existência, demonstraram ser uma civilização refinada nos modos à mesa e muito desenvolvida, inclusive nas artes. Foram os bizantinos que influenciaram o Renascimento italiano.

O garfo (de suma importância para introduzir os bons modos à mesa), foi inventado em Bizâncio. Em sua concepção, este talher possuía apenas dois dentes. Só quando chegou à Itália recebeu três e depois quatro, o que demorou séculos para ocorrer. Mas quem seria o autor de tal façanha? Sabe-se que o último dente foi ideia dos napolitanos, acrescido para ficar mais fácil enrolar o espaguete antes de levá-lo à boca.

Hábitos alimentares da população → Parece que provisão de alimentos era uma das boas características desse Império. Como vimos, grande número de produtos chegava a Constantinopla. Da mesma forma, a agricultura era próspera: colhiam-se víveres** típicos do mediterrâneo, como trigo, cevada, azeitona, maçã, pera, ameixa, damasco, pêssego, romã, figos e avelãs, além de diferentes tipos de hortaliças, alho, repolho, brócolis, beterraba e acelga. A longa costa propiciava a pesca, e a extração do sal no mar Negro fornecia matéria-prima para conservar o peixe em salmoura.

Como sempre, a quantidade e a qualidade dos produtos consumidos dependiam da posição social das pessoas. Os camponeses se alimentavam de pão, queijo fresco, azeitonas, legumes e algumas frutas. Com a lenha escassa, era comum os mais pobres comprarem comida pronta nas tabernas, cujo "cardápio" incluía sopas e ensopados feitos à base de legumes e leguminosas, que eram mantidos quentes na panela em fogo baixo. Às vezes, pedaço de carne-assada de carneiro e de porco no espeto também fazia parte da refeição (FLANDRIN; MONTANARI, 1998, p. 326).

Hábitos alimentares da elite → Pratos requintados compunham as mesas da nobreza. Como, por exemplo, o agridoce frango desossado com recheio de amêndoas e mel, além de outras carnes como carneiro, cordeiro e pombas. Para acompanhar, um bom vinho.

As aves de caça eram feitas com molho à base de mostarda, cominho, orégano, sal e pimenta. Os nobres gostavam de comer aspargos silvestres com azeite e louro. Cozinhavam as favas em água com azeite e cominho; e, como acompanhamento, serviam purês de legumes. Apreciavam também vinho doce aromatizado com canela.

E adivinhe o que os ricos comiam nas datas religiosas em que a abstinência de carne era obrigatória? Nos pratos de jejum constavam ingredientes como o caviar!

A CONTRIBUIÇÃO DOS ÁRABES

Já sabemos que na Europa, no início da Idade Média, a sociedade se estruturava em feudos e estava sob o domínio da poderosa Igreja Católica. Enquanto isso, na Península Arábica, mais precisamente no século VII, o profeta Maomé fundava o islamismo. Essa religião foi ganhando cada vez mais adeptos, crescendo vertiginosamente no decorrer desse período histórico.

Em nome da expansão islâmica, os árabes foram conquistando cada vez mais territórios. Tanto que, a partir de meados do século VIII, o domínio árabe compreendia desde a Península Arábica até o vale do Indo, na Índia. Os rígidos preceitos do islamismo envolviam praticamente todos os aspectos da vida, incluindo a alimentação.

Se em termos políticos a expansão islâmica era ameaçadora para a Europa medieval, no campo da gastronomia ocorreu um rico intercâmbio cultural. Além de serem desenvolvidos em vários setores do conhecimento, os árabes eram também grandes mercadores, tendo sido os responsáveis por levar para a Europa muitos produtos de origem asiática e do norte da África.

Deve-se aos árabes a retomada na Europa da moda das especiarias (já praticada pelos romanos). Foi por meio dos mouros** que os europeus conheceram o açúcar (considerado especiaria, na época), assim como a noz-moscada, o gengibre e o trigo sarraceno**.

PETISCOS DA HISTÓRIA

Um costume dos árabes e dos outros povos islamizados é a comemoração do Ramadã, que se iniciou no século VII, quando o Alcorão foi revelado a Maomé. A data é comemorada no nono mês do calendário muçulmano, entre julho e agosto. Durante esse período, os fiéis se mantêm em jejum da alvorada até o pôr do sol, o que simboliza um ato de fé, uma maneira de sublimar os desejos e elevar o espírito. À noite, após a abstinência diária, as famílias se reúnem à mesa para o *iftar*, um farto jantar em que todos apreciam pratos como lombo de cordeiro marinado, berinjelas recheadas com arroz e carneiro, charutinhos de folha de uva com recheio de arroz e especiarias, assim como sobremesas – *baklawa* (pastel de massa folhada) e *knafe* (massa fina com queijo). O fim do Ramadã é observado com um dia de celebração, chamado de *Eid-ul-Fitr*, com troca de presentes e preparo de receitas de acordo com a cultura de cada país.

Como mercadores, os árabes levaram para a Europa o arroz e o açafrão. Com o tempo, ambos os ingredientes se juntaram para fazer a paella, prato espanhol que conta com muitas variações, mas que basicamente usa arroz, açafrão e frutos do mar, além de outros ingredientes regionais.

Laranjas e limões, de origem asiática, eram apreciados pelos romanos e muito usados na culinária. Sua cultura desapareceu após as invasões germânicas e só reapareceria na Espanha e na Sicília com os árabes, no século VIII.

O CUSCUZ ORIGINAL

O cuscuz é um prato típico da culinária brasileira, com versões nordestina e paulista. Mas o cuscuz original, em que se inspiraram outros países, vem dos atuais Marrocos, Tunísia e Argélia, no norte da África. Sua existência data da época dos berberes, primeiros povos nômades que habitaram essa região do continente africano. A pesquisadora Lucie Bolens (1990) afirma que os berberes já preparavam cuscuz de 238 a 149 a.C. Feito até hoje de sêmola** de cereal, na maioria das vezes trigo, o prato leva legumes ou carne, sendo típico o cuscuz de carneiro com caldo.

Uma das teorias diz que o prato teria sido difundido pelo sul da Europa com a invasão moura, no século XIII, inclusive em Portugal e na Espanha. Em Portugal, há registros de receitas de cuscuz nos séculos XVI e XVII. Os judeus sefaraditas** da Europa incorporaram o cuscuz em sua cozinha por conta da influência moura e estes levaram o prato para os locais em que se fixaram, como Itália, norte da África e Oriente Médio. Mas na Sicília, pela proximidade com o norte da África, o prato foi introduzido bem antes (entre os anos de 827 e 1063). Por conta da forte tradição do prato nesta ilha, existe hoje um festival anual que reúne as receitas mais representativas de cuscuz do mundo. O objetivo é mostrar sua evolução cultural em cada cultura.

Você deve estar se perguntando por que via esse prato chegou ao Brasil. Embora existam várias teorias – e ainda nenhuma comprovação –, o mais provável é que tenha vindo de Portugal. No Brasil – que já fazia cuscuz no século XVI –, o milho substituiu a sêmola de trigo africana.

Herdeiros de uma alimentação equilibrada e milenar, à base de coalhada seca, queijo, carne de carneiro, legumes, cereais, grãos e frutas secas, os árabes comem até hoje pratos como galinha assada com gengibre, acompanhada de farinha de amêndoas e arroz com lentilhas. De sobremesa, receitas como arroz de leite (o nosso arroz-doce), que virou hábito na Europa por volta do século XIII.

Faz parte dos costumes árabes comer em pequenas porções, os chamados *mezzés*. Estes se difundiram pela Europa mediterrânea e fizeram surgir tradições como as *tapas* espanholas e os antepastos italianos, tipo de entradinhas ou petiscos que partem do mesmo princípio dos *mezzés*.

Também são heranças árabes o marzipã, os torrões, os doces com mel e amêndoas e o uso das frutas secas em doces.

Uma bebida ganharia espaço nos domínios árabes: o café. Originário da África, da província de Kaffa, o café teve sua difusão no mundo maometano favorecida pela proibição religiosa de tomar bebidas alcoólicas. Assim, a vida social girava em torno dele. Até hoje, aliás, em muitos países como Egito, Líbano e Turquia, os cafés, estabelecimentos nos quais se pode fumar narguilé**, são muito populares.

Os árabes difundiram, portanto, o consumo do café por seus domínios, incluindo a Europa. E este passou a ser tão apreciado que, como veremos no próximo capítulo, logo se tornaria uma bebida colonial importante, tanto na Europa quanto no Novo Mundo, a América recém-descoberta.

Duas importantes obras ajudam pesquisadores a reconstituir o passado gastronômico árabe. Uma delas é o livro *Kitab-al-Tabij*, com 150 receitas, escrito no século XIII. A outra, da mesma época, intitula-se *Wusla ila Habib*.

Os árabes produziam vinagres, faziam conservas e extraíam das flores aromas para usar na comida, como fazem até hoje no famoso *malabie*, um manjar branco com calda de damasco, aromatizado com calda de pétala de rosas e almíscar. Também exerceram influências na Europa Ocidental em áreas como filosofia, astronomia, matemática, física, química, medicina. Muitos dos conhecimentos de astronomia, por exemplo, foram aplicados nas Grandes Navegações, como veremos no próximo capítulo.

CAPÍTULO 4
RENASCENÇA, A CONTRIBUIÇÃO ITALIANA

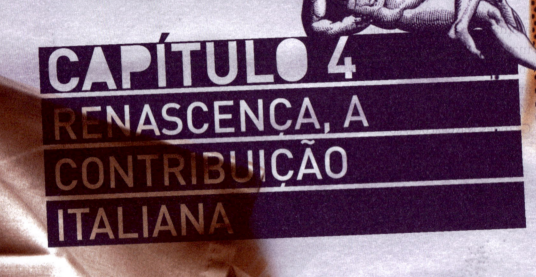

Nascido no século XIV, o Renascimento caracterizou-se pela grande ebulição nas artes, na literatura, na ciência e na gastronomia.

O aumento do comércio deu vida e riqueza às cidades europeias. A sociedade urbana, em pleno crescimento, fez circular cada vez mais produtos de luxo, e um estilo de vida até então nunca visto começou a nascer das novas práticas sociais. Banqueiros, mercadores e artesãos destacavam-se socialmente nas recém-formadas cidades da Europa, em especial as do norte da Itália, Gênova e Veneza. Estas se tornaram polos de intensa atividade econômica devido à localização geográfica privilegiada na Península Itálica.

A distribuição de produtos importados do Oriente por via terrestre estimulou o desenvolvimento de outras cidades italianas como Florença, Parma, Bolonha e Milão. A Europa "fervia" com as novas perspectivas econômicas e políticas. O aumento da atividade comercial entre a Itália e Flandres (Bélgica) pelo Atlântico propiciou o dinamismo de cidades como Sevilha (Espanha), Lisboa (Portugal) e Londres (Inglaterra) (FRANCO, 2001, p. 145).

A Renascença foi essencialmente uma nova atitude diante da vida e se expressou em todos os níveis, na arte e na ciência, tornando-se evidente também nos hábitos à mesa. Esses novos valores, que começaram na Itália, foram se espalhando pouco a pouco pela Europa, sendo que na maior parte dos países teve seu auge no século XVI.

No que se refere à gastronomia, as ideias renascentistas rompiam com os padrões medievais. Desprezava-se a ostentação exagerada e dava-se mais importância à qualidade, modelo que se difundiria em todas as cortes europeias. A profusão de alimentos que caracterizou os banquetes da Idade Média cederia lugar à concepção mais refinada dos prazeres à mesa.

MOVIMENTO DE RENOVAÇÃO CULTURAL

Renascença ou Renascimento são termos aplicados ao movimento de renovação cultural que teve início no século XIV, na Itália, e atingiu seu apogeu no século XVI, influenciando várias regiões da Europa. Os renascentistas defendiam a restauração dos valores do mundo clássico e acreditavam na capacidade ilimitada da criação humana. Esses ideais transformaram as artes, a literatura, a ciência, a filosofia e a gastronomia. O período é rico em exemplos de pesquisadores e inventores que prepararam o caminho para o progresso científico e técnico da Idade Moderna.

A ITÁLIA COMO SÍMBOLO DE REQUINTE

No Renascimento, a Itália tornou-se símbolo de refinamento do mundo ocidental, graças à influência dos bizantinos, como vimos no capítulo anterior. O uso do garfo, os aparelhos de jantar, as peças finas e bem-acabadas em metais preciosos, as toalhas ricamente bordadas em linho, porcelanas e as faianças italianas sofisticaram o comportamento à mesa.

PETISCOS DA HISTÓRIA
A bela e requintada faiança é originária de Faenza (Itália), cidade na qual se aprimorou a arte de cobrir a cerâmica com uma camada de esmalte.

Estudiosos atribuem a "primeira garfada" da história da Europa à princesa Teodora, filha do imperador bizantino, que se casou com um nobre veneziano em 1095. Em seu banquete de casamento, Teodora usou um pequeno garfo de prata com dois dentes, peça completamente desconhecida pela sociedade da época – o garfo só era usado para espetar os alimentos e não para levá-los à boca (ECHAGÜE, 1996, p. 46-47).

Das receitas italianas do período, já constavam pastas como lasanha e ravióli; cogumelos e trufas eram muito apreciados e incluídos em receitas conferiam-lhes requinte.

O GOURMET LEONARDO DA VINCI

Falar do Renascimento italiano e não citar o grande pintor, inventor e cientista Leonardo Da Vinci (1452-1519) – representante do espírito renascentista por excelência, conhecido sobretudo pelo quadro *Monalisa* – seria o mesmo que descrever Roma sem citar o Vaticano. O gênio Da Vinci também teve enorme importância na gastronomia, pois era um grande gourmet. Alguns especialistas atribuem à sua autoria o *Códice Romanov*, do final do século XV. Nele consta que Da Vinci era sócio de Botticelli, outro gênio das artes plásticas, na Taberna das Três Rãs, em Florença. Segundo o livro, o negócio não durou muito tempo, pois Da Vinci queria incutir na cabeça dos frequentadores conceitos gastronômicos de vanguarda, que lembrariam hoje a *nouvelle cuisine* (nova cozinha), como veremos adiante. Ele pregava, por exemplo, a ingestão de uma quantidade moderada de comida e o equilíbrio de ingredientes muito próximo da nossa realidade atual – usava muitas verduras e legumes. Se o *Códice Romanov* é de sua autoria ou não, ainda é um caso muito discutido, mas o que não se contesta é que Da Vinci era um gourmet (e vegetariano). E se não são dele algumas das invenções que constam na obra, uma pelo menos é sua de fato: o guardanapo, que teve o grande mérito de fazer os nobres deixarem de lado hábitos nada higiênicos (LOPES, 2004, p. 103).

ETIQUETA E BOAS MANEIRAS

No Renascimento surgem as primeiras cartilhas de boas maneiras e inicia-se uma conduta ligada à etiqueta, ou seja, um conjunto de normas ou cerimônias passam a ser usadas pela corte durante as refeições formais.

Ganharam força na Europa, no século XV, as cartilhas de etiqueta, usadas pelos ricos. Elas determinavam as regras de comportamento à mesa, a quantidade e a qualidade das preparações culinárias, a beleza dos utensílios de serviço, além de listar pratos e ingredientes de luxo.

Ficaram célebres, por exemplo, os códigos de boas maneiras escritos pelo filósofo e humanista holandês Erasmo de Roterdam (1466-1536) – eles faziam uma diferenciação entre as pessoas de hábitos rudes e as refinadas. Imagine que Roterdam alertava os comensais, por exemplo, a não limpar a boca na toalha de mesa, não assear a colher no guardanapo, não tocar a comida com as mãos, não lamber os dedos e, ainda, não colocar os cotovelos sobre a mesa. Lavar as mãos antes de comer tornou-se hábito. A higiene passou a ser fator importante à mesa. Como se vê, essas regras são mantidas até hoje.

Enquanto no período medieval a grande quantidade de alimentos à mesa e a ostentação com o uso exagerado de ingredientes raros e caros eram sinais de grande poder, o Renascimento traz o luxo da mesa bemposta com utensílios requintados. Cada serviço tinha seus pratos organizados sobre a mesa, em forma de bufês sucessivos, de modo que os comensais não precisavam comê-los todos de uma só vez – o hábito de apresentar cada prato separadamente para os convivas tem início apenas no século XIX.

OS PRIMEIROS LIVROS DA RENASCENÇA

A invenção da imprensa por Gutemberg ocorreu por volta de 1450. Os primeiros livros impressos de cozinha, representantes do pensamento da Renascença, foram publicados na segunda metade do século XV, editados nas principais línguas da Europa Ocidental.

Uma das obras mais importantes dedicadas à gastronomia da época foi a do historiador italiano Bartolomeo Sacchi (1421-1481), mais conhecido pelo cognome de Platina de Cremona. Sua obra *De honesta voluptate et valetudine* (*Da honesta volúpia e do bem-estar*) influenciou tanto italianos quanto franceses. Foi publicada em 1474, em latim, e relata os prazeres da mesa e as propriedades nutritivas de importantes ingredientes, inclusive do vinho, mas sem contrariar as regras morais e estéticas da época.

Com certo refinamento, *De honesta* prega o uso moderado de especiarias, o emprego de frutas secas no início da refeição e aconselha suco de frutas cítricas para aromatizar os pratos. O autor revela também a importância que a etiqueta passa a ter nesse período, destacando o bom-tom e a sobriedade à mesa. O livro foi tão importante para a época que chegou a ter seis edições.

Outra publicação de cozinha de grande repercussão foi *L'ppera dell'arte del cucinare* (*A obra da arte de cozinhar*), lançado em Veneza em 1570. Foi escrito pelo chef Bartolomeo Scappi, chamado de "cozinheiro dos papas", porque serviu em Roma, durante 30 anos, para seis pontífices, inclusive para Pio V (1556-1572), a quem *L'opera* foi dedicado.

O livro propõe uma cozinha-modelo, com base nos conceitos da Renascença, com pratos mais leves do que os medievais. É dividido em seis fascículos: aborda a função do cozinheiro; destaca carnes de animais de pena e pelo selvagens e domésticos; a técnica de fazer molhos; trata de peixes, ovos e sopas; ensina a fazer massas, pastelões, bolos, tortas e doces; e o último livro é dedicado aos doentes, com pratos leves e restauradores (LOPES, 2004, p. 130-133).

Ao todo, *L'opera* apresenta mais de mil receitas. Com muitas ilustrações, mostra o ambiente das cozinhas italianas e detalhes de seus equipamentos. É um documento de grande relevância e teve enorme repercussão na Europa renascentista.

A INFLUÊNCIA ITALIANA NA FRANÇA

O século XV e o início do século XVI foram marcados pela influência do Renascimento italiano na França, graças à florentina Catarina de Médici, que se casou, em 1533, com aquele que seria o futuro rei francês, Henrique II, e foi morar em Paris. Catarina era filha de Lourenço de Médici, banqueiro e governante da República Florentina e sobrinha do papa Clemente VII.

Catarina de Médici levou com ela luxuosos aparelhos de mesa, como porcelanas, toalhas, objetos de ouro e prata e copos de cristal (ECHAGÜE, 1996, p. 45). Enquanto, na Idade Média, os copos eram de metal, agora, com a transparência do cristal, as pessoas podiam ver a cor do líquido que bebiam! Isso, claro, mudou a mentalidade dos apreciadores de bebidas. Fato que os enólogos**, sommeliers e degustadores de hoje devem agradecer ao Renascimento.

Para disseminar os novos hábitos gastronômicos renascentistas, vieram com a corte de Catarina de Médici cozinheiros italianos, que agraciavam as mesas nobres francesas com pratos mais elaborados e requintados, como *quenelles*** de peixes e de ave, parmesão ralado, *ris-de-veau***, galinha-d'angola recheada com castanhas, escargots, trufas e carne de vitelo. Aliás, foram os florentinos que introduziram o hábito de servir frutas puras ou combinadas com salgados antes das refeições, como, por exemplo, melão com presunto, uma entrada clássica até hoje tanto na Itália quanto na França.

Os italianos também levaram para a França o cultivo das hortas e o consumo das hortaliças. Introduziram novidades nas dietas, como a adição de legumes nas receitas de carne, pratos que se chamariam *à la Rennaissance*. Assim, couve-flor, alcachofra, brócolis e berinjela logo viraram moda. E de tal maneira que até hoje alguns castelos do Loire (França) mantêm os jardins renascentistas, em que verduras e legumes eram plantados em meio a flores, recurso ornamental comum nesse período.

No final da refeição, eram servidas as sobremesas feitas com açúcar até então desconhecidas pelos franceses, que usavam o mel. Assim, da confeitaria do palácio real saíam receitas como macarrons (ver boxe na p. 109), zabaiones**, biscoitos de amêndoas, frutas em calda ou cristalizadas, pudins de ovos, geleias e frutas em calda e cristalizadas e até sorvetes, consumidos como sobremesa no final da refeição. Como digestivos** e *grand finale*, desfrutava-se de outro hábito do país de Da Vinci: o licor de marasquino ou uma aguardente de fruta (LOPES, 2004, p. 138).

PETISCOS DA HISTÓRIA

O primeiro sorvete da história foi o *sorbet***, preparado à base de frutas congeladas. A receita era um segredo guardado a sete chaves pelos chefs italianos, mas tornou-se mais uma aquisição da França na época do Renascimento.

Para as mulheres francesas, a presença feminina nos banquetes foi uma conquista. Podemos dizer que a contribuição da família Médici nesse sentido produziu uma grande revolução feminista na França, assim como foi na década de 1960 a moda do biquíni. Com a refinada Catarina de Médici e sua corte, a França conheceu a obra *De honesta voluptate et valetudine*, já comentada aqui. Vários itens do cardápio clássico francês foram inspirados nessa obra. Como, por exemplo, o consomê – caldo concentrado de legumes, peixes, aves, carnes que, depois de clarificado, é servido no início da refeição.

Outra receita clássica francesa, o pato com laranja (*canard à l'orange*), foi também uma inspiração italiana, provavelmente levada para a França por Catarina de Médici, que gostava muito de pratos agridoces. Vem do *papero all'arancia* (marreco com laranja), que fazia parte do cardápio de Florença desde o século XV.

→→→→→→→→→→O GRANDE COMILÃO

O escritor francês renascentista Rabelais (1483-1553) escreveu obras importantes no plano literário e filosófico, sátiras de seu tempo que contestavam os costumes, os dogmas da Igreja e a tirania dos reis. Muitos historiadores esquecem de citar que tais críticas tinham um enfoque gastronômico. Na obra *Gargântua e Pantagruel*, Rabelais mostrou a tirania por meio dos banquetes homéricos**, dos excessos de comida e do luxo, enquanto a plebe muitas vezes mal tinha pão em casa, o alimento básico dos pobres. Como caricatura da realeza, Rabelais criou o famoso personagem Pantagruel, um inveterado comilão – daí o termo "apetite pantagruélico".

←←←←←←←←←←←←←←←←←←←←←←

83

O NASCIMENTO DA COZINHA REGIONAL

Entre os séculos XVI e XVII, com o declínio do feudalismo, o poder na Europa se centralizou nas mãos de uma monarquia absolutista. Esse tipo de regime político fortalecia as atividades econômicas e os recém-formados Estados modernos, como Portugal, Espanha, França e Inglaterra.

No que se refere à gastronomia, aí começa a se delinear um perfil de preferências em determinadas regiões. Assim, por exemplo, na costa do Mediterrâneo, da Grécia à Espanha, destacou-se o uso do azeite de oliva, do trigo (principalmente na confecção dos pães), dos queijos de ovelha ou de cabra, das preparações com carne de carneiro e pescados, regados a vinho (ou água). Quanto aos doces, o marzipã era consumido no sul da Itália, França, Espanha e de Portugal. vale destacar que na Lombardia (Itália) se cultivava arroz desde o século XIV, sendo o risoto um prato apreciado já na Renascença.

Ao norte da Europa, os alimentos mais encontrados eram o centeio, a carne de boi, o presunto, as castanhas, as maçãs e a cerveja, e continuava o uso da manteiga no lugar do azeite. Com relação aos pratos, sabe-se que os franceses já se deliciavam com o *coq au vin*, literalmente "galo feito no vinho tinto". Na Alsácia, assim como em boa parte da Europa Central e Oriental, como a Rússia, já se fazia e se apreciava o chucrute – preparo de repolho fermentado, feito com sal, bagas de zimbro e coentro, que mais tarde levaria também batata. Na Itália, como já foi dito, comiam-se massas como o ravióli.

Assim, regionalização e globalização caminharam juntas neste período. Ao mesmo tempo que valores regionais se solidificavam, surgia nas nações uma grande necessidade de desbravar o mundo, adquirir novos conhecimentos, conquistar riquezas e poder.

Em meio aos objetos de desejo nacionais estavam as especiarias, símbolo de luxo e poder na época. Portugal e Espanha, os países mais desenvolvidos nas técnicas navais, estavam preparados no século XV para navegar, desbravar mares e conquistar outras terras.

Como veremos no próximo capítulo, as Grandes Navegações e Descobertas revolucionaram o mundo, originando uma globalização em termos de novos ingredientes e bebidas e fazendo surgir uma sociedade moderna de bons modos e gostos mais apurados. Veremos também que a França vai liderar as transformações gastronômicas até chegar ao requinte de sua cozinha no século XVIII, com as elaborações da alta cozinha (*haut cuisine*) que se tornariam clássicas nos recém-inaugurados restaurantes do país.

CAPÍTULO 5
EXPANSÃO MARÍTIMA E A AMÉRICA

As Grandes Navegações, além de colocarem a América no mapa do mundo, promoveram intensos intercâmbios alimentares que se incorporaram definitivamente à gastronomia dos povos.

Dentre os acontecimentos que assinalam a passagem para os tempos modernos, destaca-se a Expansão Marítima. Como já exposto no capítulo anterior, o desejo de encontrar riquezas fora do continente impulsionou os europeus, na metade do século XV, a buscar novas rotas comerciais no Oriente.

Em 1492, os espanhóis chegaram até o continente americano. Os portugueses, contornando a África e através do oceano Atlântico, alcançaram a Índia em 1498. E, como se sabe, em 1500 aportaram na costa brasileira.

Essa ousadia marítima dos pioneiros portugueses e espanhóis significou para o mundo moderno os primeiros passos da globalização do planeta e o início de um intenso intercâmbio cultural e gastronômico envolvendo África, Ásia, Europa e América.

→→→→→→→→→→→→→ **IDADE MODERNA**

Esse período foi demarcado por grandes acontecimentos históricos: teve início em 1453, com a tomada de Constantinopla (atual Istambul) pelos turcos, e terminou com a Revolução Francesa em 1789, fato que marcou profundamente a história da humanidade, fortalecendo o poder da burguesia, varrendo os reis absolutistas e abrindo caminhos para a Idade Contemporânea.

Na Idade Moderna houve também uma "revolução" gastronômica. No século XVIII surge o restaurante como estabelecimento comercial e muitos chefs que deixaram de servir à nobreza vão trabalhar nessas novas casas. Espalhou-se então pelo mundo a fama dos chefs franceses, fato que seguiria hegemônico por quase três séculos.

ESPECIARIAS E EXPANSÃO MARÍTIMA – PORTUGAL E ESPANHA

>Leva alguns malabares, que tomou
>Por força, do que o Samorim mandara
>Quando os presos feitores lhe tornou;
>Leva pimenta ardente, que comprara;
>A seca flor de Banda não ficou,
>A noz, e o negro cravo, que faz clara
>A nova ilha Maluco, com a canela,
>Com que Ceilão é rica, ilustre e bela.

(Trecho de *Os Lusíadas*, de Luiz de Camões)

Constantinopla, 1453. Os turcos-otomanos fecharam a principal entrada das especiarias na Europa, o que "obrigou" navegadores portugueses e espanhóis a buscar novos caminhos para as Índias. Obrigou porque as especiarias – ou aromatas, como diziam os antigos romanos – faziam parte dos hábitos da elite desde a História Antiga e seria inconcebível viver sem elas. Junto a esse apelo das altas camadas sociais existia também a ambição de riqueza por artigos de luxo, pedras e metais preciosos, como ouro e prata.

AFINAL, QUAL O SIGNIFICADO DAS ESPECIARIAS?

Muitos eram os empregos dados às especiarias. Símbolo de riqueza e poder, tinham também duplo uso culinário: tanto de conservação dos alimentos quanto de utilização no preparo dos pratos servidos à nobreza. Eram empregadas como corantes naturais de tecidos, usadas na elaboração de medicamentos e na fabricação de perfumes e cosméticos.

A palavra "especiaria" surgiu no século XII e era aplicada a uma variedade grande de produtos como cardamomo, cominho, gengibre, mostarda, pimenta-do-reino, canela, açafrão, noz-moscada e cravo. Destas, as mais apreciadas eram cravo, canela, noz-moscada e pimenta-do-reino, esta última a mais cobiçada na Europa na época dos Grandes Descobrimentos e a que mais se incorporou aos hábitos culinários do Ocidente. Tanto que, mais tarde, o pimenteiro tornou-se um utensílio comum à mesa nos restaurantes gastronômicos do mundo ocidental.

Você poderia se imaginar preparando um prato saboroso sem pelo menos uma especiaria? No prato típico espanhol, a paella, vai açafrão; nosso arroz-doce fica muito mais gostoso com canela; nossa bebida típica de festa junina, o quentão, leva cravo; e um prato clássico francês é o filé ao *poivre* (pimenta-do-reino).

Apesar do conhecimento de cartografia e de navegação que detinham os cosmógrafos, geógrafos e cientistas portugueses e espanhóis, os primeiros navegadores acreditavam que enfrentariam perigos sobrenaturais, monstros míticos, nos "mares nunca dantes navegados". Tal ideia caiu por terra com o mapeamento das viagens.

Graças às Grandes Navegações, a aquisição das especiarias pelos europeus se tornou mais fácil: portugueses e espanhóis foram buscá-las diretamente na fonte. Até meados do século XV, as especiarias eram caríssimas pelo fato de as rotas marítimas serem extremamente tortuosas e compostas por várias etapas.

Imagine que um carregamento com especiarias e outros tesouros passava por diversas rotas até chegar à Europa. Num dos caminhos, barcos árabes levavam os produtos das Índias até a costa oriental da África, depois estes seguiam de camelo até o Nilo e, por via fluvial, até Alexandria (Egito), um dos principais portos do Mediterrâneo na época. Somente daí é que as encomendas eram despachadas para a Europa.

Em outro caminho, das Índias as especiarias iam para o Ceilão (atual ilha de Sri Lanka). De lá partiam, via Golfo Pérsico, a Bagdá (atual capital do Iraque) para serem transportadas por caravanas até Constantinopla, na costa da Ásia Menor, de onde eram encaminhadas, via marítima, para o porto de Veneza (FRANCO, 2001, p. 85-86). Este último, um dos principais portos europeus da época, era em geral de onde saíam as mercadorias para o restante do continente – a preços estratosféricos, claro.

PESTISCOS DA HISTÓRIA

Em 1498, o português Vasco da Gama atravessou o cabo da Boa Esperança, navegou no oceano Índico, aportando em Calicut, no litoral ocidental da Índia. Foi o primeiro europeu a chegar por essa rota, contornando a África. O pioneirismo valeu a pena, pois os requisitados produtos indianos passaram a ser comercializados sem atravessadores. Vasco da Gama negociou, por exemplo, 100 kg de pimenta-do-reino a três ducados, enquanto a mesma quantidade era vendida em Veneza por 80 ducados, algo em torno de 27 vezes mais caro!

Com as Grandes Navegações, a América entra no mapa do mundo. Alimentos nativos de um continente foram assimilados por outras culturas a partir da Expansão Marítima. Temperos, frutas, plantas exóticas, cereais, raízes, animais, peixes, novos sabores passaram a frequentar as mesas europeias.

Desse intercâmbio gastronômico surgiram produtos importantes para a culinária mundial, como batata, tomate, peru, chocolate (subproduto do cacau), baunilha, tabaco, milho, todos nativos das Américas Central e do Sul.

Muitos ingredientes asiáticos passaram a fazer parte da alimentação básica da maioria dos povos, como o açúcar, o arroz e o chá. Da África para o mundo, o café e a pimenta-malagueta tornaram-se indispensáveis à culinária. Esses produtos se integraram de tal forma aos hábitos mundiais, que a atual gastronomia não se imagina sem eles.

AMÉRICA
Batata, batata-doce, pimentão, milho, mandioca, abóbora, tabaco, cacau (chocolate), tomate, caju, mamão, abacaxi, goiaba, amendoim, abacate, peru, baunilha, pimenta *capsicup*, diversos tipos de feijão, quinua, amaranto, pimentão.

ÁSIA
Arroz, pepino, espinafre, berinjela, chá, laranja, limão, banana, tangerina, lima, marmelo, manga, coco, jaca, carambola, cravo-da-índia, coentro, manjericão, canela, pimenta-do-reino, cana-de-açúcar.

ÁFRICA
Inhame, quiabo, café, dndê, jiló, pimenta-malagueta, galinha-d'angola.

MEDITERRÂNEO
Cebola, alho, farinha de trigo, cevada, centeio, fava, salsa, cebolinha, alcachofra, uva, vinho, figo, hortelã, manjericão, azeitona, azeite de oliva, vaca, porco, ganso, pato, carneiro, cabra, laticínios.

CULTURAS PRÉ-COLOMBIANAS QUE GANHARAM O MUNDO

Quando os espanhóis comandados pelo navegante genovês Cristóvão Colombo chegaram ao Novo Continente – que logo seria chamado de América –, encontraram povos com enorme diversidade cultural. Algumas populações eram nômades e não conheciam os metais. Havia os que faziam parte de sociedades complexas e tinham alcançado grande conhecimento, como os maias, os astecas e os incas. Essas culturas, que ficaram conhecidas como pré-colombianas, desenvolviam uma economia diversificada, de base agrícola, sendo o milho sua principal fonte de subsistência.

Ao chegarem em Tenochtitlán, capital do Império Asteca e futura cidade do México, os espanhóis ficaram espantados com sua extensão e com a população numerosa de 300 mil habitantes, comparável a outras capitais do mundo conhecidas pelos europeus.

Mas o que realmente chamou a atenção dos espanhóis foi o imenso mercado de Tlatelolco, com mais de cinco mil barracas permanentes, por onde transitavam diariamente mais de 60 mil pessoas. Além de muitos objetos de ouro e prata, havia nesse mercado grande variedade de produtos, como o cacau, o milho, vários tipos de pimentas (*chili*), o abacate – com o qual se faz até hoje o famoso guacamole, pasta salgada da fruta –, o feijão, a abóbora e aves como patos e perus. Ao redor dessa imensa feira ao ar livre havia muitas tabernas onde se oferecia para a população comida quente e um tipo de bolo feito de milho e amassado com feijão, além de uma papa chamada atol, em que se misturava a pasta do cacau com farinha de milho, tão essencial como o pão (BUENROSTRO; BARROS, 2001, p. 24; ECHAGÜE, 1996, p. 120).

Pesquisas recentes comprovaram que o milho é originário do México. Foram encontrados sabugos de milho datados de 5200 a.C. Até hoje um prato típico mexicano por excelência é a *tortilla*, massa feita de farinha de milho. Como astecas e maias atribuíam características divinas às forças da natureza, claro que o milho, como produto básico, tinha sua divindade: era Chicomecoalt, a mãe do milho, retratada com o rosto pintado de vermelho e espigas de milho nas orelhas.

PETISCOS DA HISTÓRIA

Segundo a mitologia mexicana, foi Quetzalcoalt – deus que personificava a sabedoria e o conhecimento – quem trouxe para a terra as sementes do *quacalt*, a árvore do cacau, de forma a contemplar os homens com um manjar delicioso, o chocolate. Os chocólatras de hoje deveriam ser devotos dessa divindade.

Foram os portugueses que difundiram o milho na África, pois este também é nativo das terras brasileiras. Via Espanha, a farinha de milho chegou à Itália e lá nasceu a polenta, que se tornou um dos pratos básicos da alimentação deste povo.

Havia outra planta sagrada, chamada de *huauhtli* que hoje conhecemos como amaranto. Os astecas preparavam uma massa de farinha de amaranto e milho, misturando-a com mel de *manguey* (uma planta muito parecida com um cacto, que nasce apenas no México). Hoje, com ela se obtém a famosa bebida tequila.

Compondo a base da alimentação de muitos povos pré-colombianos da região dos Andes, na América do Sul, a batata é outro produto nativo. Desde muito antes da chegada dos espanhóis já existiam mais de 200 tipos diferentes de batata, cujo cultivo é mantido até hoje. Entre as variedades mais conhecidas estão a *papa branca, huayro, serranita, yungay e amarilla* (amarela), sendo que essa é a preferida dos peruanos. A batata era o ingrediente básico para o preparo de sopas e da *pachamanca*, um prato de carne e verduras cozidas num braseiro sobre um buraco na terra. A batata tinha a vantagem da durabilidade e da fácil armazenagem, conveniente para alimentar a população em épocas de escassez e invernos rigorosos. Com esse mesmo fim, os franceses a integraram em suas refeições no final do século XVIII. Hoje batata é o "arroz-com-feijão" de franceses e alemães.

AS EXPERIÊNCIAS DE PARMENTIER

Após sobreviver à Guerra dos Sete Anos (1804-1814) como prisioneiro na Alemanha, alimentando-se quase exclusivamente de batata, um major e farmacêutico do exército francês descobriu o alto poder nutritivo do alimento. Seu nome? Antoine-Augustin Parmentier.

De volta ao seu país, Parmentier participou de um concurso nacional sobre "a substituição do trigo na confecção do pão" em 1771 – uma época de escassez na Europa – e redigiu suas memórias sobre as batatas. Foi tão bem-sucedido, que conseguiu a confiança do rei francês Luís XVI com a receita de *hachi Parmentier*, o que nada mais era do que "purê de batatas com carne moída e molho da própria carne", um clássico consumido até hoje, com muitas variações. Assim, no século XIX o tubérculo já era popular.

Pouco se fala de seus outros feitos, não menos importantes. Para substituir o caríssimo e escasso açúcar de cana, Parmentier fez experimentos com a uva e vegetais de alto teor de açúcar, como a beterraba. O açúcar de beterraba é, por sinal, até hoje usado para confecção de doces na França.

O tomate era outro produto que fazia parte dos hábitos e costumes dos nativos da América. Sua origem é andina e era conhecido como *tomalt*. Na Itália do século XVI, ganhou fama em meio aos napolitanos e no decorrer do tempo virou símbolo da cultura gastronômica local, sendo utilizado no molho *al sugo*, no ragu à bolonhesa e outros tantos molhos da cozinha italiana.

Na região do Mediterrâneo, o pimentão americano também assumiria função relevante. A partir dele se começou a fazer a páprica, tempero que aos poucos se tornou um ingrediente importante de muitas culturas europeias – exemplo clássico é o prato húngaro *gulash*.

Bebida colonial, o chocolate era muito apreciado pelos povos pré-colombianos da América Central. Os toltecas (cerca de 700 d.C.), que antecederam os maias no México, comiam somente a polpa do cacau, porque o grão era amargo. Experimentaram uma pasta cremosa dos grãos, moendo-os com o auxílio de duas pedras: eis que nascia a bebida "chocolate" em sua forma primária. Depois, inventaram o *molinillo*, pequeno moedor próprio para triturar e bater as sementes. Mais tarde, os maias também se tornaram grandes apreciadores da bebida e cultivavam o cacau, fruto que servia até mesmo como moeda de troca.

Já os astecas – povo que dominou o território mexicano no século XV – davam importância ao chocolate nas cerimônias religiosas. Eles chamavam de *xocotlatl* o preparo feito com os grãos do cacau tostados, moídos, amassados e diluídos em água quente e condimentos como pimenta, mel, flores secas e corantes e baunilha – planta aromática de origem mexicana, a essência de baunilha já era obtida pelos povos da América Central por meio de um delicado processo de cultivo e fermentação que permitia obter o extrato. O *moli-*

nillo é usado até hoje pelos mexicanos, os quais consomem versões da antiga bebida feita com chocolate e água fervente, como mostra o poético livro *Como água para chocolate*, de Laura Esquivel.

Segundo a socióloga Rosa Belluzo, autora de *Os sabores da América*, a culinária do México tem um caráter à parte. Berço de uma sólida cultura, é o local que mais manteve a identidade gastronômica original do continente, mantida pelos povos maias e astecas. Até hoje o mexicano tem em sua culinária pratos da época pré-colombiana, como o *mole*, um molho feito à base de chocolate e *chili* (pimenta) (BELLUZO, 2004).

Em 1519, o conquistador espanhol Hernán Cortés levou a novidade para a Europa. E assim começou a saga e a fama do chocolate pelo mundo, como veremos adiante.

A GASTRONOMIA DOS ASTECAS E DOS INCAS

Nenhuma civilização pré-colombiana usava a fritura. Não havia gordura ou óleos para isso. Tampouco utilizavam o forno. Os alimentos eram fervidos, cozidos ou assados em chapas, grelhas e espetos. Para conservar, utilizavam o vapor, a desidratação e a defumação.

Nas culturas asteca e inca, a domesticação dos animais não era desenvolvida. Não se usava leite nem seus derivados. Alguns animais consumidos pelos incas eram o *zahino* ou *pecarí* (porco-da-índia), a anta e a paca (PERDOMO, 1994, p. 941).

Os incas ergueram um grande império, que teve seu apogeu no começo do século XVI, na cordilheira dos Andes, hoje Colômbia, Equador, Bolívia, parte do Chile e, principalmente, Peru. Aí se localizava a capital Cuzco, que em *quetchua* (língua inca) queria dizer "umbigo do mundo". Os povos andinos, que antecederam os incas, já utilizavam um engenhoso sistema de irrigação nos terrenos inclinados das montanhas. Tornou-se, portanto, um grande centro de cultivo de espécies nativas, tais como o milho, a batata, o tomate, a abóbora, a batata-doce, a quinua (ver adiante), o amaranto, o amendoim, a mandioca e diversas ervas aromáticas.

Quanto aos hábitos alimentares dos incas, sabemos, por exemplo, que tomavam a *chicha*, bebida sagrada preparada com milho fermentado (nativo do Peru), até hoje consumida. Uma das mais apreciadas é a *chicha morada*, de cor intensa, feita do milho roxo (*maíz morado*).

A quinua é um cereal de grãos miúdos, cultivado desde o período incaico e muito valorizado até os dias de hoje por suas propriedades nutritivas. Com sua farinha, faziam *tortillas* assadas, semelhantes às mexicanas. Essas *tortillas de quinua* são conhecidas atualmente, na Bolívia, pelo nome de *pisquiña*. Em ocasiões festivas, tomava-se a *chicha* de quinua (PERDOMO, 1994, p. 160-161). Consumiam-se, também, muitas receitas à base de batata, inclusive desidratada, como o *chuño*, que continua sendo a base de pratos típicos, como ensopados.

> **PETISCOS DA HISTÓRIA**
> Muitos dos ingredientes que faziam parte do cotidiano dos antigos povos dos Andes podem ser encontrados na feira da Kantuta, que acontece aos domingos na comunidade boliviana do bairro do Pari, em São Paulo. Lá encontramos iguarias como a quinua, usada em sopas ou crua, com *ají* (tipo de pimenta local). E também especialidades como *humitas* (espécie de pamonha) e *tamales* (milho cozido na própria palha, recheado de carne).

O BANQUETE DO IMPERADOR MONTEZUMA II

Quando Hernán Cortés e os conquistadores espanhóis chegaram a Tenochtitlán (capital asteca, hoje a Cidade do México), em 1519, foram muito bem recebidos pelo imperador Montezuma II, considerado um homem de maneiras requintadas e de bom gosto à mesa.

Quanto ao luxo e à fartura nas refeições, os hábitos reais de Montezuma não deixavam nada a desejar aos grandes reis da Europa. Com a diferença de uma excentricidade: gostava de fazer as refeições cotidianas sozinho. Seus serviçais tinham de preparar mais de 300 pratos – mantidos quentes por braseiros – e mostrá-los em bandejas, para que escolhesse os de sua preferência naquele dia. No cardápio constavam tomates e pimentões recheados, rãs condimentadas com pimenta, aves de caça com molhos de frutas e outros. Os pratos eram carregados por 20 lindas mulheres do seu harém. Em respeito, todos os serviçais ficavam de prontidão e quietos na hora solene da refeição real.

Nos banquetes oferecidos por Montezuma, serviam-se iguarias como mariscos frescos em pratos de cerâmica vermelha e preta. Para acompanhar, a bebida predileta do imperador era o *xocotlatl*, servido em taça de ouro.

O SUCESSO DAS BEBIDAS COLONIAIS NA EUROPA

O chocolate (da América), o café (da África) e o chá (da Ásia) entraram na Europa a partir do século XVI e foram aceitos ao longo da Idade Moderna, tornando-se hábito. Essas bebidas deram origem a estabelecimentos comerciais, mais tarde pontos de encontro da intelectualidade da época – chocolaterias, cafés, casas de chá. Não é exagero afirmar que muitos acontecimentos históricos importantes – incluindo a Revolução Francesa – foram decididos em um desses locais gastronômicos.

O chocolate → Desde sua apresentação por Colombo ao rei Carlos V, o chocolate levou mais de um século para ser apreciado na Espanha. Somente no final do século XVI – depois que retiraram a pimenta da receita original asteca, mantiveram a baunilha e acrescentaram canela, açúcar e leite –, a bebida caiu no gosto do clero e da aristocracia. A partir daí foi apreciada nos mosteiros, nos conventos e pelas damas da sociedade que se habituaram a tomar uma caneca de chocolate na hora do lanche da tarde.

No século XVII, já se tomava chocolate também com leite. Em Viena, fez sucesso por séculos a chocolateria Kramer, uma das primeiras da Europa no século XVIII. Também as cafeterias de Florença e Veneza ficaram conhecidas pelo seu chocolate delicioso.

Na França, a popularidade da bebida aumentou no século XVII, com o casamento de Maria Teresa da Áustria, que adorava chocolate, com Luís XIV. Em 1776, foi fundada uma das primeiras chocolaterias importantes da França, a Chocolateria Royale.

O chocolate em tablete, como o conhecemos hoje, foi inventado pelo suíço Henri Nestlé, no século XIX, graças à mistura da manteiga de cacau com leite em pó. A invenção suíça tornou o chocolate um dos produtos mais importantes do mundo. Em tablete, o alimento era tido como uma guloseima de mulheres e crianças. Com o tempo, bombons de chocolate passaram a ser uma forma amorosa de presentear.

O café → Originário da Etiópia (África), o café era usado desde os tempos antigos sob a forma de pasta. Foi no Iêmen (ao sul da Arábia Saudita), no século XIV, que se teve a ideia de torrificar o grão, reduzi-lo a pó num pilão e lançá-lo em água fervente, sem filtrar a mistura. O resultado era uma bebida estimulante que em repouso apresentava sedimentos (borra).

Antes de as cafeterias se tornarem moda na Europa, elas já eram comuns na Turquia. A primeira de que se tem notícia chamava-se Kiva Kan e surgiu, em 1457, em Istambul. Foram também os turcos que inventaram a primeira cafeteira, um recipiente de cobre batizado de *ibrik*. Na Turquia e nos países árabes, o hábito do café turco** permanece até hoje e o utensílio usado na preparação é ainda o *ibrik*.

No começo do século XVII, o café chegou à Europa. Uma das primeiras cafeterias da França foi o Cafe Procope, em 1686, que existe até hoje. Na Itália, fez sucesso o Caffe Florian, aliás, ainda em pleno funcionamento na Praça São Marcos, em Veneza.

Em Londres, as primeiras cafeterias, que eram centros de cultura e política, também foram inauguradas no século XVII – o Café Royal, por exemplo, frequentado por artistas e escritores como Oscar Wilde. No Hogarth's, todas as tardes eram ministradas aulas de latim. Mas com o domínio inglês na Índia e na China, não demorou para que o café fosse suplantado pelo chá em todo o país. Mas voltaremos a esse assunto mais adiante.

Quebrando o monopólio árabe, a Holanda passou a plantar café, no século XVII. Mais tarde, a cafeicultura chegou ao Suriname, à Guiana Francesa e ao Brasil, tornando-se no século XIX e início do século XX a principal cultura do país (ver capítulo "Brasil no século XX", na página 214).

O chá → Originário da China, o seu consumo data de 2737 a.C. Existem vários tipos de chá, produzidos a partir da planta *Camellia sinensis*: verde (não fermentado), preto (intenso, ganha cor durante o processo de fermentação), branco (delicado, passa por leve fermentação), amarelo (média fermentação), *oolongo* (fermentado entre 20% e 50%), *puerh* (mesma fermentação do chá preto, só que seco no ar quente, conhecido também como "chá vermelho"). Na Índia, outra região tradicional de produção, convencionou-se tomar chá com especiarias, conhecido como *chai*. Se a bebida for preparada a partir de outra planta, que não a *Camellia sinensis*, deve ser chamada apenas de infusão.

No princípio, o chá era muito usado em cerimônias religiosas, pois os chineses acreditavam que ele estimulava o corpo e o espírito. Foi na corte do rei Tang (618 à 907) que a infusão se tornou a bebida da moda. A partir daí, começaram a aparecer casas de chá por toda a China.

Os primeiros a adotar o hábito de tomar uma xícara dessa bebida, depois dos chineses e indianos, foram os coreanos, no século VII.

PETISCOS DA HISTÓRIA

Narrações mitológicas atribuem ao imperador Shennong a introdução da agricultura na China, em 2737 a.C., e entre os primeiros produtos cultivados estava o chá. Segundo uma das lendas, certo dia o imperador foi repousar embaixo de uma árvore e pediu água quente a um de seus serviçais, pois, na época, era uma forma de esterilizar a água de beber para evitar doenças. Enquanto a água esfriava, caíram sobre ela algumas folhas. Quando o imperador Shennong percebeu a mudança de cor da água e o agradável aroma que exalava a bebida, resolveu provar. A partir daí, essas "folhas de chá" se tornaram hábito pessoal e, com o tempo, costume de toda a China e, depois, do mundo.

É mérito da Inglaterra a difusão pelo mundo ocidental do hábito cultural de tomar chá. Mas vale registrar que, estando à frente das Grandes Navegações, os portugueses abriram caminho pela Ásia, chegando até a China no século XVI. Por conseguinte, estes foram os primeiros a apresentar o chá à Europa.

A planta do chá (*Camellia sinensis*) é sempre a mesma, mas, de acordo com o processo de produção – as folhas podem ser prensadas sob a forma de tabletes ou enroladas –, adquire propriedades diferentes (CARNEIRO, 2005, p. 97). Entre os mais facilmente encontrados no mercado hoje estão o chá verde (não fermentado), o chá vermelho ou preto (fermentados) e o *oolong* (semifermentado).

O salutar hábito de congregar pessoas num ritual, somado ao imenso número de habitantes da China, fez do chá a bebida mais consumida do planeta. No mundo árabe, o serviço do chá se faz com o acréscimo de menta e açúcar, em pequenos copos decorados.

O chá foi a última bebida introduzida na cultura gastronômica europeia. Pouco a pouco, tornou-se bebida nacional na Inglaterra, dando origem a hábitos britânicos como o *five o'clock tea* (chá das cinco). Para se ter uma ideia, de 1760 a 1797 o chá representava 81% do valor das mercadorias da Companhia de Comércio Inglesa das Índias Orientais, que fazia concorrência com a holandesa.

PETISCOS DA HISTÓRIA
Você saberia responder por que em português chamamos a bebida de "chá", em francês de "thé" e em inglês de "tea"? Curioso, pois os diferentes vocábulos vêm do chinês, mas são de raízes diferentes. O "t" de *thé* (francês) e *tea* (inglês), por exemplo, vem do dialeto da região chinesa de Fujian, que fica de frente para a ilha de Taiwan. O "ch" de "chá" vem ou do dialeto cantonês (de Cantão) "ch'a", ou de Pequim, "tchai".

Na Rússia, o chá, que chegava em caravanas vindas da Ásia, também se tornou um hábito. A bebida era sucesso no século XVIII entre os russos abastados e tornou-se popular no século seguinte. O samovar, um aparelho tipicamente russo usado para preparar o chá, demonstra até hoje a importância cultural da bebida.

No Brasil, a planta do chá é cultivada no vale do Ribeira, em São Paulo, e dela se faz o chá preto. Popularmente, no País, o termo chá também é usado como sinônimo de infusão de outras plantas e ervas, como cidreira e camomila, embora a designação não esteja correta – só pode ser chamada de chá a planta *Camelia sinensis*.

→→→→→→→→→→→→→→→→→→→O AÇÚCAR

Originária da Índia, a cana-de-açúcar chegou ao Ocidente por meio dos árabes. Como vimos, até o período medieval os europeus usavam basicamente o mel para adoçar bebidas e alimentos. Já conheciam o açúcar, mas, de tão raro, seu uso se restringia a fins medicinais e terapêuticos.

Com o crescimento do consumo das bebidas coloniais no século XVII, como o chocolate, o café e o chá, a demanda pelo açúcar cresceu na Europa. Foi por isso que se implantou o cultivo intensivo da cana-de-açúcar nas colônias do Novo Mundo, no século XVII, tornando-se um produto mais acessível. No Brasil, como veremos no capítulo "Brasil Colônia", seu cultivo se tornou um grande monopólio da coroa portuguesa.

←←←←←←←←←←←←←←←←←←←

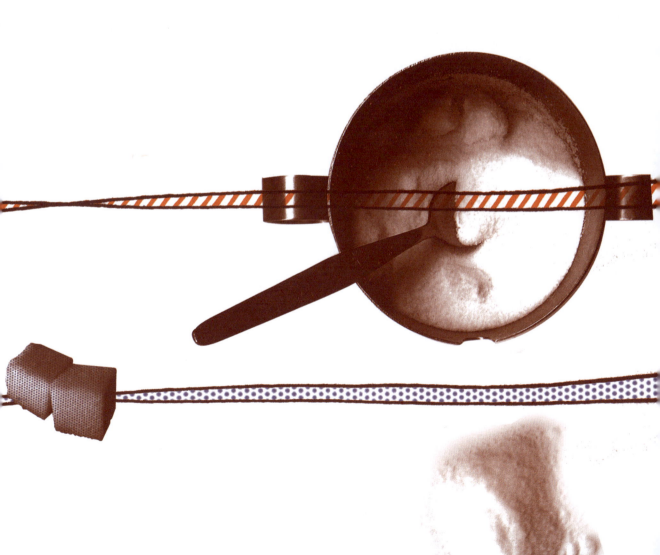

CAPÍTULO 6
A INFLUÊNCIA DA GASTRONOMIA FRANCESA

A PARTIR DO SÉCULO XVII, É A VEZ DE A FRANÇA DITAR AS REGRAS DA BOA MESA: OS CHEFS FRANCESES SE TORNARAM FAMOSOS E, UM SÉCULO DEPOIS, SURGIU O RESTAURANTE COMO PRINCIPAL ESTABELECIMENTO GASTRONÔMICO.

Não há dúvida de que o *boom* do aperfeiçoamento dos profissionais de cozinha ocorreu na Idade Moderna, na França. Foi nesse período que os chefs evoluíram em técnica e criatividade.

Essa explosão da culinária francesa aconteceu durante a monarquia absoluta e centralizadora, que conheceu o apogeu no reinado de Luís XIV, no século XVII.

É curioso notar que na mesma época da Revolução Francesa (1789), em que o povo exigia "pão", os restaurantes nasciam para atender não apenas à nobreza, mas à burguesia. Esta classe, tendo cada vez mais poder econômico, comia não só brioches** como também os mais elaborados acepipes.

Com o restaurante, desenvolveu-se também o conceito de restauração, que já vimos no primeiro capítulo. É nesse momento histórico que acontece a profissionalização dos setores da gastronomia.

IDADE MODERNA E REVOLUÇÃO FRANCESA

O desenvolvimento do comércio desde as Grandes Navegações acelerou a concentração de riquezas e de capital nas mãos de uma nova classe social, a burguesia. Desde o século XV, o poder dessa burguesia foi ganhando força e espaço na sociedade europeia até culminar com a Revolução Francesa, em 1789, marco do fim da Idade Moderna e início da Idade Contemporânea. A Revolução simbolizou um golpe contra a monarquia absolutista na França, que mantinha o poder nas mãos de uma nobreza que ostentava luxo, oprimia o povo e travava o domínio político-econômico da burguesia. Os ideais de igualdade, liberdade e fraternidade repercutiram em toda a Europa e em várias regiões do mundo, inclusive na América.

REIS ABSOLUTISTAS, SEUS HÁBITOS E SEUS CHEFS

O incentivo que os reis franceses deram aos chefs e suas equipes foi decisivo para a hegemonia** da cozinha francesa. Poderíamos dizer que tudo começou no reinado de Luís XIII (1610-1643), filho da florentina Maria de Médicis. O rei casou-se com uma princesa espanhola, Ana da Áustria, que, por conta de sua paixão pelo chocolate, levou o hábito para as cortes francesas.

Após o assassinato de Luís XIII, quem assumiu o poder foi seu jovem filho Luís XIV, o grande incentivador das artes e da gastronomia francesa. E nessa época o cardeal Richelieu, figura carismática, tornou-se o homem forte da diplomacia imperial.

PETISCOS DA HISTÓRIA

O cardeal Richelieu foi o arquiteto do absolutismo na França e da liderança francesa na Europa. No âmbito da cozinha, participou da criação do molho de maionese. O fato ocorreu durante a ação militar em Mahon, capital da ilha de Minorca, no Mediterrâneo. Como usar o fogo chamaria muita atenção do inimigo, o cozinheiro preparou um molho frio. Para tal, usou o que tinha disponível na ilha: ovos e azeite de oliva batidos e acrescidos de vinagre, que Richelieu adorou. Nesse momento, inventava-se a *mahonesa*, que passou a se chamar mais tarde de *mahonnaise* e, por fim, *maionese*.

O REI SOL E A HEGEMONIA CULTURAL

O poder e o luxo do reino de Luís XIV (1643-1715) criaram uma hegemonia cultural indiscutível: as cortes europeias copiavam o "modelo francês", falando a língua e seguindo à risca a moda ditada por Versalhes. Este famoso palácio construído pelo Rei Sol, em 1664, nos arredores de Paris, foi símbolo da monarquia absoluta e, por mais de um século, modelo de residência real na Europa.

Além de grande incentivador da arte, Luís XIV oferecia grandiosos banquetes, verdadeiros espetáculos. No que diz respeito aos hábitos à mesa, o monarca não era lá um refinado gourmet; ao contrário, tinha hábitos pantagruélicos: recusava-se a usar o garfo e ainda podia comer em uma só refeição quatro pratos de sopa, uma travessa de salada, um faisão, uma perdiz, uma perna inteira de cabrito, várias costeletas de porco e ainda arrematar com algumas frutas e doces.

Nessa época, o peru tornou-se prato de luxo. Esse ingrediente do Novo Mundo foi levado pelos padres jesuítas para a Europa. Fez tanto sucesso que por um bom tempo dominou os banquetes, a despeito do ganso e do pato.

No reinado de Luís XIV, os legumes tinham muita importância e dividiam espaço com as carnes. Nos jardins do Palácio de Versalhes, legumes e verduras como aspargos, ervilhas e alfaces eram cultivados lado a lado com as flores e as plantas ornamentais.

Quanto aos profissionais de cozinha, esses tiveram grande reconhecimento real. Luís XIV prestigiava os que se destacavam e toda sua equipe com títulos de honra. Ao que consta, o clássico serviço à francesa iniciou-se em seu reinado, facilitando e organizando melhor os banquetes. Este tipo de serviço, mais elaborado, aprimorou a etiqueta à mesa.

Como vimos, foi Luís XIV quem conferiu à gastronomia a supremacia nacional.

O SUNTUOSO SERVIÇO À FRANCESA

O serviço à francesa foi usado até 1870, mas seu auge se deu na época de Luís XIV. No suntuoso serviço, todas as travessas eram colocadas sobre a mesa, junto com a decoração feita de candelabros e flores, incluindo ainda pratos, talheres e guardanapos. O serviço era dividido em três etapas: a primeira compunha os chamados *hors-d'oeuvre* (os aperitivos) e as entradas (como as sopas), sendo que essas travessas eram colocadas sobre a mesa antes de os convidados se sentarem; a segunda etapa era formada pelos assados, as peças frias, os legumes e os *entremets***; na terceira e última etapa, as sobremesas (pâtisserie**) eram dispostas em *pièce-montée***: petit-fours**, bombons, sorvetes, terminando com as frutas.

Vatel, o pai dos mestres de cerimônias → Por sua importância e requinte, o suíço François Vatel (1635-1671) pode ser considerado o pai dos mestres de cerimônias. Ele servia ao príncipe Condé, da cidade de Chantilly, e fez da mesa de Condé uma das mais requintadas da França no século XVII, com preparações tão delicadas quanto as dos mestres de Florença.

Versátil, Vatel dominava por completo seu ofício e suas habilidades iam de chefe de cozinha e confeiteiro a mestre de cerimônia, como ficou conhecido. Alguns conferem a ele a invenção do chantilly, mas parece que este surgiu pouco tempo antes. Mas é fato que foi Vatel quem celebrizou, com suas sobremesas, o citado creme.

Era obstinado, mas sucumbiu às pressões palacianas. Certa vez, ao ser encarregado de receber o rei Luís XIV e sua comitiva, tentou controlar uma situação embaraçosa por vários dias e até o último momento: a comitiva do rei era bem maior do que a esperada e a quantidade de alimentos não seria suficiente. No último dia, percebendo que o carregamento de peixes não tinha chegado para o banquete, levado ao desespero, Vatel se suicidou. Pouco tempo depois, o peixe chegaria, mas era tarde demais.

A modernidade no prato: La Varenne → Estimulados pelos novos tempos e pela predileção do Rei Sol pela boa mesa, os cozinheiros da época deixaram de vez os excessos da culinária medieval. Assim, a França iniciaria um largo período de hegemonia gastronômica. Com muito rigor, a cozinha francesa foi incorporando teorias e bases técnicas.

Parte do pioneirismo desse aprimoramento profissional deveu-se ao respeitado François Pierre La Varenne, cozinheiro do marquês d'Uxelles. Em 1651, La Varenne publicou o livro *Le cuisinier françois* (*O cozinheiro francês*), com receitas até hoje utilizadas. Seu livro é considerado um dos mais importantes do século XVII, publicado também na Inglaterra, Alemanha e Itália.

A obra se apresenta dividida em *potages* (sopas), *entrées* (entradas), *second service* (segundo serviço), *entremets* (preparação servida entre o prato principal e a sobremesa) e pâtisserie** (composta de doces feitos com açúcar, que passou a ser habitual para terminar a refeição).

Traz ainda instruções sobre o uso da manteiga e da farinha nos molhos, técnicas culinárias e regras para a sequência dos pratos. Além disso, contém receitas claras, em ordem alfabética, instruções para cozinhar e como usar trufas negras – que se converteram em símbolo de luxo – e cogumelos para aromatizar as carnes, servidas em seu próprio suco.

La Varenne estabeleceu um princípio básico na culinária francesa, usual até os nossos dias: especiarias e temperos devem fazer aflorar o verdadeiro aroma natural dos alimentos, devem exaltá-lo, em vez de disfarçá-lo. Passou a usar ervas locais como cerefólio, salsinha, tomilho, alecrim, louro, cebolinha francesa e estragão. Por meio de La Varenne, sabemos ainda que se firmou nessa época o uso de legumes e frutas na cozinha. Ele também difundiu técnicas de preparo, combinações e molhos básicos, contribuindo para que a gastronomia francesa iniciasse o período de glória.

O molho béchamel (molho branco feito com leite, sal, manteiga, farinha de trigo, noz-moscada), por exemplo, foi divulgado por La Varenne e é até hoje um clássico da cozinha francesa. Foi ele quem criou também a técnica de clarificar o consommé (com casca e clara de ovos) e deu grande destaque à preparação de legumes.

Como se vê, a maioria dos preciosismos profissionais citados aqui está em voga até hoje na cartilha dos grandes cozinheiros, isto é, faz parte do conjunto atual das regras culinárias da cozinha profissional.

NA CORTE ELEGANTE DE LUÍS XV

Luís XV pareceu ter herdado do pai, Luís XIV, a tradição da boa mesa, só que com mais sofisticação. Reinou de 1715 a 1774 e gostava de comer bem. Considerado um gourmet, inaugurou uma cozinha elegante e sem muita pompa. Os primeiros menus apareceram na sua corte, num banquete que um grupo de aristocratas organizou para agradar ao rei, em 1751. Para dar um ar de requinte, mandaram redigir a lista dos 48 pratos que seriam servidos na festa. Os menus foram ricamente ilustrados por um artista plástico, o que logo virou moda e foi seguido por outros anfitriões.

A predileção de Luís XV por ostras tornou-se ainda mais evidente com o fato de ter encomendado um prato especial: a ostra frita na manteiga, apimentada e recolocada na concha com trufas e suco de limão, receita que ofereceu de presente à sua célebre amante, a marquesa Madame de Pompadour.

PETISCOS DA HISTÓRIA

Reza a lenda, contada no Museu Dom Pérignon, em Champagne, que a taça especial para servir a bebida, em formato de bojo, foi feita sob os moldes dos seios de Pompadour. Aliás, pelas mãos dessa dama o champanhe se tornou a bebida oficial das festas da corte francesa e, por conseguinte, ficou celebrizada no mundo como a bebida oficial das comemorações.

Além dos grandes banquetes, com muitos comensais, Luís XV gostava também de refeições mais reservadas. Foi graças a ele que se instituiu o *petit souper*, um jantar mais íntimo, com menos convidados e sem a rigidez dos protocolos reais. Em prol desse novo hábito, adotaram-se aparadores para apoiar os pratos, pequenas mesas, o uso de um elevador para levar a comida da cozinha à sala de jantar e de um tubo acústico que servia para transmitir as ordens. Dessa forma, o *petit souper* exigia bem menos serviçais (FRANCO, 2001, p. 174).

A política externa de Luís XV não foi tão bem-sucedida quanto a gastronomia. No seu governo, vários conflitos foram travados, o que levou o reino da França a perder terras e se endividar. Seu sucessor, Luís XVI, deparou-se com uma grande crise financeira, agravada ainda mais com as revoltas sociais – afinal faltava ao povo até seu principal alimento, o pão.

LUÍS XVI E A REVOLUÇÃO FRANCESA

No reinado de Luís XVI (1774-1793), a crise político-econômica ficou insustentável: a nobreza vivia com grande ostentação de riqueza, enquanto o povo, no campo e na cidade, passava fome. Aliás, nos palácios de Luís XVI e sua esposa, a austríaca Maria Antonieta, os menus eram verdadeiramente grandiosos.

Essa situação revoltante de extravagâncias da nobreza em oposição à miséria da plebe, insuflada pela burguesia nascente, levou à Revolução Francesa. A Queda da Bastilha, no dia 14 de julho de 1789, marca o fim da monarquia na França. Por mais de dez anos o processo revolucionário perdurou e, no decorrer desse período, os cozinheiros da corte tiveram que sair dos palácios em busca de novas formas de sobrevivência para sua arte.

MACARRON, O DOCE DE MARIA ANTONIETA

O delicioso doce *macarron*, uma espécie de suspiro à base de amêndoas em pó, crocante por fora e macio por dentro, fez muito sucesso na corte do rei Luís XVI. O filme *Maria Antonieta*, de Sofia Coppola, mostra como a rainha dispensou boa parte das velhas damas de companhia e povoou a corte de gente jovem e elegante. O que mais fascinava Maria Antonieta, entretanto, eram as festas animadas das noites parisienses, em que se devoravam aos montes essa delicada iguaria, regada a muito champanhe. O nome original do docinho era *maccherone* e chegou à França com a comitiva da Catarina de Médicis, a famosa aristocrata florentina que regeu a França no século XVI, sobre a qual já falamos. No Brasil, é possível encontrar essa guloseima com os mais variados sabores de frutas nacionais, como o *macarron* de cajá, bacuri e cupuaçu.

AO POVO O QUE É DO POVO

Embora na Idade Moderna tenha ocorrido verdadeira revolução gastronômica nos palácios da aristocracia, pouca coisa mudou na mesa dos camponeses e do povo em geral.

A grande maioria da população da Europa era representada pelo campesinato, que mantinha uma economia de subsistência. A carne de porco continuou sendo praticamente a única opção dos mais pobres, pois era considerada vulgar pela nobreza. Do animal, em todo o continente aproveitavam-se as tripas, que eram enchidas com ingredientes como alho-poró, cebola, cenoura e banha. No dia a dia, consumiam-se sopas, como a de rábanos, nabos, couve e raízes, nas quais se acrescentava um pouco de manteiga e toucinho. O pão, principalmente o preto, acompanhava a refeição.

Dentre os ingredientes mais usados pelos camponeses constavam favas e ervilhas cozidas sob as cinzas do fogão. Em algumas regiões da Europa, o rábano era um alimento tradicional, uma raiz assada ou consumida crua com sal. Mais raramente, consumiam leite retirado do rebanho e produziam derivados, como queijo e manteiga (FLANDRIN; MONTANARI, 1998, p. 587).

Na cozinha camponesa havia apenas panelas e caldeirões para cozer o alimento e fazer a sopa, com água, toucinho e legumes. Eram raras as grelhas e os espetos. Os utensílios usados para comer e beber eram tigelas de barro, além de pratos e copos de madeira.

Mais ao norte da Europa, devido aos invernos rigorosos, costumava-se lançar mão de métodos de conservação, como transformar o repolho em chucrute, receita na qual se acrescentavam toucinho e salsinhas. As tão apreciadas batatas, acompanhantes indispensáveis do chucrute hoje em dia, não eram usadas nessa época, pois, como vimos, elas só se tornaram populares no final do século XVIII.

No que diz respeito às bebidas, sobretudo nas localidades próximas ao Mediterrâneo, os camponeses bebiam vinho tinto e zurrapa, uma bebida de baixo teor alcoólico em que a uva era prensada quatro ou cinco vezes do bagaço. Como tinha muita casca e engaço**, o sabor era carregado e áspero.

Nos séculos XVII e XVIII, no leste e norte da Europa, principalmente os alemães e holandeses das camadas populares do campo e das cidades (às vezes até as crianças) tomavam cerveja, inclusive no desjejum. A bebida tinha uma consistência grossa, cor escura e era servida quente, com noz-moscada, açúcar e muitas vezes substituía o pão na dieta (CARNEIRO, 2005, p. 30).

Vale destacar que, se por um lado continuava sendo produzida artesanalmente pelos camponeses e trabalhadores, a partir do século XVIII, com a introdução da máquina a vapor, a cerveja passou a ser também industrializada, isto é, feita em cervejarias por profissionais especializados. Fabricava-se na época o tipo *ale*, de alta fermentação – processo em que as leveduras ficam sobre o mosto, a uma temperatura de 20°C a 25°C, o que dá origem a uma bebida de cor avermelhada, sabor forte, um pouco ácido e entre 4 a 8 graus de álcool. É ainda muito consumida em países como a Alemanha.

Foi somente em 1830 que se desenvolveu o tipo *larger*, de baixa fermentação, mais límpida, feita a uma temperatura entre 9°C e 14°C, gerando um teor alcoólico final de 3°C a 5°C. É deste último tipo a *pilsener*, originária da cidade de Pilsen, na antiga Tchecoslováquia (hoje República Tcheca).

Atualmente, a cerveja continua sendo a bebida alcoólica universal. No Brasil, a mais consumida é a "loira" estupidamente gelada, ou seja, a *pilsener*.

AS TRANSFORMAÇÕES DO SÉCULO XVIII

No que se refere ao sabor, temperos franceses como a *échalotte*** e a cebolinha e ingredientes como anchovas e trufas substituíram as especiarias a partir do século XVII. O uso da manteiga para cozinhar os molhos brancos à base de creme de leite e a ligação do leite engrossado com amêndoa tornaram-se símbolo da cozinha francesa. Diversificaram-se também os elementos ácidos para compor as receitas, como a laranja e o limão, que vinham da Ásia.

Valorizando mais o sabor do alimento, os cozinheiros modernos, nos séculos XVII e XVIII, passaram a assar e a servir as carnes, como o filé e a alcatra, em seu próprio suco e a grelhar a costela de boi.

No final do século XVIII, o fogão de lenha e os braseiros de carvão vegetal foram sendo substituídos, nas casas abastadas, por um fogão de várias bocas, de ferro fundido e aquecido por carvão mineral. Esse novo aparelho possibilitou o controle do fogo (alto e baixo) e melhorou substancialmente a qualidade final do prato.

O emprego do açúcar exclusivamente para as sobremesas e guloseimas representou uma mudança significativa no paladar do europeu e, por consequência, do homem ocidental. Os doces passaram a fazer parte das mesas europeias, sendo produzidos em grandes variedades pela pâtisserie francesa, por exemplo, a *tartellete d'amande* (tortinha de amêndoas). Também a pâtisserie de Viena, capital da Áustria, começou a fazer fama, sendo o apfelstrudel (massa folheada com maçã) uma das suas especialidades. Na doçaria portuguesa, já era consagrada a queijadinha.

No livro *As centúrias*, o profeta, astrólogo, médico e gourmet francês Nostradamus (1503-1566) adivinhou a predileção que teria o açúcar no século seguinte. Na obra, composta por dez volumes, escreve sobre a doceria, um de seus temas prediletos. O gourmet não só apreciava os doces como dominava as técnicas de preparo. Consta que ele fazia geleias de frutas como marmelo, limão, laranja, figo e cereja e também de flores, como rosas e violetas. Também era especialista em bolinhos de marzipã (LOPES, 2004, p. 120). Como podemos perceber, Nostradamus não apenas antevia o futuro, mas parecia saber muito bem apreciar as doçuras da vida presente.

MÓVEIS E UTENSÍLIOS

Móveis e utensílios específicos e variados foram criados para incrementar a etiqueta à mesa. Na França do século XVIII, a aristocracia adotou a sala de jantar e a mesa com pés fixos destinada à refeição. Até então, mesas e cadeiras eram montadas em salas com múltiplas funções e, após a refeição, esses móveis eram desmontados.

Nas mesas do século XVIII, as toalhas eram engomadas, ganhavam bordados delicados e iam até o chão. Para decorá-las, candelabros e baixelas de ouro e prata. Até o começo do século XVIII só se conhecia a porcelana chinesa, a coqueluche nas cortes reais, famílias nobres e ricas. Em 1709, o alquimista alemão Böttger conseguiu produzir a primeira porcelana ocidental (FRANCO, 2001, p. 193-194).

ESTABELECIMENTOS COMERCIAIS

Antes dos restaurantes, havia albergues e tabernas, onde se comia e bebia em mesas comuns (as *tables d'hôte*) e horários determinados. Esses estabelecimentos, como já vimos, atendiam a viajantes e, em geral, a população da cidade raramente se alimentava lá.

Existiam também os *traitteurs*, fornecedores de comida pronta que, além de oferecerem comida e entregá-la em casa ou nos quartos dos hotéis, também alugavam toda a aparelhagem de jantar. Na França, os *traitteurs* de hoje são como os nossos banqueteiros, que preparam bufês para casamentos e festas (LAROUSSE, 2000, p. 1.065).

Entre os lugares mais frequentados pela intelectualidade estavam as cafeterias. As ideias dos iluministas da Revolução Francesa, Voltaire, Diderot, Rousseau e Montesquieu, surgiram em meio a discussões acaloradas no parisiense Café Procope.

As cafeterias da época serviam alguns poucos petiscos, além de cafés, chocolates e *limonadiers* – um tipo de sorvete trazido por Catarina de Médicis, que só começou a ser servido nas cafeterias francesas no final do século XVII.

Cem anos depois, já no final do século XVIII, as cafeterias já somavam mais de mil em Paris. As mulheres eram *habitués*, o que representava uma grande novidade.

OS PRIMEIROS RESTAURANTES

Em 1765, durante o reinado de Luís XV, Boulanger, proprietário da casa Poulies, em Paris, afixou na porta a seguinte inscrição: *"Boulanger débite de restaurants divins"* (*Boulanger serve caldos restauradores divinos*). Ele se referia ao *bouillon restaurant*, caldo feito de várias carnes, além de cebolas e raízes nutritivas, que já existia desde a Idade Média em albergues e tabernas populares.

Esses estabelecimentos se chamavam *restaurants*, que quer dizer "restauradores". O nome tem origem no fato de os locais serem frequentados por viajantes que precisavam de algo que "restaurasse" suas energias para prosseguir a jornada. Vem daí, portanto, a origem do termo "restaurante" e de seu setor, a "restauração", que já conceituamos no primeiro capítulo.

A ideia de Boulanger fez tanto sucesso que ele acabou criando novas receitas para sua cozinha e as apresentou sob a forma de uma lista com o preço ao lado. Surgiam o *menu*, ainda de forma simplificada, claro, e o conceito de restaurante.

Não demorou nem 20 anos para que fosse aberto o primeiro restaurante como o conhecemos hoje: à la carte, isto é, com pratos inscritos numa carta (cardápio) e preparados individualmente segundo a escolha dos clientes, que aguardam em pequenas mesas individuais, com horários fixos (LAROUSSE, 2000, p. 894-895). Trata-se do Grande Taverne de Londres, fundado em 1782 por Antoine Beauvilliers, na rua de Richelieu, em Paris, que permaneceu duas décadas sem rival. Beauvilliers lançou a obra *L'Art du Cusiniers* (*Arte de cozinhar*), em dois volumes, uma compilação de seus 40 anos de experiência profissional como restaurateur. O livro ensina o preparo de diferentes tipos de carnes, incluindo caças como javali e faisão. Dá receitas de sopas, peixes, mariscos, ovos e de pâtisserie (criações com massa salgadas e doces), além de compotas e frutas confeitadas. Um de seus capítulos ressalta a importância da harmonização do vinho com a comida.

Outros restaurantes de Paris ficaram para a história. Em 1788, abriram as portas o Café Conti e o luxuoso Restaurante Monsieur Véry. Mais tarde, o Café Conti mudou seu nome para Grand Vefour e incorporou o Monsieur Véry. O Grand Vefour continua até hoje ocupando o mesmo local, no Palais Royal, fervilhante centro da cidade e dos restaurantes.

A ordem dos pratos dada pelo menu, a frequência nos horários das refeições, as mesas individuais, o cuidado maior com a limpeza, mais profissionalismo na cozinha e no atendimento ao cliente, maior zelo com os móveis do salão e a decoração diferenciavam os restaurantes de seus ancestrais (albergues e tabernas).

OBRAS PARA A BURGUESIA

Com o advento do restaurante, a boa mesa aos poucos se tornava acessível à burguesia, como mostram alguns livros de cozinha. Em 1691, surgiu pela primeira vez o termo "burguês" na literatura culinária. A obra *Le cuisinier royal et bourgois* (*O cozinheiro real e burguês*), de Massialot (1660-1733), estrutura as receitas e propõe um modelo francês exportável para os meios burgueses e as cortes estrangeiras. Foi o primeiro livro em forma de dicionário (verbetes) a mostrar imagens de mesas cobertas por uma toalha sobre a qual estão colocados pratos e travessas.

Reivindicando uma ruptura com as práticas do passado, o francês Vincent la Chapelle, que foi cozinheiro particular de lorde Chesterfield, em Londres, escreveu o livro *Le cuisinier moderne* (*O cozinheiro moderno*). Sua obra, em três volumes, com ilustrações sofisticadas, foi publicada em inglês, em 1733, e, dois anos mais tarde, em francês. Nela o autor divide as preparações em magras e gordurosas, reduz o uso das especiarias e dá ênfase às ervas aromáticas. Apresenta os chamados caldos revigorantes, que se tornaram moda no século XVII. Há, ainda, uma parte destinada às receitas "índias", que vão acompanhadas de arroz, evidenciando uma influência oriental.

Em 1746, Menon publicou *Cuisinère bourgeoise* (*Cozinheira burguesa*), em que sugeria menus compostos de apenas dois ou três pratos. Foi o best-seller dos livros de cozinha impressos na França no século XVIII. A obra pregava a importância de os cozinheiros aliarem a teoria à prática, compilava as três artes da mesa (cozinha, confeitaria e copa) e oferecia à burguesia a possibilidade de usufruir as delícias de uma cozinha refinada (HYMAN; HYMAN, M., 1998, p. 636).

Menon foi o primeiro a ter como público-alvo as donas de casa e suas cozinheiras. Propunha, portanto, uma culinária mais descomplicada. Inspirava-se em pratos regionais, que acabaram entrando para o cardápio dos restaurantes do século XIX.

OS NOVOS HORÁRIOS DAS REFEIÇÕES

No século XVIII, os horários das refeições eram diferentes no interior e nas cidades. No campo, o povo acordava muito cedo para o trabalho e fazia um "pequeno almoço" logo pela manhã, jantava ao meio-dia e ceava uma sopa com pão ao entardecer, pouco antes de dormir.

Nas cidades, tomava-se o "pequeno almoço" ao se levantar, refeição que na França consistia de uma xícara de leite, chá, café ou chocolate acompanhada de um pãozinho ou torrada. O segundo almoço, que depois foi chamado de almoço, era servido ao meio-dia. Incluía entradas e embutidos, carnes frias ou assadas e sobremesas. O jantar era a refeição de horário mais variado, avançando cada vez mais ao longo dos séculos: no século XVIII se jantava às 16h ou 17h; já no final do século XIX, às 19h30.

Foram as atividades masculinas no mundo dos negócios que tornaram mais tardios os horários das refeições. O modelo inglês do *five o'clock tea* (chá das cinco) passou a ser hábito. Em Paris, a vida noturna intensa fez surgir a ceia, uma refeição fria, servida em forma de bufês compostos de salgados e sobremesas, que se fazia após os bailes, teatros ou saraus entre meia-noite e 1 hora da madrugada (MARTIN-FUGIER, 1991, p. 202).

Mas se os horários das refeições das altas classes foram mudando por conta da vida social, não se pode dizer o mesmo com relação aos hábitos do povo, ainda mais no interior. Isto porque os pobres, pelo fato de acordarem muito cedo para trabalhar, não podiam trocar o dia pela noite. E, assim, as altas e baixas camadas viviam cada vez mais em universos diferentes.

PETISCOS DA HISTÓRIA
Durante a restauração francesa, os menus evoluíram no restaurante para uma lista de pratos e bebidas em que os clientes não só tinham a informação do que a casa servia como podiam escolher dentre as opções o que mais lhes aprazia.

A CORTE RUSSA

A maioria das cortes europeias teve forte influência francesa. Com a fundação da cidade de São Petersburgo, construída a mando do czar Pedro I, a corte russa se tornaria umas das mais influenciadas pela hegemonia cultural francesa na Europa do século XVIII.

Apesar do projeto de afrancesamento da aristocracia, curiosamente os hábitos alimentares permaneceram marcadamente russos: os *zakuski*, entradas frias, até hoje são um hábito dos russos. Consumidas antes do jantar, constavam de peixes defumados, arenques, queijos, blini**, pães e diferentes tipos de caviar, destacando-se o caviar dourado, variedade rara de esturjão do Volga, privilégio da mesa imperial. Aliás, o hábito de consumir essa iguaria em momentos solenes tornou-se uma das contribuições russas para a alta cozinha europeia.

Nos jantares da corte russa em geral era servido também o *borsch* (uma sopa fria de beterraba e creme de leite) com *pirozhki*, espécie de pasteizinhos com diferentes recheios, até hoje muito consumidos na Rússia.

O costume do chá, preparado no samovar, manteve-se na elite. Era servido depois do jantar acompanhado de tortas, bolos e frutas cristalizadas e diversos tipos de geleias.

AS PRINCIPAIS BEBIDAS E SUA HISTÓRIA

Graças às novas tecnologias, como o uso da rolha, e ao gosto apurado da elite, diversas bebidas ganharam fama. Os vinhos, os licores e os destilados**, que cada vez tinham mais qualidade, passaram a ser oferecidos nos recém-abertos restaurantes e cafés. A vida social intensa no século XVIII também propiciou o consumo maior de bebidas alcoólicas.

O VINHO SE CONSAGRA À MESA

Com a Expansão Marítima, no século XVI, países do continente europeu, como Portugal e Espanha, difundiram a cultura do vinho na América. Entretanto, comercialmente, o vinho tinha um grande problema: era muito perecível, avinagrava com facilidade, o que exigia consumo imediato.

Um dos acontecimentos que transformou o mercado vinícola foi a invenção da rolha de cortiça, difundida no final do século XVII e início do século XVIII. Sua capacidade de manter a garrafa isolada de oxigênio externo fez com que se prolongasse a validade da bebida. Foi nessa época que o vinho deixou de ser expedido em barris e passou a ser acondicionado em garrafas, tornando-se um produto de exportação.

Um dos primeiros vinhos do mundo a ser engarrafado, em 1708, foi o vinho do Porto, produzido na região do Douro, em Portugal. Aliás, esta famosa bebida tem também sua importância histórica. O Douro foi uma das primeiras regiões vinícolas demarcadas, em 1756, pelo marquês de Pombal. Mas quem tornou este vinho célebre foram os ingleses, que ficaram donos de várias casas de vinho do Porto (CHAVES, 2007, p. 346).

Foi também no século XVIII que se iniciaram as técnicas viníferas**, como a maceração carbônica – forma de produzir o vinho em que as uvas tintas são colocadas em cubas (e não mais pisadas). Desta forma, ficavam mais tempo em contato com o mosto (sumo da uva) para extrair mais cor e consequentemente mais tanino**, o que origina um vinho de qualidade superior.

Antes do século XVII era moda o vinho claro – *claret* – que não passava muito tempo em contato com o mosto.

Graças a esses fatores, a vitivinicultura** se desenvolveu e os vinhos puderam ser armazenados por mais tempo – alguns deles chegando a ganhar potencial de envelhecimento. Nesse período, o vinho francês da região de Bordeaux atingiu o auge da fama e se mantém até hoje como o sonho de consumo de todo enófilo**.

BEBIDAS GENEROSAS

No século XVII, antes do uso da garrafa e da rolha para o transporte do vinho, utilizavam-se barricas, que haviam sido usadas antes para transportar conhaque. Em Portugal e na Espanha, percebeu-se que, desse modo, o vinho ganhava características diferentes, além de se preservar por mais tempo. Logo se passou a acrescentar um pouco de álcool de uva (vínico) durante a vinificação**, para preservar a bebida, dando-se o nome de "generoso" ou "fortificado" a esse estilo de vinho. Foi assim que tiveram origem os mais célebres vinhos generosos: o Porto, os moscatos** e o vinho de Jerez de la Frontera (Espanha), o jerez** (ou *sherry*), cujo consumo se intensificou na Europa do século XVIII. Por seus aromas e gosto muito particulares, o vinho de jerez seco atualmente está na lista dos mais charmosos do mundo, ideal para servir de aperitivo antes das refeições principais.

CHAMPAGNE, O ESPUMANTE MAIS FAMOSO DO MUNDO

"Venham ver, estou bebendo estrelas!"
(Dom Pérignon)

Séculos antes de o poeta brasileiro Olavo Bilac escrever o verso "Ora (direis) ouvir estrelas!", o monge beneditino francês Dom Pérignon já as bebia. Encarregado da abadia de Hautvillers, em Champagne (França), no começo do século XVIII, Dom Pérignon cuidava com carinho dos parreirais cultivados ao redor da abadia. Nessa época, o vinho da região era feito a partir de uma só fermentação, isto é, o chamado vinho tranquilo.

Quando Dom Pérignon colocou seu vinho em garrafas de vidro para descansar nas caves, fechando-as com rolhas de cortiça, percebeu que elas começaram a estourar. Provou o inquieto líquido e qual não foi sua surpresa ao sentir que estava tomando uma preciosa bebida espumante.

Por que as garrafas explodiam? Como a colheita da uva na região de Champagne era prematura, o processo de produção do vinho era feito sem que se completasse a fermentação. Assim, as garrafas iam para as caves e lá, após um período de hibernação, ocorria naturalmente uma segunda fermentação, o que fazia com que algumas garrafas estourassem.

O mérito de Dom Pérignon foi o de criar o "método *champenoise*" (clássico ou tradicional), selecionando uvas de diferentes vinhedos – a regra é usar as *pinot noir*, *pinot meunier* e a branca *chardonnay* – para produzir vinhos diversos. Com esses vinhos da safra do ano, mais os vinhos guardados de outras boas safras, fazia-se a *assemblage* (mistura) para produzir o champanhe, cuja segunda fermentação com leveduras ocorria dentro das garrafas, nas caves, por cerca de três anos.

Outras iniciativas de Pérignon foram introduzir garrafas mais espessas e resistentes e prender a rolha com arame para que não explodisse. Também adotou prensas baixas, para que o mosto das uvas tintas escorresse rapidamente, sem contato com a casca, para obter sempre um vinho branco.

Com tanto esmero, o champanhe acabou se tornando a bebida oficial das comemorações e por muito tempo era hábito consumi-lo com doces. Esses costumes começaram a mudar na década de 1990, quando os espumantes em geral passaram a ser considerados bebidas mais versáteis, tomadas também às refeições – e por que não em bares?

PETISCOS DA HISTÓRIA
Como se sabe, o nome "champanhe" só pode ser dado ao espumante elaborado na região de Champagne, sob as regras locais que os franceses chamam de Apelação de Origem Controlada (AOC). Até hoje o champanhe é o representante mais célebre em sua categoria. Tanto que deu origem ao provérbio *champenoise*, jamais contestado: "Todo champanhe é um espumante, porém nem todo espumante é champanhe". Embora, claro, cada vez existam mais espumantes de qualidade no mundo.

O DOCE SABOR DO LICOR

Na época das cortes europeias, era considerado *très chique* oferecer licores após as refeições ou como forma de recepcionar os convidados. Luís XIV era um grande apreciador da bebida, deliciava-se com licores de âmbar, anis, canela e almíscar.

Esta bebida alcoólica, com alto teor de açúcar, caracteriza-se por misturar xarope**, além de frutas, ervas, temperos, flores, sementes, raízes, cascas de árvores ou ainda cremes. É usado também na elaboração de doces.

Os licores mais antigos e famosos nasceram em mosteiros durante a Idade Moderna, como os franceses Chartreuse, feito de ervas e que começou a ser produzido em 1607 pelos monges da Ordem de Cartuxa. O Benedictine nasceu em 1510; foi criado pelo monge Bernardo Vincelli, da Ordem de São

Bento, a partir de uma infusão de 27 ervas e cascas de plantas com vinho destilado** e misturado ao mel. O licor de cassis foi produzido pela primeira vez pelos monges de Dijon no século XVI.

OS PAÍSES E SEUS DESTILADOS

A partir do século XVI se tornou cada vez mais frequente o consumo de destilados na Europa e no mundo.

Cada país praticamente passou a ter o seu destilado: o conhaque era produzido na região homônima da França e, como em nenhum outro local pode-se produzir bebida semelhante com esse nome, em outras localidades esse destilado é chamado de *brandy*. Na Rússia e países nórdicos, a vodca – preparada com cereal – tornou-se importante bebida a partir do século XVII. Na Escócia, o uísque veio a ser a bebida nacional. Na Itália e em Portugal, ficaram famosas as aguardentes de uva, respectivamente, a grapa e a bagaceira. No século XVIII, o gim – destilado holandês de cereais, aromatizado com zimbro – era a bebida da Inglaterra.

Essas bebidas com alto teor alcoólico ficaram muito famosas porque na época se dizia que elas tinham o poder de proteger contra doenças, cicatrizar feridas, facilitar a digestão, proteger do frio e da fadiga dos trabalhos pesados. Os destilados tornaram-se acessíveis a todas as camadas da população europeia (CARNEIRO, 2005, p. 43-53).

RUMO A UMA SOCIEDADE DE BONS MODOS

Grandes passos se deram na Idade Moderna em direção a uma sociedade mais requintada, de paladar apurado e evoluído. Os aristocratas europeus estavam abertos às novidades e aos ingredientes do Novo Mundo – passaram a incorporar muitos produtos à sua cultura, como vimos neste capítulo.

A vitivinicultura, que já era conhecida desde a Antiguidade mas ainda possuía caráter regional, juntou-se à arte da boa mesa com inovações que fizeram dos bons vinhos não apenas um ingrediente de sofisticação indispensável nas mesas abastadas como também um produto rentável de exportação.

Com a Revolução Francesa e o surgimento dos restaurantes, a gastronomia profissional sai dos palácios e se torna mais democrática. É nesta fase que a alta cozinha francesa começa a fundamentar suas bases técnicas, que fariam brilhar no mundo seus grandes mestres no século XIX, a Idade de Ouro da cozinha francesa.

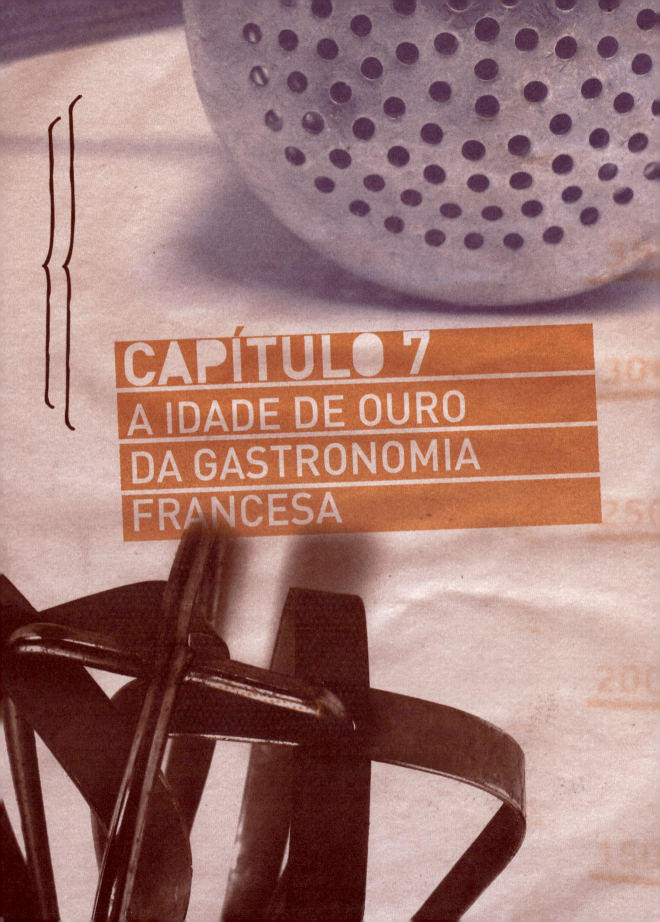

CAPÍTULO 7
A IDADE DE OURO DA GASTRONOMIA FRANCESA

AO MESMO TEMPO QUE A BURGUESIA SE FIRMOU COMO ELITE POLÍTICA E ECONÔMICA NO SÉCULO XIX, A GASTRONOMIA FRANCESA SOLIDIFICOU SEUS PRINCÍPIOS E SUAS TÉCNICAS, TORNANDO-SE MODELO INTERNACIONAL.

Foi no século XIX que o restaurante se tornou a instituição mais importante da gastronomia. Em nome do paladar e de um atendimento mais democrático, deixou-se de lado a pompa para dar lugar à praticidade no salão, adotando-se o serviço à russa (ver boxe na p. 134).

Com regras bem definidas, profissionalizou-se o trabalho no restaurante e o setor da restauração começou a se organizar, definindo bem as funções do chef e de todos os outros cargos constantes dos estabelecimentos que serviam alimentos de boa qualidade.

PESTISCOS DA HISTÓRIA

A Idade Contemporânea é o período da história que começa em 1789, com a Revolução Francesa, e vem até os dias atuais.

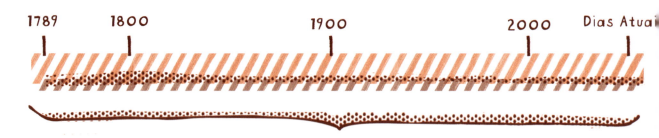

Idade Contemporânea

Brilharam nos séculos XIX e início do XX, respectivamente, os gênios Antonin Carême e Auguste Escoffier. Ambos fundamentaram as bases da gastronomia francesa e deixaram muitos legados para a cozinha profissional.

A arte culinária francesa atingiu seu apogeu com a multiplicação das redes de hotéis na Europa, cujo principal expoente foi o hoteleiro César Ritz, que se aliou ao chef Auguste Escoffier.

Nessa época, surgiram também os primeiros escritores, ensaístas e críticos gastronômicos da história, como Brillat-Savarin, Grimond de la Reynière e Alexandre Dumas, que auxiliaram na divulgação dos melhores restaurantes e chefs do mundo, além de colaborarem para que a arte de comer e beber bem se firmasse como um grande prazer das pessoas.

SÉCULO XIX, REVOLUÇÃO NA HISTÓRIA

Grandes transformações culturais, econômicas, sociais e nas relações internacionais marcaram o século XIX, traduzidas nos novos modos de pensar e viver o cotidiano. Invenções tecnológicas como a fotografia, o telégrafo, o telefone, o cinema, a eletricidade, o trem e o automóvel abriram possibilidades inimagináveis na comunicação e no transporte. O turismo floresceu e as viagens tornaram-se cada vez mais frequentes. O poder da burguesia, que dava a vida pelo prazer da boa mesa e das mordomias, estabilizou-se. Esta época também viu o fortalecimento da classe trabalhadora e dos movimentos sociais organizados. Entre outras conquistas, a classe operária adquiriu o direito de férias e de poder desfrutá-las, o que deu impulso ao turismo e à hotelaria.

A ASCENSÃO DOS RESTAURANTES

Você se lembra o que aconteceu com os chefs que trabalhavam nos palácios, depois que toda a ostentação dos reis deflagrou a Revolução Francesa?

Pois é, multiplicou-se na França o número de cozinheiros disponíveis e muitos ficaram sem trabalho. Alguns chefs que cozinhavam para nobres se fixaram em Paris, onde havia maior possibilidade de emprego, dado o grande número de restaurantes. Outros chegaram a abrir seu próprio negócio. Para se ter uma ideia, no final do século XIX já havia cerca de 1.500 restaurantes em Paris e mais de 20 mil cafés e cervejarias, além de milhares de negociantes de vinho.

Os "novos ricos" da Revolução Francesa, representados pela burguesia, almejavam conhecer o luxo, o serviço e os prazeres da boa mesa, coroados pelas criações gastronômicas e a sofisticação dos grandes chefs. E os restaurantes fizeram sucesso com a burguesia e, tempos depois, com o operariado, classe que surgiu com a Revolução Industrial.

Importantes restaurantes frequentados pela burguesia do século XIX ficavam em Paris, próximos à região do Palais Royal e da praça de la Madeleine, onde foi fundada, em 1886, a Fauchon, uma das mais famosas delicatessens** do mundo, que naquele tempo, funcionava como traitteur**. Na mesma região, surgiram o restaurante Weber e o Maxim's, famosos na belle époque francesa, sendo este último célebre até hoje.

FASES DA REVOLUÇÃO INDUSTRIAL

A primeira fase da Revolução Industrial – movimento que se caracterizou pela passagem da manufatura (artesanato) para a produção industrial (em série) de mercadorias – ocorreu de 1760 a 1860 na Inglaterra. Somente numa segunda fase (1861-1900) outros países começaram a investir no desenvolvimento tecnológico, como França, Alemanha, Itália, Estados Unidos e Japão.

→→→→→→→→→→→→→→→→→A BELA ÉPOCA

A *belle époque* foi um período na história da França que começou no fim do século XIX e durou até a Primeira Guerra Mundial, em 1914. Paris, onde foi construída a Torre Eiffel em 1889, era o centro cultural e gastronômico do mundo, com seus banquetes suntuosos, seus cafés-concertos, cabarés – em que se dançava o cancã –, suas livrarias, teatros, bulevares e a alta costura. As elites de outros países, inclusive do Brasil, copiavam a moda, a arte, a literatura e a gastronomia francesas.

Nessa época dourada, faziam o maior sucesso os restaurantes Grande Taverne de Londres e a casa do chef Beauvilliers. Este restaurador foi, segundo Brillant-Savarin, "o primeiro a ter um salão elegante, garçons eficientes, uma adega cuidadosa e uma cozinha superior". E por 15 anos foi considerado o proprietário de restaurante mais famoso de Paris. Também brilhavam o Café du Divan – local de encontro dos escritores como Honoré de Balzac e o compositor Berlioz – e o Café Anglais, fundado em 1802, que se tornou célebre pelos seus assados e grelhados. Eram estabelecimentos montados em palácios, em que o ambiente reproduzia o conforto aconchegante do lar com pratarias, porcelanas e toalhas de linho.

A generalização do estilo de serviço do restaurante fez desses estabelecimentos uma das instituições de vida de Paris... Os restaurantes apareciam em romances, serviam de ambientação para peças populares.
(SPANG, 2007, p. 215-268)

MEMÓRIAS DO CAFÉ ANGLAIS

Na charmosa Paris, o Café Anglais ficou na moda com a entrada do chef francês Adolphe Dugléré em 1866. Imagine o que significava para esse profissional da cozinha ter trabalhado com o chef mais conceituado da França daquele momento, nada menos que Antonin Carême, do qual falaremos mais adiante. Graças a Dugléré, o Café Anglais viveu seus dias de glória e de alta reputação gastronômica, sendo frequentado pela nata da sociedade da época.

Dentre as criações do chef que ficaram para a história está o prato criado em homenagem à célebre cortesã e atriz, Anna Deslions, as *pommes* Anna (batatas Anna, cortadas em rodelas bem finas e douradas na manteiga, que serviam como guarnição** de carnes e aves). E ainda o *potage* Germiny, feito para o conde de mesmo nome, em que o chef misturava azedinhas** a ovos e creme fresco.

Foi em um dos gabinetes particulares do restaurante, a sala Le Grande Seize, que ocorreu o famoso "Banquete dos Três Imperadores", assim chamado por contar com a presença de nomes ilustres: o rei da Prússia, Guilherme I; o primeiro-ministro da Prússia e unificador da Alemanha, Otto Von Bismarck; e o imperador Nicolau II, da Rússia.

Para regar este grande banquete, serviram-se vinhos que até hoje são sonhos de consumo de qualquer enófilo endinheirado do mundo, como o jerez 1847, o Château d'Yquem 1847, o Chambertin 1846, o Château Latour 1847 e o Château Lafite 1848.

Em 1913, a clientela do Café Anglais presenciou o momento mais triste da casa: foi demolida, restando apenas a sua cave e os revestimentos de madeira.

BANQUETE DE BABETTE

O Café Anglais reviveu seu glamour no filme *A festa de Babette* (Oscar de melhor filme estrangeiro em 1988), do cineasta dinamarquês Gabriel Axel, uma homenagem à vida e aos prazeres da mesa. O clímax acontece quando Babette, ex-funcionária do Café Anglais, ganha 10 mil francos na loteria e gasta tudo para oferecer um jantar à moda do célebre restaurante para doze convidados. O tentador cardápio inclui sopa de tartaruga com *quenelles* de vitela e codorna em *sarcofage* (recheada), acompanhada do vinho Clos de Vougeot. No final da refeição, os convidados são contemplados ainda com um *marc*** de Champagne servido junto com café. O inesquecível jantar propicia uma confraternização regada de sensualidade.

→→→→→→→→→→IGUARIA FRANCESA

Embora o fígado gordo do ganso ou do pato, isto é, o *foie gras*, remonte à Antiguidade, a França é considerada sua pátria. Isso porque seu processo de produção foi refinado neste país, no final do século XVIII, com o desenvolvimento de vários subprodutos, entre eles o patê de foie gras, na Alsácia. Na mesma época, na região do Périgord, foi criada a terrine**, assim como foram introduzidas trufas no foie gras. Mas o sucesso da iguaria teve seu auge no século XIX, com a proliferação de restaurantes pela Europa. vale lembrar que, para fabricar este produto, o pato ou o ganso são superalimentados à base de milho, num processo chamado de *gavage* (ceva), até que o fígado chegue a pesar cerca de 700g, o equivalente a dez vezes mais que o normal. Distinguem-se o fresco, o semicozido (pasteurizado) e o fígado em conserva. A primeira vez que se identificou o uso do termo foie gras foi em 1651, no *Le cuisinier français*, de La Varenne.

←←←←←←←←←←←←←←←←←←←←←←←

OS SABERES E PRAZERES DO RESTAURANTE

A adoção do restaurante como local habitual para se fazer as refeições era vantajosa por muitos motivos: a pessoa poderia comer na hora que quisesse; com o preço de cada prato no cardápio, tinha a certeza de não gastar mais do que desejava; a diversidade de estabelecimentos possibilitava escolher entre uma refeição com pratos mais leves ou clássicos locais ou estrangeiros. Todas essas possibilidades se somavam à de combinar os pratos com os melhores vinhos. Enfim, o paraíso para gourmets, fossem eles locais ou viajantes (BRILLAT-SAVARIN, 1995, p. 281).

Na Idade de Ouro da gastronomia francesa era assim: ao entrar no restaurante, o maître era a primeira pessoa a receber o comensal, mostrar-lhe todas as opções de pratos, auxiliando-o na escolha. Além do menu do dia (*menu du jour*) a um preço fixo, os maîtres ofereciam um cardápio em que diversas opções de pratos iam acompanhadas do preço.

Em seguida, como hoje, os garçons traziam o pedido e ficavam de prontidão, à disposição do cliente. Aos *habitués*, já sabiam tratar pelo nome e oferecer o que de melhor e mais fresco dispunha no dia.

O maître e os garçons eram personagens que propiciavam um atendimento personalizado e ganharam força com a estabilidade do setor da restauração.

O CLÁSSICO *CANARD À LA PRESSE*

Tornou-se célebre no restaurante La Tour d'Argent, em Paris, o clássico *canard à la presse* (pato prensado). A ave é assada com temperos e guarnições e depois fatiada, sendo que a carcaça é colocada numa prensa para se extrair o suco dos ossos. Este suco é usado para fazer o molho, junto com o caldo do pato, seu sangue, vinho tinto e conhaque. A grande atração da receita é o pato ser numerado desde 1890, tendo então o comensal o privilégio de fazer parte da história do restaurante com a exclusividade de seu número (MESPLÈDE, 1998, p. 112-113).

OS PRIMEIROS CRÍTICOS GASTRONÔMICOS

O século XIX teve talentos jamais igualados na cozinha, como os chefs Antonin Carême e Auguste Escoffier. Seus feitos foram divulgados por alguns escritores e gourmets que elevaram a gastronomia ao patamar de arte e de cultura.

Os franceses Grimond de la Reynière, Brillat-Savarin e Alexandre Dumas foram muito importantes na história contemporânea da gastronomia e podem ser considerados os precursores dos jornalistas, ensaístas e críticos gastronômicos de guias como o *Michelin* e as grandes enciclopédias ilustradas.

GRIMOND DE LA REYNIÈRE (1758-1837)

A grande contribuição de Grimond de la Reynière foi a criação do primeiro guia gastronômico e as lições de comportamento à mesa.

Em 1803, ele lançou o *Almanach des gourmands* (*Almanaque dos gourmands*, dos apreciadores da boa mesa), publicado anualmente até 1910. Era um guia parisiense dos restaurantes, *traitteurs* e lojas de especialidades, pois as classes emergentes europeias tinham interesse em saber o que e como comer, além de ter orientação sobre como se comportar à mesa.

La Reynière estabeleceu o padrão da comida parisiense e da cozinha francesa, divulgando inclusive os grandes chefs da época. O Almanaque era lido também em Londres e foi um dos meios que contribuiu para a fama de Paris como centro gastronômico. O comentário a seguir, de Grimond de la Reynière, demonstra seus objetivos:

> Na desordem em que ocorreu a redistribuição da riqueza, resultado natural da Revolução, velhas fortunas transferiram-se para novas mãos. Como a mentalidade desses milionários repentinos gira em torno de prazeres puramente carnais, acredita-se que talvez um serviço a ser-lhes prestado seria oferecer-lhes um guia confiável para a parte mais sólida de suas emoções. O coração da maioria dos parisienses ricos foi transformado de repente em goela. (KELLY, 2007, p. 58)

Assim, Alexandre Balthazar Laurent, pseudônimo de Grimond de la Reynière, pode ser considerado o inventor da crônica gastronômica e da crítica de restaurantes. Ele criou também um júri de degustação, uma espécie de confraria** que se reunia com periodicidade nos restaurantes, em torno de banquetes gastronômicos, para avaliá-los. Assim, desenvolveu um selo de qualidade para os pratos e estabelecimentos. Escreveu ainda, em 1808, o *Manuel dês amphitryons*, que descrevia deveres recíprocos de anfitriões e convivas, ensinava como destrinchar carnes e comentava sobre a composição dos cardápios.

BRILLAT-SAVARIN (1755-1826)

Graças à obra *Fisiologia do gosto*, de 1825, Jean-Anthelme Brillat-Savarin conquistou notoriedade entre gourmets, gastrônomos e chefs, não só de sua época: seu nome continua a ser corrente quando se fala de gastronomia nos dias atuais. Isso porque, como se não bastassem seus méritos, Brillat-Savarin tirou a gastronomia do isolamento e a integrou aos prazeres sociais.

Jurista, filósofo, músico e gourmet, esse homem de bom gosto se dedicou a pensar a gastronomia. Seu livro é um conjunto de reflexões científicas, filosóficas e ainda de crônicas divertidas para quem tem paladar refinado e apreço pela boa leitura.

É curioso notar que, em seu texto, grande parte de suas considerações são contemporâneas. O conceito de gastronomia, por exemplo, une cultura, arte e ciências, o que o torna atual. Para quem duvida, ele escreve:

> A gastronomia é o conhecimento fundamentado de tudo que se refere ao homem na medida em que ele se alimenta. Seu objetivo é zelar pela conservação (restauração) dos homens, por meio da melhor alimentação possível (...). A gastronomia está relacionada: à história natural, pela classificação que faz das substâncias alimentares; à física, pelo exame de seus componentes e de suas qualidades; à química, pelas diversas análises e decomposições a que submete tais substâncias; à culinária, pela arte de preparar as iguarias e torná-las agradáveis ao gosto [...]. (BRILLAT-SAVARIN, 1995, p. 57-58)

Brillat-Savarin continua seu amplo conceito dizendo que a gastronomia governa a vida inteira do homem. Além de brilhante no que diz respeito às considerações filosóficas, ele também faz suposições que mais tarde foram comprovadas, como, por exemplo, concluir por meio empírico que o olfato e o paladar formavam um único sentido e que, por sua vez, o olfato influenciava o gosto. Para a época, uma afirmação genial!

Descreve ainda como eram as refeições nos restaurantes de primeira classe em seu tempo. Conta que nos menus desses restaurantes luxuosos havia pelo menos 12 sopas, 24 antepastos, 15 ou 20 pratos de carne bovina, 20 de carne de carneiro, 30 de carne de caça, 16 ou 20 de vitela, 12 de massas, 24 de peixe, 15 de assados e ainda 50 guarnições e 50 sobremesas.

Sua obra conta também com relatos dos hábitos alimentares do seu tempo, como os pratos preferidos dos banquetes, em que constavam ingredientes como aspargos, vitela no seu próprio suco, codornas trufadas e foie gras do Périgord, iguarias até hoje consumidas nos restaurantes estrelados do mundo (BRILLAT-SAVARIN, 1995, p. 287).

ALEXANDRE DUMAS (1802-1870)

O célebre romancista, autor de *Os três mosqueteiros* e de tantas outras obras que viraram clássicos da literatura mundial, também era um sábio gourmet. No auge da fama, Dumas se lançou ao desafio de fazer o *Grande dicionário de culinária* que até hoje é considerado uma referência na gastronomia.

A ideia era agradar a chefs e gourmets. Seu dicionário, que une gastronomia e literatura, tem centenas de crônicas com curiosidades e histórias de ingredientes e ainda mais de 400 receitas de clássicos franceses e de outros países, entre peixes, aves, carnes, sobremesas e cerca de 40 molhos usuais na época.

Como parte das receitas estão os escargots à Bourguignonne, a macedônia de legumes, o crepe e até um macarrão caseiro. Curioso que, ao mesmo tempo que ele pregava contra a violência realizada com o pato do qual se extrai o foie gras, também ressaltava os deleites de se comer uma exótica tromba de elefante:

> Elefante. Que esse verbete não assuste o leitor, não vamos condená-lo a comer inteirinho esse monstruoso animal; entretanto, insistiremos, caso lhe caia nas mãos uma tromba ou pata de elefante, que prove delas, temperando da maneira que vamos indicar adiante, e depois venha nos contar como foi. (DUMAS, 2006, p. 117-118)

A grande novidade é que a obra, recentemente traduzida, pode ser encontrada nas livrarias brasileiras. Um dos maiores verbetes é dedicado ao vinho, com várias páginas sobre a história, produção, dicas de conservação, decantação, além de contar anedotas, ressaltando as regiões de Bordeaux e Borgonha, já importantes no seu tempo.

CHEFS DE OURO

Quem primeiro fez a profissão de chef se tornar famosa e respeitada na Europa foi o francês Antonin Carême, no final do século XIX. Ele reuniu e aperfeiçoou os molhos, que fazem parte da base da cozinha francesa. Outro famoso chef foi Auguste Escoffier, que sistematizou o trabalho da cozinha e brilhou num dos mais chiques hotéis da Europa.

Para Auguste Escoffier, o que diferenciava um chef de um cozinheiro era o fato de o primeiro ter, além das qualidades e competências de um cozinheiro, as características de artista e administrador.

Segundo Escoffier, seria competência do chef definir as compras, montar o cardápio, distribuir o trabalho para a equipe, supervisionar a montagem dos pratos e interagir com o salão – e isso é seguido até os nossos dias. Sabiamente, ele dizia que somente a dedicação de anos de estudo e de trabalho levaria um cozinheiro, cada qual a seu tempo, a se tornar chef.

CARÊME: O REI DOS COZINHEIROS E O COZINHEIRO DOS REIS

Imagine o prestígio que desfrutava na época o primeiro chef do mundo a fazer carreira internacional, a ser considerado uma celebridade e a ser pago como tal. Sua vida e dedicação fazem jus à sua fama.

No fim do século XVIII, época do terror da Revolução Francesa, Antonin Carême (1783-1833) era apenas um menino pobre de 8 anos de idade que, depois de abandonado nas ruas de Paris pelos pais, havia sido adotado por um cozinheiro. Aos 17 anos, Carême já era aprendiz de Silvain Bailly, dono de uma das mais conhecidas confeitarias de Paris, na rua Vienne. Para sua sorte, entre os frequentadores estava o príncipe Talleyrand, ministro de Relações Exteriores de Napoleão, que logo percebeu o talento do jovem confeiteiro.

Daí para a ascensão ao posto de um dos maiores chefs de todos os tempos não demorou muito. Ainda moço, juntou dinheiro para montar sua própria confeitaria na rue de la Paix, em Paris, onde começou a ficar conhecido e disputado pela aristocracia e burguesia europeia, como Napoleão, a família Rothschild e o já citado príncipe Talleyrand, na França; o czar Alexandre I, da Rússia; e o rei George IV, da Inglaterra. Trabalhou também para o embaixador da Áustria, Charles Stewart, em Viena.

Como chef da família Rothschild, circulava num meio em que os convidados eram as figuras mais ilustres da época, como o escritor Victor Hugo e o compositor Chopin. E todos reverenciavam seu talento.

Os molhos de base, usados ainda hoje na culinária profissional e alguns criados pelos seus antecessores, foram reunidos e aperfeiçoados por Carême para fundamentar as bases da cozinha profissional. O chef considerou clássicos quatro molhos: o béchamel (molho branco feito com leite, sal, manteiga, farinha de trigo, noz-moscada), o *velouté* (à base de manteiga, farinha de trigo e caldo de vitela), o alemão (manteiga, farinha de trigo, ovo, vinagre de vinho) e o espanhol (manteiga, farinha de trigo, caldo de carne, purê de tomate). A partir desses molhos básicos seria possível preparar dezenas de outros molhos compostos.

Para os bufês frios, Carême desenvolveu receitas de tortas salgadas e patês, que eram verdadeiras esculturas. Já no esmero com as peças de confeitaria, então, dava-se ao trabalho de montar "obras arquitetônicas" em açúcar (as famosas *pièces montée*), reproduzindo, de acordo com o tema do banquete, instrumentos musicais, palácios e navios, entre outras criações artísticas.

PETISCOS DA HISTÓRIA

O *vol-au-vent*, invenção de Carême, tornou-se um clássico da cozinha francesa. Trata-se de uma massa folhada em formato cilíndrico, recheada de uma guarnição ligada com um molho. Feita de farinha de trigo, água, sal e manteiga, a massa é uma das mais difíceis de realizar na confeitaria e também uma das mais leves. Conta-se que Carême, ao conseguir a leveza sem igual de uma receita medieval, exclamou: "elle volle, elle volle" ("ela voa, ela voa"). Daí a expressão *vol-au-vent*, isto é, "voa ao vento".

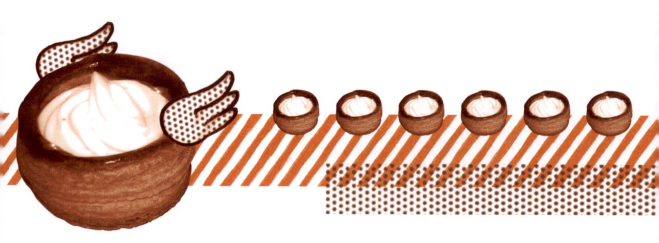

Não é para menos: este talentoso e dedicado chef tinha conhecimentos de arquitetura e desenho, artes às quais se dedicava em prol de sua profissão. Esses atributos somavam-se aos seus conhecimentos técnico e químico. Na confeitaria, criou também receitas como as dos merengues e suflês. Ao montar uma mesa, preocupava-se em equilibrar aromas, cores e texturas, o que era uma novidade na época.

Preocupado com a higiene e as condições de trabalho na cozinha, foi ele também quem institucionalizou o uso do uniforme branco de cozinheiro e o *toque blanche*, a famosa "toca branca" do chef, que compõe o uniforme obrigatório em todas as cozinhas do mundo atual.

Depois de inalar, durante toda sua vida profissional, o monóxido de carbono dos fogões a carvão de suas cozinhas, Antonin Carême morreu de doença respiratória, aos 49 anos, na noite de 12 de janeiro de 1833. Para a sorte dos profissionais da cozinha, contudo, deixou seu legado em livros como *L'Art de la cuisine française au XIX siècle* (*A arte da cozinha francesa no século XIX*), em cinco volumes, verdadeira enciclopédia para o profissional. A obra se destaca pelo detalhamento e rigor nos comentários dos pratos, como os de peixe, aves e carne.

Pela sua contribuição, Carême é considerado o pai da *haute cuisine* (alta cozinha), expressão consagrada por ele no início do século XIX. E podemos completar dizendo que esse grande chef colaborou para a formação das bases da chamada restauração (o setor da gastronomia profissional), que se solidificaria com Escoffier. "Ainda hoje a lembrança de Carême continua sendo entre os cozinheiros como um astro brilhante e um cometa inigualável" (REVEL, 1996, p. 285).

O nome e a genialidade de Carême, pouco divulgados no século XX, voltaram à cena com a primeira biografia em inglês, *Carême, cozinheiro dos reis*, de Ian Kelly, lançada em 2003 no Brasil.

→→→→ →→→→→→→→→→ SERVIÇO À RUSSA

Lembre-se de que até o final do século XVIII, o costume das recepções era colocar de forma simétrica todos os pratos do serviço em questão à mesa (por exemplo, todas as entradas) e as pessoas se serviam sozinhas ou auxiliadas por criados. Ao terminar um serviço, retirava-se tudo e, imediatamente, colocava-se o próximo. Tudo isso começou a mudar a partir do início do século XIX. Foi quando o príncipe russo Borisovitch realizou um banquete em Clichy, perto de Paris. Qual não foi a surpresa de seus convidados quando, ao invés de encontrarem todos os pratos dispostos à mesa, estavam no seu lugar candelabros, flores artificiais e outras peças luxuosas de decoração. Ao se sentarem, os criados apresentavam a bandeja à esquerda dos convivas, com tudo já fatiado e acompanhado de seus molhos, e os próprios comensais se serviam da quantidade que queriam. Além de ser mais igualitário e prático, o serviço à russa também permitia menos desperdícios, porque o que sobrava nas bandejas voltava para a cozinha. Juntava-se a esta vantagem o fato de tal serviço ser mais prático e rápido, o que propiciava aos convidados pratos mais quentinhos e frescos e, portanto, mais saborosos.

No final do século XIX, na época de Escoffier, o serviço à russa já estava instituído na Europa. Com ele, foi possível adotar uma ordem ainda mais lógica na refeição, usada até hoje, servindo primeiro a entrada, composta de pratos mais leves como saladas e sopas; um *sorbet* para "limpar" a boca e prepará-la para o prato principal, que viria a seguir, à base de peixes, aves ou carnes com legumes. E, por fim, a sobremesa e digestivos. Compare com o serviço à francesa detalhado no capítulo "A influência da gastronomia francesa", na p. 102.

ESCOFFIER: O IMPERADOR DAS COZINHAS DO MUNDO

O formidável Auguste Escoffier (1846-1935), chamado de "O Imperador das Cozinhas do Mundo", influenciou a geração de chefs da segunda metade do século XIX, sendo seu principal expoente.

Seu nome está ligado também ao desenvolvimento da hotelaria francesa, sobretudo aos hotéis de luxo de César Ritz. De carreira internacional, Escoffier trabalhou nos melhores hotéis da Europa, como o Place Vendôme, em Paris, o Savoy e o Carlton, em Londres. Respeitado até hoje, é referência para a maioria dos chefs mundiais.

Com seu caráter inovador, e continuando o trabalho de Carême, o grande chef se preocupou em sistematizar a cozinha clássica francesa. Escoffier tornaria essa mesma cozinha moderna, isto é, destinada às necessidades dos homens que vislumbravam as tecnologias e a agitação do século XX.

Foi responsável pela simplificação dos pratos, abolindo a pompa e as suntuosas decorações. Deu importância à composição dos alimentos e à sua harmonia. Era o início de uma estética voltada para o gosto do alimento principal, com pratos mais simples, em que, ao deixar de lado os ornamentos, praticamente todos os ingredientes eram comestíveis.

Na cozinha, era rigoroso. Foi ele o responsável pela organização do trabalho na cozinha, dividindo-o em cinco funções, da forma como se usa até hoje, pelo menos nos restaurantes gastronômicos e/ou de grande porte: *garde-manger* (pratos frios e suprimentos da cozinha), *entremettier* (legumes, sopas e sobremesas), *rôtisseur* (assados, grelhados e fritos), *saucier* (molhos e fundos de base) e *pâtissier* (confeitaria).

Assim, cada auxiliar passou a ter definida sua área de competência e atuação. Com isso, a marcha** dos pratos até chegar ao garçom e, por conseguinte, ao cliente tornou-se mais rápida, possibilitando que este recebesse o prato mais quente à mesa.

Escoffier dedicava-se a criar métodos para simplificar o trabalho dos cozinheiros. Verdadeiro best-seller, seu principal livro é o *Le guide culinaire* (*Guia culinário*), de 1903, feito para profissionais, com 950 páginas. A publicação é uma síntese da cozinha clássica ocidental, com cerca de cinco mil receitas e guarnições.

Escreveu ainda um livro cujo tema era a organização do cardápio: o *Le livre des menus*, publicado em 1912, com vários exemplos de cardápios, entre eles os de Natal, de réveillon e de banquetes. Incansável, Escoffier varava noites pensando sempre em novas composições para surpreender o cliente, usando ingredientes luxuosos como caviar, foie gras e trufas.

OS HOTÉIS DE LUXO

No final do século XIX, as famílias abastadas procuravam lugares chiques e confortáveis, com alto padrão de qualidade, para se hospedar em suas férias. Foi por essa demanda e pela facilidade do transporte ferroviário que foram construídos os primeiros hotéis de luxo em várias cidades da Europa.

O sucesso das cadeias de hotéis de luxo e de Escoffier estimulou outros grandes chefs a brilhar fora de seu país. A França exportaria seus profissionais e a base de sua cozinha, considerada referência para todo profissional.

O poderoso hoteleiro suíço César Ritz (1850-1918) é considerado o precursor da hotelaria moderna graças à construção de uma dezena de hotéis de alto padrão e à sua associação com o chef Escoffier para comandar as respectivas cozinhas.

Ritz possuía hotéis em várias cidades europeias, como o Grand Hotel de Monte-Carlo e o Ritz da Place Vendôme (que existe até hoje em Paris). Aberto em 1898, este era considerado um dos mais modernos de seu tempo, com luzes elétricas. Todo esse conforto, somado à excelência da cozinha, fez com que se tornasse o hotel favorito de muitos famosos, como o escritor americano Ernest Hemingway, o ator Charles Chaplin, o cantor inglês Elton John e a estilista francesa Coco Chanel, que viraram nomes das suítes luxuosas deste hotel. O local tinha duas adegas: uma que alojava quatro mil garrafas de vinhos selecionados e outra de reserva, que tinha capacidade para mais 180 mil.

Em Londres, o Savoy, também da rede Ritz e aberto em 1889, fez com que a nata da sociedade inglesa passasse a jantar nessa coqueluche da época em seu país, apreciando também os vinhos franceses. A cozinha do hotel, administrada por Escoffier, tinha uma equipe de cerca de 60 cozinheiros. Era organizada para servir à la carte.

PETISCOS DA HISTÓRIA

Os pêssegos em calda, na versão requintada com bolas de sorvete de creme e decorada com fava de baunilha, foi uma criação de Escoffier. Na ocasião, a soprano australiana Nellie Melba (1859-1931) hospedara-se no hotel Savoy de Londres para a apresentação da ópera *Lohengrin*, de Richard Wagner. Durante a noite de estreia, Escoffier contemplou a todos com o *Pêche Melba* (pêssegos de Melba), em que a arte da decoração estava no formato de cisne. Como sabemos, tornou-se um clássico.

A COZINHA INTERNACIONAL

Nesta altura da história, você consegue adivinhar como surgiu a cozinha internacional? Esses famosos hotéis e restaurantes se espalharam rapidamente pelo mundo. Os chefs franceses, para agradar à clientela local e aos turistas, esmeraram-se em incluir nos cardápios pratos locais. Assim, muitas receitas clássicas de diversos países foram incorporadas ao "cardápio internacional dos hotéis", como o inglês *roast-beef* e o *beef-steak* (bisteca); o caviar e o estrogonofe russos; os italianos frango à *spadoni* com *funghi sec* (cogumelos secos) e folhas de sálvia, a lasanha à bolonhesa, o macarrão, a polenta, o queijo parmesão e o sorvete; o supremo de frango à cubana; o lombo à californiana. E, claro, muitas opções de clássicos franceses, como o *steak au poivre* (filé ao molho de pimenta-verde), o *canard à l'orange* (pato com laranja e guarnição de purê de maçã) e a sobremesa *crêpe Suzette* (realizada no salão, sobre um *réchaud* à mesa, diante de quem a pediu). Aliás, esta foi uma peça que se manteve fundamental no restaurante na década de 1960. Consistia num aparelho de metal com fogareiros, inflamados por álcool, que serviam para terminar a preparação do prato ou flambar no momento de servir, funções executadas pelo maître.

Foi assim que a recém-formada alta cozinha deu origem à vertente da "cozinha internacional", como começou a ser chamada nos hotéis de luxo e virou moda até a década de 1980, inclusive no Brasil. Veremos no capítulo "Globalização".

PETISCOS DA HISTÓRIA
Na Inglaterra no século XIX, a etiqueta mandava que o casal de anfitriões se sentasse cada um em uma cabeceira da mesa de jantar e que se alternassem homens e mulheres nos demais lugares. Após a sobremesa, as mulheres se retiravam para tomar o chá em outro ambiente e os homens ficavam à mesa tomando vinho e champanhe.

Clássicos da confeitaria francesa → Desde a História Antiga já existia a massa feita de ovos, leite e manteiga. Na sua confecção, eram empregados mel e grãos como gergelim e ainda especiarias.

137

Na Renascença, as elites sociais adoravam a pasta de açúcar, que permitia a confecção de variados *biscuits* (pão de ló) e doces muito apreciados como as carolinas**, os merengues caramelados e os *macarrons*. A textura crocante surgiu com o caramelo.

O domínio da arte confeiteira pelos franceses foi a pâtisserie ornamental, com grandes criações temáticas, na qual se destacou o gênio Antonin Carême, como já vimos. As chamadas *pièces-montées* eram verdadeiras esculturas em açúcar, praticadas até hoje, aliás, em concursos de pâtisserie.

A famosa pâtisserie francesa se tornou a base técnica para a confeitaria mundial. Listamos algumas histórias de doces e sobremesas... tão apetitosas quanto famosas.

Crêpe Suzette – A invenção da *crêpe Suzette* é atribuída ao chef inglês Henri Charpentier, em 1896. O príncipe de Galles, futuro Eduardo VII, desejava comer uma *crêpe* que Charpentier fazia com conhaque. A sobremesa foi flambada sem intenção, mas o gesto agradou ao paladar do príncipe. O doce foi batizado de Suzette, nome da linda jovem que acompanhava o nobre.

Le mille-feuille – Os mil-folhas são superposições de massa folhada e de creme *au beurre* (na manteiga), em que o folhado é composto de 729 camadas de massa e 729 camadas de manteiga. A receita remonta ao Egito Antigo, quando a massa folhada era feita com óleo. Atribui-se o mil-folhas preparado com manteiga a Antonin Carême.

Le Saint-Honoré – Este doce foi criado pelo *pâtissier* Chiboust, que trabalhava na rua Saint-Honoré, em Paris. O chef deu esse nome à sua criação, em 1848, em homenagem ao patrono dos padeiros. O doce é constituído de uma coroa de pequenas carolinas cobertas de creme Chiboust** e decoradas com merengue italiano.

La tarte Tatin – Especialidade de Órleans (França), a *tarte Tatin* é uma torta assada ao contrário, com as maçãs sob a massa. A história diz que a criação é das irmãs Tatin, donas de um albergue em Lamotte-Beuvron. Um dia, confeccionando uma torta de maçã, na pressa não se deram conta de que ela estava invertida.

A CLASSE MÉDIA E O POVO

Formada por pequenos comerciantes, intelectuais e artistas, a classe média passou a ter certo poder de consumo no século XIX e também começou a frequentar restaurantes – claro que estabelecimentos mais simples, compostos de menus a preços módicos.

Cafés e bistrôs também eram opções para os menos abastados. Nesses locais, originados de ambientes mais caseiros, os próprios membros da família compravam, faziam e serviam a comida. Os bistrôs lembram o conceito original das cantinas paulistanas, no início do século XX: a *mamma* na cozinha preparando pratos caseiros; marido e filhos no salão atendendo a clientela.

PETISCOS DA HISTÓRIA

Vale lembrar a controversa e curiosa origem da palavra "bistrô". Uma das versões conta que, quando a coligação europeia contra o império de Napoleão dominou Paris, em 1814, soldados russos entravam nos cafés pronunciando "Bistro! Bistro!" (que significa "Rápido! Rápido!", em russo) ao pedirem apressados uma bebida ou comida. Uma outra hipótese é que a palavra tenha vindo de *bistrouille*, uma bebida que misturava vinho, água e álcool e era servida em estabelecimentos mais simples (WELLS, 1993, p. 12).

Hoje o conceito de bistrô desvirtuou-se, mesmo em Paris. Antes era um restaurante sem pretensões, caracterizado como familiar, em que os donos comandavam o salão e a cozinha, serviam porções generosas de comida caseira e tinham um *menu* do dia. Atualmente, muitos bistrôs oferecem comida pasteurizada**, sem os cuidados de antigamente; outros empresários fizeram do bistrô um restaurante de luxo, como os da rede de Paul Bocuse. Mas ainda é possível encontrar na França estabelecimentos familiares que servem comida caseira, saborosa e exclusiva.

Responsáveis também pela preservação da cozinha regional francesa, são exemplos de pratos de bistrô: a sopa de cebola, a terrine da campanha (feita à base de carne e fígado de porco, temperado com conhaque e ervas) e a sobremesa *tarte Tatin*. Também podemos citar o *confit*** de pato com batata *sauté*** (do sudeste da França) e o frango cozido com vinho branco *riesling* (da Alsácia).

Os *bouillons* também atendiam à classe média e às classes mais pobres. Eram restaurantes bem simples, algo como os nossos botecos. Surgiram por volta de 1869 e serviam pratos bem populares, em quantidade e mais baratos. Para diminuir os custos das refeições, os clientes habituais levavam seus próprios garfos e facas, que ficavam guardados em caixas de madeira – algumas delas podem ser contempladas até hoje como peças de museu em alguns restaurantes antigos. Devido às más condições de vida do povo, mesmo frequentar os *bouillons* era um "luxo" para poucos ou para raros momentos.

A CIÊNCIA A FAVOR DA ALIMENTAÇÃO

No início do século XIX, como as populações passaram a se concentrar mais nas cidades, todos precisavam que os alimentos durassem mais tempo, afinal os centros produtivos (no campo) ficavam distantes dos centros urbanos.

Com o grande progresso científico da época, foram desenvolvidas várias técnicas de conservação, para aumentar a durabilidade dos alimentos e bebidas. Os enlatados e a pasteurização** são dois exemplos salutares para a época.

Foi o cientista francês Nicolas F. Appert que descobriu uma forma de preservar por mais tempo os ingredientes frescos. Ele desenvolveu a técnica de conservação em lata por refrigeração ou congelamento, em que os alimentos guardavam muito das suas características por longo tempo.

Animado pelo sucesso de suas descobertas, buscou dar-lhes uma escala industrial. Em 1804, montou uma fábrica de conservas, onde iniciou a soldagem das tampas, dando aos enlatados o aspecto que têm hoje. Seu método de conservação de alimentos foi utilizado por Napoleão Bonaparte no abastecimento de suas tropas, tornando-as mais autônomas, e na marinha mercante para as longas viagens transatlânticas. Durante o século XIX, os enlatados fizeram grande sucesso na Itália e impulsionaram o uso mais frequente do molho de tomate.

Já a descoberta dos micro-organismos, por Louis Pasteur (1822-1895), trouxe à luz mais assepsia e higiene para alimentos e bebidas. Seu método de conservação foi batizado de pasteurização. Trata-se de um processo de tratamento térmico baseado na elevação da temperatura do alimento ou bebida até 57°C por alguns minutos e, em seguida, no resfriamento súbito, obtendo-se a morte dos germes patogênicos, isto é, que produzem doenças.

É curioso que o método não tenha sido usado primeiro com o leite, um alimento perecível e básico, mas sim com o vinho. Isso se explica em parte pelo fato de na época não existir ainda a geladeira, importante equipamento para manter o efeito da pasteurização do leite.

Para o mundo vinícola, a descoberta de Pasteur propiciou o estudo científico da bebida, possibilitando o surgimento da enologia** e do enólogo, reconhecidos pela lei francesa em 1955.

EXPECTATIVAS PARA O SÉCULO XX

No final do século XIX e alvorecer do século XX, houve a intensificação do desenvolvimento tecnológico, com grande avanço da indústria, a invenção do motor de explosão e a energia elétrica tornou-se comum nos centros urbanos. Essa evolução propiciou uma radical mudança no modo de vida das pessoas.

Assim, dentro das casas era possível ter na cozinha torradeiras, batedeiras, liquidificadores e geladeiras elétricas, cujo primeiro modelo surgiu em 1913, nos Estados Unidos. As novas tecnologias não revolucionaram apenas a cozinha, mas os hábitos alimentares dos tempos modernos: maior rapidez na cocção, a possibilidade segura de conservação dos alimentos por mais tempo e a maior diversidade de receitas que poderiam ser feitas com os novos eletrodomésticos.

Do fogão a carvão se evoluiu para o fogão a gás, que surgiu no final do século XIX. Este permitia o controle da temperatura da chama contínua facilmente regulável (fogo baixo, médio e alto). Isso fazia com que o cozinheiro obtivesse o "ponto" ideal de cozimento, diminuindo também o tempo de preparo – no fogão a carvão, a receita demorava muito mais para ser executada e o esforço era bem maior para conseguir bom padrão de qualidade.

Você já deve ter reparado a imensa quantidade de produtos no setor de laticínios nas prateleiras dos supermercados. São leites de vários tipos, achocolatados, desnatados, vitaminados, enriquecidos com cálcio, ferro, com ômega 3 e 6; e ainda iogurtes com frutas de vários sabores, numa diversidade impressionante. Tudo isso é fruto da ciência e tecnologia do século XIX. Brillat-Savarin apostava ainda mais no futuro, como se lê:

> E vós enfim, gastrônomos de 1825, que encontrais a saciedade no seio da abundância e sonhais com novas especialidades, não desfrutareis das descobertas que as ciências preparam para o ano 1900, como esculências (comidas) minerais, bebidas resultantes da pressão de cem atmosferas, não vereis as importações que viajantes ainda não nascidos farão chegar daquela metade do globo ainda por descobrir ou explorar. Como vos lamento! (BRILLAT-SAVARIN, 1995, p. 377)

CAPÍTULO 8
IDADE CONTEMPORÂNEA

O TURISMO E A GASTRONOMIA SE BENEFICIARAM COM O AVANÇO DOS MEIOS DE TRANSPORTE, DA TECNOLOGIA E DA MÍDIA. A ARTE CULINÁRIA FRANCESA TEVE QUE DIVIDIR SEU ESPAÇO COM O IMPÉRIO AMERICANO DO FAST-FOOD.

Na aurora do século XX, diante de uma multidão atônita, um brasileiro sobrevoou Paris com veículo inovador, mais pesado que o ar. Era a primeira viagem de avião, fruto da grande revolução científica e tecnológica jamais vista na história da humanidade. O voo do famoso 14-Bis deixaria marcado para sempre o nome de Santos Dumont, inventor do avião, fruto do desenvolvimento dos motores de combustão interna e do uso dos derivados de petróleo.

Intensificava-se a produção de automóveis e transatlânticos. Esses meios de transporte, ao lado dos trens expressos, fomentavam ainda mais as viagens em massa. O turismo nasce e possibilita que as pessoas conheçam outros locais e outras culturas.

Nesse panorama de tantos avanços, novos meios de comunicação como o rádio e depois a televisão – este pequeno aparelho propiciou ao mundo ver o homem pisando na Lua, em 1969 – tornam-se fonte de entretenimento e informação e causam um impacto sem precedentes na mídia**.

As aplicações da eletricidade, principalmente nos aparelhos domésticos destinados ao espaço da cozinha, como batedeiras, liquidificadores, espremedores de frutas, torradeiras, cafeteiras, geladeiras e, mais tarde, fornos micro-ondas, *freezers* e multiprocessadores, trouxeram muitos benefícios e conforto à mulher, cada vez mais inserida no mercado de trabalho.

A concentração das populações nos centros urbanos, formando grandes metrópoles**, cria uma massa de trabalhadores que, na maioria das vezes, faz suas refeições nos restaurantes populares ou nas novas lanchonetes. Os almoços precisam ser rápidos. O chamado fast-food (comida rápida) inaugura, na gastronomia, o estilo de vida americano que invade rapidamente o mundo após a Segunda Guerra Mundial (1939-1945).

Claro que os franceses não ficariam paralisados diante de tantas mudanças. Convictos na defesa da cultura gastronômica, grandes chefs lançaram mão da chamada *nouvelle cuisine*.

Pensando agora nas transformações ocorridas no século XX, as anteriores parecem ter acontecido lentamente. Na verdade, o que distingue esse momento histórico dos anteriores é uma intensa e progressiva mudança em todos os campos do conhecimento humano, incluindo notadamente a gastronomia.

O TURISMO, A CULINÁRIA REGIONAL E OS PRIMEIROS GUIAS DE RESTAURANTES

Você sabe como era a vida dos primeiros operários das cidades de então? Eles trabalhavam e não tinham nenhuma espécie de benefício nem direitos. As primeiras leis trabalhistas foram instituídas na Europa no final do século XIX e começo do século XX. E, com elas, o direito ao descanso semanal, à redução da jornada de trabalho e às férias remuneradas.

Foi assim que o povo pôde vislumbrar uma vida com um pouco mais de lazer, que incluía viajar para conhecer lugares diferentes. A classe média, que trabalhava no setor de serviços e como profissionais liberais (advogados, médicos, professores, e outros), formou um contingente com algum recurso para gastar no tempo livre.

Os empresários do turismo logo notaram esse novo público e passaram a investir em hotéis mais baratos, aproveitando a história, as tradições, a cultura gastronômica dos locais. Podemos considerar esse momento um marco para a cozinha regional e o turismo gastronômico, pois foram criados roteiros turísticos em que os pratos típicos, com sua diversidade, têm grande destaque.

Hoje, por exemplo, os gourmets têm cardápios variados em diferentes lugares do mundo e incluem visitas a vinhedos, jantares em restaurantes famosos e até em castelos, na França e na Itália, e nos paradores**, na Espanha. No Brasil, existem vários roteiros enogastronômicos, como o circuito do vale dos Vinhedos, na Serra Gaúcha (RS), e o roteiro do vale dos Gourmands, em Itaipava, distrito de Petrópolis (RJ).

Atualmente, nas grandes metrópoles, é possível comer pratos do mundo todo sem sair da cidade, mas nada se compara com degustar um acarajé numa das barracas das baianas de Salvador, por exemplo, sentindo todo axé e simpatia do povo baiano. Pois é essa vivência que o turismo gastronômico regional propicia. Sem contar que a própria comunidade local se beneficia economicamente e é motivada a conservar seus temperos e sabores, os segredos de suas receitas. Tudo isso resulta em preservação das tradições e da memória cultural.

Como o apetitoso acarajé, há muitas receitas que representam o Brasil e outros lugares do mundo. Poderíamos citar o nosso pão de queijo das Minas Gerais; o *cassoulet* (cozido de feijão-branco, com carnes diversas como pato e carneiro), de Toulouse, na França; o *goulash* (cozido com carne e creme de leite), da Hungria; o *aïoli* (pasta típica de alho), da Catalunha, na Espanha; o *brasato al Barolo* (carne feita no famoso vinho da região do Piemonte), da Itália; o *mussaka*, da Grécia... Sem contar que a experiência gustativa vem acompanhada dos bons vinhos locais.

RATATOUILLE

A singela receita do refogado de berinjela, pimentão, tomate, abobrinha, alho, cebola e pimenta-do-reino faz parte das tradições culinárias dos franceses do sul. O filme de animação *Ratatouille*, do diretor Brad Bird, mostra um temido crítico de restaurantes, Ego, que se rende ao talento do chef quando prova a *ratatouille* – aquele sabor imediatamente o remete aos gostos da infância. Sucesso em 2007 nos cinemas, a fita, que ganhou o Oscar de melhor animação em 2008, conta a história do ratinho Rémy, talentoso cozinheiro que se torna chef de um restaurante estrelado de Paris.

As famílias ricas percorriam a Europa viajando e passando temporadas nas termas e nas montanhas. No verão, frequentavam as praias do Mediterrâneo, como a charmosa Côte d'Azur, na França, onde apareceram hotéis requintados a partir da década de 1930. A bordo dos transatlânticos se podia também usufruir de uma cozinha de alto nível, acompanhada de excelentes vinhos.

MICHELIN, O PRIMEIRO GUIA

O fabricante de pneus André Michelin aproveitou o sucesso da Exposição Mundial de 1900 em Paris – quando foi construída a Torre Eiffel – e lançou o primeiro guia gastronômico. O *Michelin* incluía os endereços dos melhores hotéis, restaurantes, postos de gasolina e oficinas mecânicas da época, contendo ainda mapas rodoviários. O guia incentivava o uso do automóvel e a consequente demanda por pneus, atendendo às necessidades dos motoristas que circulavam pelas estradas da França.

Pioneiro tanto dos guias turísticos como de restaurantes, o *Michelin* tornou-se modelo para todos os outros que surgiram no mundo. Acabou sendo editado em vários países da Europa e é o mais conceituado de sua categoria. As primeiras edições do *Michelin* em terras estrangeiras foram o *Guia Bélgica*, em 1904; o *Guia Argélia* e o *Guia Tunísia*, ambos em 1907. A versão brasileira do *Michelin* seria representada pelo *Guia Quatro Rodas Brasil*, da Editora Abril.

ESTRELAS BRASILEIRAS

Em 1976 foi lançada a edição do *Guia Quatro Rodas*, o primeiro guia brasileiro a seguir o modelo de cotação de estrelas para classificar hotéis e restaurantes. Ainda hoje, o *Guia Quatro Rodas Brasil* é referência para quem viaja pelo país.

A equipe de repórteres percorre o Brasil em busca de informações detalhadas sobre as condições das estradas, hotéis e restaurantes, atrações turísticas e serviços. Esses dados são atualizados todos os anos e enriquecidos com fotos e mapas.

Até 1926 não havia diferenciação qualitativa de restaurantes. Só em 1933 a classificação por estrelas foi adotada para os estabelecimentos de Paris e do interior. Usadas até hoje em vários países do mundo, as três estrelas (o topo) representam a consagração de um chef.

Nessa época, iniciou-se o trabalho dos inspetores do guia. Os profissionais do *Michelin* tinham os seguintes compromissos: a visita incógnita aos estabelecimentos; a independência na sua seleção; a escolha dos melhores hotéis e restaurantes em todas as categorias de conforto e preço; a atualização anual das informações para oferecer aos leitores a informação mais confiável; e a padronização da seleção em todos os países.

Os cinco critérios definidos para a avaliação dos restaurantes são formas de seleção eficientes e universais usadas até hoje pelo *Michelin* e por outros guias. São eles: 1) a escolha dos produtos; 2) a personalidade da cozinha; 3) o domínio dos métodos de preparo e dos sabores; 4) a relação qualidade/preço; 5) a constância da cozinha, ou seja, seu padrão de qualidade.

As estrelas de 1933 → O *Michelin* de 1933 é considerado uma edição histórica na França. É importante mencionar alguns dos 23 restaurantes "três estrelas", que foram escola de muitos dos grandes cozinheiros do século XX. São imortais dessa "academia gastronômica" personagens como Éugenie Brazier, a Mère Brazier (Lyon), nome também de seu estabelecimento; e o lendário Fernand Point, do estrelado restaurante La Pyramide, em Viena, considerado por muitos especialistas como um dos grandes chefs do século XX. Alguns dos principais nomes da *nouvelle cuisine* (ver página 158), como Paul Boucuse e Pierre Troisgros, espelharam-se no trabalho de Point. Ele preparava receitas baseadas na manteiga, como o foie gras sobre brioches e o *gratin*** de caldas de lagostin. Motivou os chefs que o sucederam a frequentar o salão, conquistando os clientes com seu carisma. É importante mencionar ainda casas como o La Tour d'Argent (chef Claude Terrail) e o Lucas-Carton (chef Fréderic Delair).

→→→→→→→→→→→→MÃES LIONESAS

Mère (mãe, em francês) era o nome carinhoso dado a um grupo de cozinheiras talentosas de Lyon, na França, que brilharam do século XIX até a primeira metade do século XX. Elas eram chefs de pequenos restaurantes da Borgonha, os até hoje chamados *bouchons*, frequentados por uma clientela fiel. A mais famosa delas foi sem dúvida Mère Brazier, a primeira a ser contemplada, de 1933 a 1938, com seis estrelas no *Michelin*, isto é, a soma da nota máxima conferida a seus dois restaurantes de Lyon (LAROUSSE, 2000, p. 665). Essas mulheres de negócio de Lyon foram responsáveis pela fama da cozinha regional lionesa, abrindo caminho para a formação de celebridades das panelas como Fernand Point, Paul Bocuse e Alain Chapel, cujo aprendizado se deve, em parte, a elas.

Outro contemplado com a "chuva de estrelas" foi a casa Pernollet, na cidade de Belley, comandada por François Pernollet, da quarta geração de chefs e a quem o *Michelin* se referia desde a sua primeira edição. Criado em 1821, o restaurante teve como um de seus admiradores nada menos que Brillat-Savarin, que apreciava, entre outros pratos, a *noix*** de vitela acompanhada de pequenos *morilles*** (MESPLÈDE, 1998).

Aqui vale notar como a cozinha regional, transmitida de geração em geração, que mantém relação direta com a terra e seus produtos, influencia constantemente a formação e a renovação da alta cozinha. Nas palavras de Jean-François Revel:

> Se um chef se afasta da comida popular tradicional, saborosa e variada, que lhe serve de alicerce, raramente consegue implementar algo inovador. A grande cozinha erudita surge onde já existe uma cozinha tradicional saborosa. (REVEL, 1996, p. 39)

DESVENDANDO O INTERIOR DA FRANÇA

Em 1921, o jornalista e crítico Curnonsky, junto com Marcel Rouff, escreveram o *Tour de France gastronomique* (*Roteiro da França gastronômica*). Em 28 volumes, fazem um apanhado das riquezas culinárias do país. Curnonsky fundou a Academia dos Gastrônomos em 1928, que se tornou o símbolo de uma cozinha ideal. O jornalista pregava a simplicidade no prato. Em outras palavras, queria que os ingredientes tivessem "o gosto daquilo que elas são na sua origem". Na década de 1950 ele fundou a revista *Cuisine et Vins de France* (*Cozinha e Vinhos da França*), que existe até hoje. Inspirados em Curnonsky, passaram a ser lançados diversos guias turísticos com circuitos gastronômicos dedicados a determinada região, o que estimulou a valorização da cozinha regional. Pela sua contribuição ao setor, foi nomeado "o príncipe da gastronomia".

REFERÊNCIA EM ENCICLOPÉDIA

A *Larousse gastronomique* foi a primeira enciclopédia de gastronomia e continua sendo até hoje uma das maiores e mais importantes do mundo. Conta com mais de mil páginas, cerca de cinco mil receitas regionais e verbetes para os mais diversos assuntos técnicos, sobre produtos ou históricos da gastronomia mundial.

A primeira edição da enciclopédia *Larousse* foi redigida em 1938 por Prosper Montagné (1864-1948), grande chef francês e talentoso escritor de culinária. Depois de ter trabalhado nos Estados Unidos, Montagné abriu um restaurante em Paris, considerado um dos melhores de seu tempo. O alto nível desse profissional levou seus seguidores a fundarem o Club Prosper Montagné, uma associação de gastrônomos em prol da máxima qualidade.

ELIZABETH DAVID, A GRANDE ENSAÍSTA

A primeira dama entre os escritores gastronômicos foi a inglesa Elizabeth David. Tendo morado na França e viajado por vários países do mundo, inclusive Egito, foi pioneira no jornalismo gastronômico de viagem, reproduzindo em mais de nove livros e vários artigos na revista feminina *Vogue* suas impressões sobre as cozinhas da França e do Mediterrâneo. Ela era uma grande cozinheira e adorava colocar em prática as receitas aprendidas nos lugares por onde passava.

Seu primeiro livro, *Mediterranean food* (*Cozinha mediterrânea*), de 1950, incorporou à alimentação cotidiana do inglês influências da culinária mediterrânea – baseada no azeite e pouca gordura animal, legumes, peixes, frutas, grãos e vinho tinto. E reavivou o prazer de comer do britânico.

Elizabeth David inaugurou uma nova fase da escrita culinária. "Não somente pela descrição detalhada dos ingredientes e aromas da comida, mas também pelo seu estilo novo de escrever", diz um de seus editores, Jill Norman. Em 1982, foi eleita a dama do jornalismo gastronômico pela Royal Society of Literature. Morreu em Londres, em maio de 1992.

LE CORDON BLEU: UMA ESCOLA SECULAR

Santuário dos grandes chefs, a parisiense e centenária escola de culinária Le Cordon Bleu, em Paris, continua a ser aclamada em todo o mundo. Com mais de um século, a instituição tem filiais em diversos países e nas principais metrópoles – Nova York (Estados Unidos), Londres (Inglaterra) e Tóquio (Japão), Bangcoc (Tailândia), Adelaide e Sydney (Austrália), Lima (Peru), Seul (Coreia) e Ottawa (Canadá).

Sua história começou em 1895, quando a jornalista Marthe Distel lançou uma revista semanal de culinária francesa para mulheres com o nome *La Cuisinière Cordon Bleu* (*A Cozinheira Cordon Bleu*), contendo artigos e receitas assinadas por grandes chefs da época.

Estimulada pelo sucesso do semanário, Distel organizou cursos abertos, dando oportunidade a suas leitoras de visualizar a preparação dos pratos feitos pelos próprios chefs, autores das receitas. Nascia a célebre escola Le Cordon Bleu, que desde o início já tinha em seu quadro de funcionários reconhecidos chefs de cozinha.

JULIA CHILD: CULINÁRIA NA TV

Nos anos 1950, a americana Julia Child, então com 32 anos, se inscreveu na escola parisiense Cordon Bleu para aprender a cozinhar. O fato mudou sua vida: de dona de casa ela acabou se tornando uma grande divulgadora da cozinha francesa nos Estados Unidos. Foi a primeira profissional a fazer um programa de culinária na TV americana, estreando em 1963 com *The French Chef*, reproduzido por 96 canais de TV. Com 1,88m de altura e seu jeito original e bem-humorado, ela encantou milhares de espectadores com seu simpático "bom appétit", encorajando-os a cozinhar em vez de se render aos enlatados, em voga na época. Recebeu o primeiro Emmy pelo seu trabalho educativo ligado à gastronomia.

Deixou como legado vários livros, destacando-se *Mastering the Art of french cooking* (*Dominando a arte da cozinha francesa*), de 1961, que virou best-seller.

Inspirada nesse guia, outra americana e jornalista, Julie Powell, resolveu montar um blog com o desafio de fazer as 524 receitas criadas por Julia Child, de quem era fã. A iniciativa teve tantos seguidores que acabou virando um livro e, posteriormente, o filme *Julie & Julia* (2009), dirigido por Nora Ephron.

PETISCOS DA HISTÓRIA

Você sabe qual o significado de *cordon bleu*? A origem é nobre e remonta ao século XVI (1578), quando o rei francês Henrique III criou a Ordem dos Cavaleiros do Santo Espírito. Como forma de identificação de tamanha honraria, seus membros usavam uma cruz no pescoço e um cordão azul (o *cordon bleu*) nos banquetes e festas comemorativas depois das conquistas. Por conta da fama desses cavaleiros, o nome *cordon bleu* passou a ser sinônimo de pessoa excelente em sua atividade e, no século XVIII, a expressão passaria a ser usada para os mestres da culinária.

Já no início do século XX a Cordon Bleu fazia fama em Paris e no mundo, atraindo mulheres casadoiras de todos os cantos, desejosas em aprender pratos requintados para comandar as cozinhas de suas mansões.

Na década de 1950, a escola viveu seu auge, sendo considerada símbolo de Paris. Não é por acaso que um dos clássicos do cinema, o filme *Sabrina*, mostra a consagrada atriz Audrey Hepburn tomando aulas de culinária nesta célebre escola.

O CHARME DE SABRINA

É o cenário da Paris como modelo de sofisticação que mostra o filme *Sabrina*, do diretor americano Billy Wilder, Oscar de melhor figurino em 1954. A fita é um dos clássicos do cinema mundial, com a bela atriz americana Audrey Hepburn no papel de Sabrina, uma jovem simples dos Estados Unidos que vai estudar culinária na Le Cordon Bleu, onde aprende técnicas de sofisticadas receitas francesas, como o suflê. Ao concluir o curso, volta para sua terra como uma mulher linda, sedutora e, de quebra, mestre-cuca, arrasando corações. O filme teve uma nova versão em 1995, porém sem o charme do original.

CHEFS CORDON BLEU

Muitos chefs fizeram e fazem o nome Cordon Bleu brilhar no mundo. Como Henri-Paul Pellaprat, que ficou para a história da escola. Ele criou, entre outros pratos, o salmão fresco do Loire Cordon Bleu, que se tornou um clássico das décadas de 1950 e 1960. A receita levava molho feito de *court-bouillon* (base de caldo aromatizado), vinho regional Pouilly-Fumé e gelatina, guarnecido de tomates-cereja, ovos de codorna e pepino.

O chef executivo da escola, Patrick Martin, já foi duas vezes coroado com medalha de ouro pela Academia Culinária da França, sendo que recebeu também, entre outros prêmios, a medalha de prata da Cidade de Paris, em 1988. Dentre os demais chefs renomados está Patrick Terrien, que foi subchef de um dos grandes nomes da atualidade, Joël Robuchon.

Até hoje os diplomas Le Cordon Bleu de cozinha e de pâtisserie, cada um com nove meses de duração, são recomendações de alto nível. Foi após concluir esse curso que a prestigiada brasileira Renata Braune deixou definitivamente o magistério para fazer carreira na cozinha.

Acompanhando os avanços mundiais, a escola Cordon Bleu oferece os mais diversificados cursos complementares para profissionais da área e amadores, como terrine, chocolate, foie gras, cozinha mediterrânea, cozinha regional francesa, além de etiqueta.

JOËL ROBUCHON

O estrelado Joël Robuchon foi considerado *Chef do Século XX* pelo guia *Gault et Millau*. Sua cozinha une simplicidade e leveza, tendo como um dos ícones a cremosa *mousseline*** de batata. Atualmente, conta com restaurante na França, o L'Atelier Etoile de Joël Robuchon, além de outros negócios nos Estados Unidos, no Japão e em outras partes do mundo.

VIDA AMERICANA: TEMPO É DINHEIRO

Como vimos, no século XX o ritmo de vida mudou nas cidades. Tanto nos restaurantes quanto em casa havia a necessidade de refeições mais simples e rápidas. Bem ao estilo americano, passou a dominar no mundo o jargão *time is money*, ou seja, tempo é dinheiro. Isto porque as pessoas, trabalhando longe de casa, levavam mais tempo para se locomover, enquanto no mercado de trabalho tinham que mostrar rendimento.

Um outro aspecto desses novos padrões da sociedade está relacionado com a estrutura familiar. A gradativa entrada da mulher no mercado de trabalho também modificou os hábitos alimentares. As pessoas não almoçavam mais em casa, o que fez crescer o número de pequenos restaurantes populares e lanchonetes com refeições rápidas e baratas.

Nesse cenário, surgiram os movimentos americanos chamados de fast-food e self-service (comida por quilo), em que as pessoas comem tão rápido que mal interagem entre si. Com esse tipo de serviço, o convívio à mesa simplesmente não existe mais.

O GLAMOUR DOS COQUETÉIS

Muitas lendas envolvem a origem do *cocktail* ou *drink*, mas o certo é que o coquetel tem origem norte-americana e apareceu no fim do século XIX com os *american bars* (bares de estilo americano), ganhando fama na década de 1920. Era a época da chamada Lei Seca (1920-1933) nos EUA, que proibia o consumo de bebidas alcoólicas. Isso deu grande impulso ao hábito do coquetel. Para dissimular o álcool, misturavam bebidas com sucos de frutas e xaropes. Assim, os barmen (ou bartenders) alcançaram reconhecimento na "arte de fazer coquetéis" principalmente nos Estados Unidos e em Cuba, eleita a "Catedral dos Mojitos** e Daiquiris**", mas logo alcançando o mundo todo.

Existem basicamente dois estilos de *drinks*: os longos e os curtos, batidos (na coqueteleira) ou mexidos (no copo). Graças ao sucesso da comédia romântica *Cocktail*, do diretor Roger Donaldson, estrelado por Tom Cruise, em 1988, os *drinks* ganharam ainda mais *glamour*. Os malabarismos com copos, garrafas e coqueteleiras pirotécnicas são de tirar o fôlego de qualquer um.

FAST-FOOD: UM MAL NECESSÁRIO?

Inventado nos EUA, o fast-food existe desde 1950. Espalhou-se pela Europa e pelo Brasil a partir da década de 1970. Normalmente, o local em que são servidas essas refeições pertence a grandes redes de alimentação, como Bob's, MacDonald's e restaurantes de praças de alimentação de shoppings, com comidas industrializadas de vários países.

O conceito de fast-food remete de forma generalizada a refeições que podem ser preparadas e servidas em curto intervalo de tempo, como sanduíches variados, pizzas, salgadinhos, sucos, refrigerantes, hambúrgueres, batatas fritas, cachorros-quentes, sorvetes, milk-shakes, sundaes, esfirras e pastéis (no Brasil).

Com relação aos restaurantes convencionais, os fast-food adotam procedimentos reduzidos. Economizam, por exemplo, no atendimento. Excluindo a figura dos garçons, os pedidos passam a ser feitos diretamente no caixa. Na cozinha industrial, o tempo de produção também é diminuído, com a adoção da pré-preparação dos pratos, deixando apenas a finalização para o momento do pedido que, com o trabalho segmentado, em questão de minutos o cliente recebe na bandeja. Como consequência de tal agilidade e rotatividade, o próprio cliente se vê impelido a ficar no local somente o tempo necessário para fazer sua refeição.

PETISCOS DA HISTÓRIA

A invenção americana de maior sucesso, o refrigerante, surgiu em 1886 com a Coca-Cola. Era um tônico revigorante e refrescante, de sabor inédito. Com a mistura de água gasosa, este xarope (cuja receita é secreta) virou mania e se tornou o refrigerante mais consumido no planeta. No Brasil, a primeira fábrica da Coca-Cola foi fundada em 1942, no bairro de São Cristóvão, Rio de Janeiro.

Poderíamos apontar algumas vantagens da comida rápida: a diminuição de custos permitiu que mais pessoas comessem pratos até então distantes da maioria, como a comida árabe, italiana, *tex mex* (mexicana fast-food), entre outras. O ambiente mais descontraído dessas casas passou a ser um chamariz para o público jovem. Em contrapartida, tudo ficou padronizado, sem sofisticação... nem personalidade. Os fast-food são locais que não comportam o elemento surpresa, as novas experiências tão importantes na gastronomia.

Apesar de atender à necessidade cotidiana de se alimentar, o fast-food acabou se tornando uma refeição comum também em outros horários. A cena é corriqueira: crianças e adultos se fartando de refrigerantes, sanduíches e batatas fritas, atraídos não apenas pelo preço acessível ou pelo gosto, facilmente assimilável, mas também pelo marketing intenso que se faz dessa instituição. A alimentação pasteurizada e saturada de gordura trans**, rica em carboidratos, mas pobre no que se refere à nutrição, contribui para o aumento da quantidade de crianças e adultos obesos, principalmente nos Estados Unidos.

Não se trata aqui de considerarmos o fast-food como vilão ou não. A grande verdade é que agilidade e praticidade passaram cada vez mais a ser as palavras de ordem no mundo. Não apenas nas lojas de comida, como na sociedade.

PEGUE E PAGUE

Com os novos tempos, surge na década de 1930, nos Estados Unidos, uma forma mais prática e barata de fazer compras: o supermercado. Nas tradicionais mercearias, que ainda hoje sobrevivem em cidades do interior, o cliente fazia seu pedido e era o vendedor quem escolhia, embalava e entregava os produtos ao consumidor. Imagine a reviravolta que foi o autoatendimento, ou seja, o próprio cliente se servir dos produtos nas prateleiras. No Brasil e na Europa, o supermercado chegou na década de 1950, sendo que o primeiro supermercado brasileiro foi o Sirva-se, aberto em 1953, em São Paulo. Já nos idos de 1980 surge o hipermercado, que oferecia muito mais do que gêneros de primeira necessidade, ampliando as ofertas para produtos como brinquedos, eletrodomésticos, vestimentas e outros.

A REAÇÃO FRANCESA

Como vimos, foram necessários muitos séculos para que a gastronomia francesa chegasse à maturidade, com fortes bases técnicas, modernos equipamentos de cozinha e o serviço bem-estruturado dos restaurantes.

Imagine se com tanta dedicação, talento e conceitos difundidos pelo mundo – que geraram uma forte tradição gastronômica – os franceses e outros europeus iriam se render com facilidade à estandardização**! É claro que surgiriam movimentos gastronômicos pregando a boa mesa.

Foi o caso da tendência francesa da *nouvelle cuisine* e da criação do movimento slow food na Itália – este último veremos no capítulo 'Globalização'. Antes de tratarmos da *nouvelle cuisine*, precisamos conhecer um pouco da cultura que a influenciou: a japonesa.

POVOS DO ORIENTE: JAPÃO

De acordo com a filosofia japonesa, a gastronomia é considerada uma obra de arte – na harmonização dos ingredientes, na beleza da apresentação dos pratos, nas cores usadas.

O Japão é formado por quatro grandes ilhas, Honshu, Shikoku, Kyushu e Hokkaido, e seu arquipélago possui mais de três mil ilhas menores. A falta de terras para plantar e a alta densidade populacional fizeram com que a população desenvolvesse a cultura do aproveitamento: todos são educados a não deixar comida no prato e a comer apenas o suficiente para o sustento.

Com essa geografia, os pescados tornaram-se os principais alimentos da gastronomia japonesa. O peixe é o ingrediente básico de dois dos pratos mais representativos do país, o sushi (pequeno bolinho de arroz temperado com vinagre e montado com fatias de peixe cru) e o sashimi (peixe cru cortado em fatias), que hoje fazem sucesso no mundo todo. São preparações delicadas e com muitas variações. Tanto que existem profissionais especializados, verdadeiros mestres no uso de facas especiais para cada tipo de peixe e preparação, que enfatizam o frescor, a textura e o sabor do alimento: os sushimen.

O Japão começou a ter contatos externos com a entrada do arroz no país, no século III a.C. O arroz veio da China, através da Coreia, e foi incorporado à dieta alimentar da população, além de se tornar a base da bebida típica (o saquê) e fornecer matéria-prima para a produção do tatame, esteira feita de palha de arroz.

SAQUÊ

Bebida milenar tipicamente japonesa, o saquê é um fermentado de arroz com cerca de 20% de álcool e que envelhece em tonéis por até seis meses. *Sake* vem de *sakae*, que significa "prosperidade". Segundo a tradição, uma pessoa deve servir (em copo de cerâmica, *ochoko*) a que está sentada ao seu lado e nunca pode servir a si mesma. O saquê é hoje consumido em diversas partes do mundo. Nos bares e restaurantes da cidade de São Paulo, fazem sucesso drinques como as "saquerinhas", tipo de caipirinha que mistura o fermentado de arroz com frutas tropicais.

Mas foi somente na dinastia Tang, nos séculos VII e VIII, que a China realmente exerceu influência sobre o Japão em vários campos: na arte, na arquitetura, na escrita, na literatura e, principalmente, na gastronomia. A soja, com seu alto teor proteico e de vitaminas, destaca-se por ter dado origem a diversos tipos de produtos muito usados na cozinha, como o misô (pasta de soja fermentada), o tofu (a soja coagulada) e o shoyu (o molho de soja).

Nessa mesma época, o chá, também vindo da China, tornou-se um hábito após as refeições. A partir do século XVI, em todas as casas havia uma sala destinada à realização da chamada "cerimônia do chá", que ganhou importância como um dos rituais mais significativos do povo japonês.

A CERIMÔNIA DO CHÁ

Utilizado pelos monges budistas, o chá verde os mantinha acordados durante as meditações noturnas. Esse hábito acabou se transformando em filosofia de vida com a cerimônia do chá, ou *cha-no-yu*, cujos princípios básicos são: harmonia (*wa*), respeito (*kei*), pureza (*sei*) e tranquilidade (*jaku*). A cerimônia, que dura até quatro horas, começa com a purificação: as mãos devem ser lavadas em uma pia de pedra. O ritual é longo. Existe uma maneira certa de sentar, levantar, segurar a xícara, beber o chá e agradecer ao anfitrião, tudo isso em nome dessa cerimônia refinada que valoriza a delicadeza, a quietude e a reflexão.

Na época das Grandes Navegações, no século XVI, o Japão começou a assimilar hábitos europeus. Os portugueses, que foram os primeiros a chegar ao "país do sol nascente", deixaram uma iguaria que se incorporou à culinária nipônica: o tempurá, empanado de camarão e legumes. O nome vem de "têmporas", que representavam os jejuns de carne vermelha instituídos pela Igreja Católica. Nesses períodos de abstinência, os lusitanos comiam camarões fritos, que os japoneses passaram a chamar de tempurá (FRANCO, 2001, 137).

Foi no século XIX que os japoneses introduziram as carnes bovina, suína e de frango em sua dieta. E com elas começaram a fazer preparos como *yakitori* (espetinhos de frango grelhado) e *sukiyaki* (refogado de carne e verduras) temperado com *dashi* (caldo de peixe ou carne). Cobiçado no mundo gourmet, o *kobe beef* é uma carne com altíssimo nível de marmorização (gordura entremeada nas fibras), suculenta e de sabor suave e amanteigado. Típica da província de Hyogo, cuja capital é Kobe, o corte provém do gado Wagyu. A raça tem tratamento VIP: é alimentada com dieta de grãos empapados em saquê (às vezes, também em cerveja) e recebe sessões de massagens e acupuntura para relaxar os músculos.

A cozinha japonesa prima pelo equilíbrio entre os diversos métodos de cozimento. Numa refeição completa, ao lado do arroz *gohan* (cozido, redondo e branco), vai à mesa um prato cozido (*nimomo*), um no vapor (*mushimono*), um grelhado (*yakimono*), um empanado (*agemono*) e um alimento cru (sushi e/ou sashimi).

> **PETISCOS DA HISTÓRIA**
> A origem do *sushi*, que nasceu em Tóquio, tem a ver com uma antiga técnica de conservação segundo a qual o peixe deveria ser embrulhado em uma porção de arroz e vinagre para durar mais. Estas porções eram descartadas para que o pescado pudesse ser consumido sozinho. Mas, há 200 anos, os moradores da capital japonesa perceberam que a combinação do bolinho de arroz com o peixe era saborosa – e, aí, surgiu o *sushi*, de *su* (ácido) e *meshi* (arroz). A receita, que também é um prato de festa, tornou-se símbolo do Japão e se espalhou pelo mundo com inúmeras variações. Isso também aconteceu com a figura do *sushiman*, o mestre que detém a arte do preparo. Acompanhados de *shoyu*, *wasabi* e *gari* (gengibre em conserva), os *sushis* são tradicionalmente servidos em duplas e ganham nomes de acordo com os formatos e ingredientes.

Compõem a mesa japonesa, além da decoração primorosa com a milenar arte floral da ikebana**, diversos tipos de tigelas, tigelinhas de porcelanas pintadas ou de madeira laqueada, bandejas e pratos em vários formatos. Enfim, toda essa louça delicadamente trabalhada é escolhida com cuidado de acordo com as cores, aromas e formas das receitas escolhidas. Como outros orientais, para se servirem os japoneses utilizam os *hashis* (pauzinhos), o que torna ainda mais delicada a arte da mesa.

Com esse breve panorama da cozinha japonesa, você pode imaginar o que ela representou na década de 1960 para a *nouvelle cuisine*? O intercâmbio com o Japão gerou mudanças significativas na culinária francesa, tanto na utilização de técnicas quanto na harmonia das cores e sabores e nas pequenas porções de vários pratos. Sem contar o uso de produtos frescos e da estação, priorizando a preservação dos sabores, com simplicidade, sem nunca mascarar os ingredientes e os aromas naturais.

A REVOLUÇÃO DA *NOUVELLE CUISINE*

A culinária do Japão – sua colorida variedade de ingredientes, os produtos estimulando visão, olfato e paladar, o serviço de pratos em pequenas porções – encantou os precursores da "nova cozinha" francesa.

Paul Bocuse, os irmãos Jean e Pierre Troisgros, Michel Guérard, Roger Vergé e Raymond Olivier foram buscar na fonte o conhecimento dos padrões estéticos e das técnicas da cozinha japonesa, trabalhando ou estudando no Japão. Inspiraram-se na culinária japonesa e incrementaram seus conceitos na clássica cozinha francesa com diferentes práticas e formas de servir.

Vamos resumir aqui as características e técnicas da *nouvelle cuisine*:

• Utilização de ingredientes da época. Em função disso, redução dos menus extensos em prol da qualidade máxima, isto é, da "cozinha do *marché*" (do que se tem disponível no mercado).

• Confecção de molhos mais leves, feitos a partir do próprio suco do alimento. Uso de ingredientes como manteiga clarificada, limão e ervas frescas. Caem por terra os molhos pesados à base de farinha de trigo para dar liga, assim como as marinadas muito temperadas para carnes e caças. Em contrapartida, o purê de legumes e o iogurte, por exemplo, passam a ser utilizados.

• Emprego do cozimento a vapor, muito comum na cozinha oriental.

• Redução do tempo de cocção.

• Uso do sistema "empratado", em que se monta, finaliza e decora o prato na cozinha com requinte estético e este é levado imediatamente ao cliente. O sistema está em vigor até hoje nos restaurantes gastronômicos.

• Porções individuais que, considerando-se a soma da entrada e dos pratos principais, formam uma refeição completa.

Nouvelle cuisine foi também a reação da alta cozinha diante dos novos tempos. O trabalho nas cidades não exigia tanto esforço braçal e, portanto, as pessoas não precisavam ingerir dietas tão consistentes. Aliado a esse fato, a estética corporal também havia mudado. As pessoas passaram a valorizar o corpo magro. Para as mulheres, era a época da minissaia e do corpo esguio.

Essa revolução culinária logo passou a ser divulgada pela imprensa; e, como com a ajuda da mídia tudo vira moda, acabou tendo muitos seguidores.

Banalizada, a *nouvelle cuisine* ficou malvista devido aos abusos praticados por alguns profissionais menos sérios que exageravam na mistura de sabores e na pouca comida.

O GUIA QUE NOMEOU A *NOUVELLE CUISINE*

Após longas décadas sem nenhum rival à altura do *Michelin*, em 1977 foi lançado o guia e revista *Gault et Millau*, uma associação dos críticos gastronômicos Henri Gault e Christian Millau. Eles montaram uma equipe de profissionais para selecionar os melhores restaurantes e publicar uma classificação qualitativa. O guia diferenciava as casas com "gorro preto" (cozinha tradicional) e "gorro vermelho" (cozinha criativa, que naquele momento era representada pelo fenômeno da *nouvelle cuisine*). A grande importância histórica de Gault et Millau e seu guia foi identificar a *nouvelle cuisine* e divulgar os estilos particulares de seus grandes expoentes. A frase que esses críticos profeririam ao jantar em 1964 no restaurante de Paul Bocuse consagra a criação da *nouvelle cuisine*: "Era grandioso (o jantar) e de extrema simplicidade. Depois que chegaram os pequenos *rougets* de rocha (peixes) cozidos à perfeição, ou seja, pouco cozidos. Sentimos todos os perfumes do mar. A *nouvelle cuisine* existia e nós viemos encontrá-la" (MESPLÈDE, 1998, p. 147).

O EMBAIXADOR DA COZINHA FRANCESA

A cidade francesa de Lyon é famosa, sobretudo, por sua forte tradição gastronômica. Nesse santuário da culinária, a celebridade máxima da cidade é o chef de cuisine Paul Bocuse.

Embaixador da cozinha francesa no mundo, Bocuse virou mito não apenas pelo talento, mas por ser um empresário e homem de marketing. Foi o primeiro de sua geração a conquistar a terceira estrela do *Guia Michelin*, em 1965. Construiu um império que compreende, além do restaurante estrelado, seis *brasseries***, um bufê, uma escola de culinária em Lyon, uma *brasserie* na Suíça, um restaurante em Orlando, na Disney, e seis *brasseries* no Japão, entre outros negócios.

Paul Bocuse faz parte de uma família de várias gerações dedicadas à gastronomia. Preocupado com a tradição e os rumos da cultura culinária dos países, criou um concurso mundial de cozinha em 1987. Nascia ali o Bocuse D'Or, a principal disputa internacional do *métier* de cozinheiro que acontece bienalmente dentro da Sirha, uma das feiras de alimentação mais importantes do mundo, em Lyon, na França.

O Bocuse D'or acontece em duas baterias, uma por dia. As equipes participantes devem preparar, em uma minicozinha, 12 porções de duas receitas à base dos ingredientes que representam o tema do concurso, acompanhadas de três guarnições diferentes à escolha dos chefs. As normas pedem que os produtos usados apresentem características do país. A cada edição participam candidatos representantes de 24 nações.

Já participaram do júri do célebre concurso chefs brasileiros como o carioca Paulo Carvalho, que tem diploma assinado pelo Instituto Paul Bocuse – Hotelaria e Arte Culinária de Lyon, fundado em 1990. Entre outros trabalhos, o chef consultor Carvalho estagiou no restaurante Paul Bocuse e comandou, por 16 anos, a cozinha do Le Saint Honoré, do Hotel Méridien, no Rio de Janeiro. Por várias edições, a coordenação da equipe de brasileiros ficou por conta do chef Jorge Monti, então presidente da Abaga (Associação Brasileira da Alta Gastronomia), hoje APC Brasil (Associação dos Profissionais de Cozinha do Brasil), da qual falaremos no capítulo 'Globalização'.

Aos poucos, a *nouvelle cuisine* foi sendo abandonada. Na década de 1980, liderados por Paul Bocuse, os grandes chefs franceses resolveram voltar às raízes. Foi instituída a *cuisine du terroir* (cozinha regional), que nada mais era do que a valorização de receitas e produtos locais, com adaptações modernas. Uma clara reação à alimentação globalizada.

A MAIOR ATRAÇÃO TURÍSTICA DE ROANNE

O sobrenome Troisgros, tão reconhecido na alta cozinha francesa, tem um pé no Brasil. Claude Troisgros, membro da terceira geração de chefs da família, praticamente iniciou a alta gastronomia profissional no Brasil e impulsionou a valorização das receitas e ingredientes nacionais na década de 1980. Falaremos mais sobre ele no capítulo "Globalização".

A tradição construída pela família Troisgros e a excelência incontestável de sua cozinha venceram o tempo e as dificuldades. O restaurante, que nasceu no começo do século XX, próximo a uma estação de trem onde havia intenso comércio, é hoje a maior atração turística de Roanne, a 86km de Lyon. Transformou-se num Relais & Château**, no qual visitantes do mundo todo vêm se hospedar, sentir a calorosa recepção, o atendimento impecável e, evidentemente, conhecer sua primorosa cozinha, que há 40 anos ostenta as três cobiçadas estrelas do *Michelin*. Um dos pratos que consagraram o restaurante foi o salmão *à oseille* (com azedinha).

Dentro da ampla e bem planejada cozinha dos Troisgros há uma mesa privilegiada, reservada aos convidados, de onde se pode observar todo o organizado trabalho da equipe: bancadas específicas para separar crustáceos, peixes, carnes e, por fim, os fogões e a pâtisserie. "Ça marche" (Em marcha!) é o grito de guerra do chef para lançar um pedido.

Atualmente quem comanda o restaurante Troisgros é Michel, irmão de Claude, pertencente à quarta geração, que pratica uma alta cozinha valorizando os ingredientes regionais. Isso incentiva a população local a produzir, por exemplo, queijos e vinhos selecionados, que são usados no restaurante. O patriarca, Pierre, além de comandar o salão, viaja pelo mundo divulgando sua cozinha. "Eu tive a sorte de viver num meio familiar que me levou naturalmente a seguir o *métier* da cozinha", disse Pierre em entrevista exclusiva (CHAVES, 1999, p. 81-85).

PETISCOS DA HISTÓRIA

Os restaurantes que mantêm por mais tempo suas estrelas no *Michelin* são Paul Bocuse (Lyon) e Troisgros (Roanne), com mais de 40 anos consecutivos de cozinhas consideradas excepcionais.

O NOVO MUNDO DOS VINHOS

Entre o final do século XIX e começo do século XX, os vinhedos europeus enfrentaram algumas dificuldades. Uma delas foi uma praga, a filoxera, que dizimou boa parte dos parreirais. A outra foi a crise econômica, deflagrada em consequência da Segunda Guerra Mundial.

Enquanto os europeus tentavam solucionar seus problemas, em outros continentes a produção de vinhos de qualidade se fortalecia com bebidas de bom custo-benefício. Até então, a expressão "Novo Mundo", no sentido histórico, referia-se exclusivamente às Américas. A partir da década de 1970, no mundo do vinho a ideia se tornou mais abrangente: passou a se chamar de Novo Mundo os países colonizados pelos europeus ao longo dos séculos XV a XIX, isto é, os países da América do Norte e do Sul, Austrália, Nova Zelândia e África do Sul.

Se até então a notoriedade do vinho era conhecida por sua região produtora, como os vinhos de Bordeaux (França) ou os vinhos da Toscana (Itália), o Novo Mundo se diferencia por vinhos em cujo rótulo aparece o nome da uva, como a tinta *cabernet sauvignon* e a branca *chardonnay*.

A grande oferta de vinhos de qualidade no mundo para todos os bolsos abriu um leque maior de apreciadores, que hoje podem se dar ao luxo de tomar vinho não apenas em ocasiões especiais.

ORIGEM GARANTIDA

Como forma de defender seus vinhos de qualidade e proteger suas origens, surgiu na França, no começo do século XX, o sistema de Apelação de Origem Controlada (AOC**). Essa legislação, que hoje se aplica também a outros alimentos, indica que o produto de certa localidade específica possui características únicas, em função de recursos naturais como solo, vegetação, clima, e que a região preserva a tradição de produzi-lo há gerações é o saber fazer (*savoir-faire*). Esse modelo de regulamentação, que delimita a área de produção, impedindo que outras pessoas utilizem o nome da região em produtos ou serviços indevidamente, foi adotado por outros países da Europa e hoje é utilizado por quase todo o mundo, inclusive o Brasil. Aqui é chamado de Indicação Geográfica (IG) e institui duas modalidades: primeiro, se certifica como Indicação de Procedência (IP)** e, em seguida, como Denominação de Origem (DOC)**. A IG vale dos Vinhedos (vinhos tintos, brancos e espumantes) foi a primeira Indicação de Procedência do Brasil (2002) e, em 2012, obteve o registro de Denominação de Origem. Em terras brasileiras, outros produtos com IG são, por exemplo, o café do Cerrado Mineiro (2011) e a Cachaça de Salinas (2012), em Minas Gerais. Os produtores têm o incentivo do Ministério da Agricultura, e quem concede o registro e emite o certificado é o Instituto Nacional de Propriedade Industrial (Inpi).

CAMINHOS DA GLOBALIZAÇÃO

O complexo processo histórico conhecido como globalização é entendido de diferentes maneiras por sociólogos, antropólogos e historiadores, mas, em linhas gerais, ele se caracteriza por eliminar distâncias entre os povos e facilitar as transações financeiras e comerciais, os intercâmbios envolvendo empresas multinacionais e governos.

A globalização tende a padronizar os hábitos e comportamentos das populações do mundo, mas, em contraponto, também implica a valorização das culturas locais. Na gastronomia – nosso âmbito de atuação –, muitas práticas culinárias são absorvidas, reinventadas e se espalham por todo o planeta, como o slow food, a culinária orgânica, a cozinha molecular e os movimentos de vanguarda. Essas tendências coexistem e, como não poderia deixar de ser, são infuenciadas pela tradição da cozinha regional.

Veremos os caminhos desse novo modo de estar no mundo em detalhe no último capítulo, "Globalização".

BRASIL

Até agora conhecemos a história da gastronomia no mundo. Mas é claro que o nosso País merece uma atenção especial. Nos próximos capítulos, vamos tratar da formação da cultura gastronômica no dito Novo Mundo. As influências de vários povos e a exuberância da natureza criaram uma diversidade regional gastronômica surpreendente por aqui. Como veremos, o resultado da mesa só poderia ser a fartura de sabores que marcam este gigante pela própria natureza (ver quadro na página ao lado).

Ao aqui chegar, em 1500, os portugueses encontraram populações indígenas com ricos saberes alimentares, além de uma exuberante oferta de frutas e outros tantos produtos – mais tarde incorporados à refeição básica do brasileiro. Os colonizadores lusitanos, por sua vez, trouxeram sua culinária milenar, os legumes, as verduras e os animais de criação (o porco, a vaca e a galinha).

Para incrementar a economia da cana-de-açúcar, no século XVII foram trazidos os africanos para o trabalho escravo nas lavouras e nos engenhos. Como herança, eles nos deram suas comidas regadas ao azeite de dendê e o coco, que se incorporou a boa parte dos nossos doces.

Você pode imaginar que, com a fartura de açúcar daquela época, já se preparavam quindins, beijinhos e bons-bocados, só para citar alguns doces que até hoje dão água na boca e fazem a festa de todos. Podemos afirmar, assim, que nossa primeira formação como brasileiros nasceu a partir da junção das culturas indígena, portuguesa e africana.

A busca incessante de riquezas fez a Coroa Portuguesa voltar sua atenção para as recém-descobertas minas de ouro, no século XVIII. Foi assim que se deu o povoamento do Centro-Oeste, Sudeste e Sul do País. Era época de muitas aventuras, em que os tropeiros circulavam por todas essas regiões, levando mantimentos e receitas de um local para o outro. Como veremos, no período colonial se solidificou como refeição básica do brasileiro a mandioca, o milho, o feijão-preto, a carne de porco e a carne-seca.

Com a chegada de D. João VI e a corte portuguesa, em 1808, no Rio de Janeiro, vieram também o gosto e o requinte franceses, principalmente no que se referia à mesa.

No século XIX, o aumento de consumo de café na Europa e nos Estados Unidos tornou o Brasil – a essa altura independente – grande fornecedor do grão. Para trabalhar nas plantações, após a abolição da escravatura, em 1888, chegaram muitos imigrantes, em sua maioria italianos, que trouxeram nas bagagens suas tradições, hábitos culinários, um arsenal de ingredientes novos e receitas que iriam se mesclar à cultura de nosso País.

Mais tarde, a grande urbanização no começo do século XX possibilitou o surgimento de restaurantes e, com eles, o desenvolvimento dos profissionais do setor: cozinheiros, maîtres, garçons e sommeliers foram se formando tanto na prática como na teoria.

Felizmente, a grandeza da nossa cultura gastronômica está sendo cada vez mais valorizada. Hoje, os chefs do Brasil estão famosos por criar pratos que espelham nossa identidade, esta que aparece nas festas e na abundante mesa brasileira. Com certeza você vai degustar as próximas páginas com prazer!

HERANÇAS[1]	INGREDIENTES
NATIVA	abacaxi, açaí, amendoim, araçá, bacuri, banana-da-terra (pacova), batata-doce, buriti (palmeira), cacau, cajá, caju, castanha-do-brasil, cupuaçu, erva-mate, feijão-de-corda, feijão-preto, goiaba, graviola, guaraná, guariroba, jenipapo, mamão, mandioca/farinha de mandioca, mangaba, maracujá, milho, pequi, pimenta capsicup**, pitanga, pitomba, umbu, urucum.
AFRICANA	banana, jiló, inhame, quiabo, coco, melancia, dendê, pimenta-malagueta, galinha-d'angola.
PORTUGUESA	alface, arroz, alho, azeite de oliva, azeitona, chá, carneiro, cabra, couve, coentro, canela, cenoura, cana-de-açúcar, cebola, cebolinha, cravo-da-índia, carambola, farinha de trigo, figo, galinha, laranja, limão, lima, marmelo, manjericão, pimenta-do-reino, porco, pato, pepino, salsa, tangerina, sal, uva, vaca, vinho.

[1] Fora os ingredientes nativos, os outros dizem respeito ao povo que os trouxe para cá, e não necessariamente à sua origem. Exemplos: o arroz e a cana-de-açúcar são de origem asiática, mas chegaram ao Brasil graças aos portugueses; já o coco, também asiático, veio pelas mãos dos africanos.

Repleta de influências, a cozinha brasileira se iniciou com a mistura entre as culturas indígena, portuguesa e africana.

Com os índios, conhecemos a utilização das raízes como a mandioca, dos cereais como o milho, além de uma infinidade de frutos, peixes e animais.

Do Velho Mundo lusitano vieram técnicas culinárias, a tradição dos doces e o uso das especiarias. E ainda o cultivo de arroz, hortaliças, frutas e a criação da galinha, do porco e do boi, entre outros.

A contribuição africana foi imensa, tanto em nossas tradições como na gastronomia. O uso do coco, do azeite de dendê e da pimenta-malagueta, por exemplo, é hábito que tornou calorosos nossos pratos e nosso jeito de ser.

A EXPANSÃO MARÍTIMA E A CHEGADA DOS PORTUGUESES AO BRASIL

Como vimos no capítulo 5, "Expansão Marítima", durante os séculos XV e XVI, os lusitanos procuravam novos caminhos para as Índias contornando o continente africano em busca de especiarias e produtos de luxo, mas também de novas terras. Aventureiros, os portugueses se lançaram em alto-mar. "Navegar é preciso", reforçou Fernando Pessoa fazendo menção ao romano Pompeu.

Você pode se perguntar como eram essas longas viagens. Com certeza não chegavam nem perto do requinte dos cruzeiros marítimos que atracam em portos brasileiros. Para se ter uma ideia, os tripulantes das caravelas recebiam uma ração de carne salgada, além de cebola, azeite e vinagre (utilizado nas refeições e para desinfetar o porão da embarcação). Frequentemente era servido um biscoito duro de trigo salgado, para ser molhado no vinho. A água era armazenada em tonéis de madeira mal-higienizados. Por isso eram comuns infecções e diarreias. Nos jejuns – Sexta-feira Santa, por exemplo –, a tripulação tinha direito a arroz, peixe ou queijo em lugar da carne.

Capitães, pilotos e religiosos tinham bem mais privilégios a bordo dos navios. Podiam enriquecer sua alimentação com galinhas, porcos, carneiros, ovelhas, transportados vivos, além de frutas secas e doces como o fartel, um clássico português feito de amêndoas e especiarias, que Pedro Álvares Cabral apreciava muito (BUENO, 1998, p. 40-41).

22 DE ABRIL DE 1500

Como todos sabem, foi nessa data, após 44 dias de viagem, que a frota de Pedro Álvares Cabral, composta por 13 navios, vislumbrou as belas paisagens do sul da Bahia e o Monte Pascoal. O Brasil, que primeiro foi chamado de Ilha de Vera Cruz, teria, a partir desse momento, sua história para sempre ligada à de Portugal.

Tudo o que sabemos sobre esse dia está na carta de batismo de Pero Vaz de Caminha, endereçada ao rei português, D. Manuel, em 1º de maio de 1500. Nela, o escrivão relata como eram as terras recém-encontradas e como foram os primeiros contatos com os nativos da tribo tupiniquim, do grupo tupi-guarani, que ocupava praticamente todo o litoral brasileiro.

Pelo que conta Caminha, a primeira reação que os indígenas tiveram com os hábitos alimentares portugueses foi de total estranhamento (ver boxe na página ao lado). Tempos depois do primeiro choque cultural, os costumes alimentares tanto dos nativos do Brasil quanto dos lusitanos se entrelaçaram, adaptando-se às novas condições históricas.

RELATO DE PERO VAZ DE CAMINHA

Numa adaptação de Jaime Cortesão, lemos na *Carta de Caminha*:

"Os dois primeiros índios que foram levados à Nau Capitânia para experimentar as comidas portuguesas não gostaram de nada. Se algumas coisas provavam, logo as lançavam fora. Mostraram-lhes um carneiro, não fizeram caso dele. Mostraram-lhes uma galinha, quase tiveram medo dela, e não lhe queriam pôr a mão. Depois a pegaram, mas muito espantados. Deram-lhes ali de comer: pão e peixe cozido, confeitos, fartéis, mel e figos passados. Não quiseram comer daquilo quase nada. E se provavam alguma coisa, logo a lançavam fora. Trouxeram-lhes vinho em uma taça; mal lhe puseram a boca; não gostaram dele nada, nem quiseram mais. Trouxeram-lhes água em uma albarrada, bochecharam-na, mas não beberam; apenas lavaram as bocas e lançaram-na fora" (CORTESÃO, 1999).

NOSSO LEGADO INDÍGENA

As populações indígenas que habitavam o território brasileiro viviam em grupos, pescavam, caçavam e coletavam. As refeições não tinham horário fixo: os índios comiam quando tinham fome. Eles conheciam também muitas ervas medicinais. A sabedoria do seu poder de cura tem sido utilizada até hoje pelos fabricantes de remédios.

Sabe-se que a mandioca era a base da alimentação indígena. Habilidosos no manejo desse tubérculo, os nativos sempre souberam diferenciar os dois tipos existentes: a brava e a mansa. Para comer a mandioca-brava, venenosa, eles até hoje utilizam a mesma técnica dos tempos do Descobrimento, que consiste em descascar e ralar essa raiz até que ela vire uma massa que é espremida pelo tipiti (ou tapiti), espécie de cesto cilíndrico de palha que serve para separar o caldo venenoso da massa, depois torrada para fazer a farinha. Há uma infinidade delas, como a d'água e a puba.

A mansa ou doce, também chamada de macaxeira ou aipim, não precisa de tratamento para ser consumida. É dela que se fazem hoje mandioca frita ou cozida e diversos pratos, bolos e doces.

Da mandioca-brava também se extrai a goma (polvilho), com a qual se faz a tapioca e o beiju. Jogando sobre a farinha de mandioca um caldo quente e grosso de peixe ou de carne, os índios obtêm o pirão escaldado.

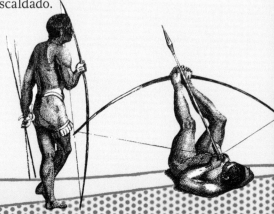

MANDIOCA: O CORPO DE MANÍ

A mandioca, até há pouco tempo, era um tubérculo desprezado pela elite e restaurantes chiques. Hoje ela e seus derivados ganharam status de produto com grande potencial gastronômico. Sua origem e utilizações são estudadas por pesquisadores e chefs, que a colocam como o mais brasileiro dos alimentos. Há lendas indígenas que explicam a origem da mandioca. Uma das mais belas conta a história da filha do cacique Cauré, Saíra, que tinha engravidado sem saber de quem. Saíra foi banida da tribo e confinada em uma oca, de onde só saiu após o nascimento de uma menina a quem chamou de Maní. De pele alva, olhos azuis e cabelos loiros, seu nascimento comoveu o chefe da tribo, que resolveu poupá-la, caindo de amores por ela. Para desespero da mãe e do avô, a criança morreu, e no lugar em que foi enterrada nasceu uma planta cheia de folhas, que, ao arrancá-la, o cacique viu surgir uma enorme raiz que, ao experimentar, achou deliciosa. Em homenagem à neta, deu-lhe o nome de "mandioca", que significa "o corpo de Maní".

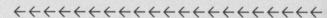

Os índios conheciam também o milho, único cereal encontrado pelos europeus no Brasil, com o qual faziam mingaus bem ralos ou o comiam assado. Entre os vegetais, apreciavam a batata-doce, a abóbora, o feijão, o amendoim, o pinhão, a castanha-do-brasil, o cacau, o cará, a serralha, além do palmito, consumido cru ou cozido.

O Brasil de antes de Cabral era um verdadeiro paraíso de frutas silvestres em abundância. Goiabas, abacaxis, cajás, araçás, maracujás, mamões, pitombas, umbus e cajus eram colhidos no pé e complementavam a alimentação diária dos índios. Com elas faziam sucos e bebidas fermentadas. Existia ainda um tipo de banana nativa, a banana-da-terra (ou pacova), preparada cozida ou em forma de mingau. As variedades de bananas que temos atualmente vieram da África.

Os índios ainda hoje se fartam com os pescados de rio (como o pintado, o tucunaré, o pirarucu, a corvina e a piranha). E conhecem vários processos para capturá-los (flecha, arpão, pua [rede]) e um tipo de veneno vegetal, o timbó, que paralisa o peixe. Os indígenas do litoral sempre apreciaram os moluscos e crustáceos capturados à mão ou com armadilhas.

As possibilidades de caça também eram muitas. A começar pelas carnes dos mamíferos, como porco-do-mato, capivara, caititu, paca, veado, macaco e anta. Entre as aves mais consumidas estavam jacus, mutuns, pavão-do-mato, macuco, rolas, patos-selvagens e o peru. Considerada uma iguaria para os nativos da época, com a carne de tartaruga ou jabuti e seus ovos faziam pratos como a pixica e o guisado do quelônio. Estas especialidades são apreciadas ainda na região Norte, só que agora as tartarugas são protegidas pelo Ibama (Instituto Brasileiro do Meio Ambiente e dos Recursos Naturais Renováveis), podendo ser consumidas apenas as de criação.

Com tantas opções de escolha, os índios ainda aproveitavam os insetos e as larvas das matas, como lagartos, tanajuras, turus, e içás. E tinham tempo para domesticar as abelhas visando à produção de mel.

Responsáveis pelo trabalho doméstico, eram as índias que preparavam a comida e faziam cabaças para beber água, cuias para comer, além de confeccionar panelas e potes d'água de barro. As farinhas eram peneiradas nas chamadas "urupemas", feitas de fibra vegetal. Nas cozinhas do interior do País se mantém o hábito desses utensílios.

O método mais usado para o preparo das carnes e dos peixes era o moqueado, ou seja, colocar o alimento sob uma esteira com tripé de varas, sobre uma fogueira, o moquém. O gosto ficava entre o grelhado e o defumado. Esse processo servia também para conservar a comida. Não usavam o sal como tempero, mas apreciavam as pimentas, consumidas puras ou amassadas, que resultavam em alto valor energético.

Outra forma de preparo era o aferventado, principalmente os peixes pequenos, sendo que usavam o caldo para fazer o pirão. Costumavam secar os peixes e socá-los até virarem uma farinha que podia ser transportada durante viagens e caçadas. Também pilavam as carnes e a farinha de mandioca, chamando-as de "paçoca". Mais tarde, no lugar da carne, a receita foi adaptada para fazer também um doce com castanha de caju, amendoins e açúcar: a paçoca doce, tão apreciada até hoje.

BOTA PIMENTA, UM BOCADINHO MAIS

Por conta da pimenta-do-reino (*Piper nigrum*), especiaria indiana já muito utilizada na Europa, os portugueses deram o nome de pimenta às plantas que, no Brasil, tinham sabor picante, a maior parte delas do gênero *Capsicum*.

As índias caprichavam na comida, incrementado-a com pimentinhas cuja diversidade era incrível. As pimentas eram servidas cruas ou secas, piladas com farinha de mandioca e adicionadas no preparo da caça, peixe ou frutos do mar. Incorporadas à nossa cultura, as pimentas estão presentes nas casas e restaurantes brasileiros, fazendo a "alegria do gosto", no próprio significado tupi da pimenta-cumari. Como diz a chef Mara Salles, do restaurante brasileiro Tordesilhas, estudiosa em pimentas, "uma galinhada goiana nunca é servida sem a pimenta-de-bode. O vatapá do Pará não existe sem a cheirosa", diz (FIDALGO, 2008, p. 11).

Entre as variedades de tipos, formatos, cores e ardências das pimentas nativas incorporadas à nossa cultura gastronômica encontram-se a picante cumari, muito comum no Centro-Oeste e no Norte; a murupi, usada no Norte para dar sabor ao caldo de tucupi; e a pimenta-de-bode, típica das regiões Centro-Oeste e Sudeste. De ardência moderada, a dedo-de-moça também é bem popular. A pimenta-de-cheiro, muito usada no Norte, é mais aromática que picante. Entre as consideradas doces (sem picância), pode-se citar a cambuci (mais usada como legume, para acompanhar carnes), a saborosa biquinho e a aroeira-vermelha, que, apesar de ser nativa do Brasil, nos restaurantes a chamam de pimenta-rosa (*poivre-rose*, nome francês dado a ela por ter sido exportada para a França e ganhado fama por lá enfeitando os pratos da *nouvelle cuisine*).

Essas são apenas algumas das nossas espécies, entre tantas outras que crescem em abundância nas terras brasileiras. A maioria é usada em conservas e compõe a nossa mesa na forma de molhos. Sobre a pimenta-malagueta iremos falar um pouco mais adiante, na contribuição africana.

AS PRIMEIRAS REPORTAGENS SOBRE O BRASIL

Os jesuítas, que chegaram aqui em 1549 para catequizar os índios e torná-los cristãos, relataram em cartas os costumes e hábitos alimentares do Brasil Colônia. Podemos então dizer que estes religiosos foram os primeiros a documentar o cotidiano brasileiro. Entre eles, José de Anchieta, na seleção *Minhas cartas*, fala sobre a comida indígena e como os jesuítas tiveram que se adaptar aos alimentos da nova terra. Como tinham que se embrenhar no meio da floresta, acabavam comendo animais exóticos para sua cultura, mas pelo menos Anchieta parece que gostou, como diz em seu depoimento:

"Os macacos em quantidade infinita são de quatro castas, muito boas todas para se comer, como com frequência o experimentamos, alimento muito bom até para os doentes. Outro animal bastante frequente entre nós (o tatu), que vive pelos campos em cavidades subterrâneas, na calda e na cabeça quase sempre semelhantes a lagartos... é de sabor bastante agradável... Criam-se em canas (taquaras) uns bichos roliços e alongados, todos brancos, da grossura de um dedo, que os índios chamam de *rahû* e costumam comer assados e torrados[...]" (ANCHIETA, 1984, p. 40-41).

Os jesuítas acabaram, literalmente, comendo cobras e lagartos, rendendo-se também às carnes de tamanduás assados, caramujos recheados, onças, cauda de jacaré refogada, carne de macaco cozida com banana, gafanhotos torrados e ainda comiam a gordura extraída do peixe-boi. Ao que se deduz, as iguarias indígenas foram realmente incorporadas pelos padres e pelos primeiros portugueses que aqui chegaram.

A HERANÇA PORTUGUESA

Depois de atravessarem o Atlântico, os portugueses que chegaram aqui, além de se adequarem às novas condições, também acabaram recriando o ambiente do seu jeito.

Instalaram-se no Brasil com suas vacas, bois, touros, ovelhas, cabras, carneiros, porcos, galinhas, galos, pombos e gansos. Podiam, assim, obter os tão apreciados ovos e produzir manteiga. Nas hortas, cultivavam pepino, coentro, alho, manjericão e cenoura. Trouxeram na bagagem o azeite de oliva, o trigo, a parreira e frutas como figo, romã, laranja, lima, limão, cidra e melão.

Para se distrair, lançavam mão das festas tradicionais e religiosas como Quaresma, São João, Natal, além de seus cantos, danças e comidas típicas.

Entre as contribuições mais importantes estão as técnicas culinárias portuguesas que foram incorporadas à nossa cozinha nacional. Refogar com cebola e alho, por exemplo, é herança lusitana. Como também a fritura, que era desconhecida pelos índios e africanos.

Um prato tipicamente português é o cozido, geralmente de carnes com legumes. Assim como o sarapatel (feito com sangue, miúdos e toucinho de porco cortado em pedaços), a buchada é receita portuguesa que se incorporou à cultura nordestina. A diferença está na carne utilizada: em Portugal se costuma usar o "bucho" do porco e seus miúdos para recheá-lo; aqui, usamos o bode.

Para compor a refeição, a mulher portuguesa usava os ovos de galinha, que os índios e os africanos não conheciam. Esse ingrediente deu mais refinamento a pratos como o beiju do índio, molhando-o no leite para dar-lhe mais sabor. O mingau de carimã recebeu açúcar ou mel, adquirindo sabor de creme. Da farinha de carimã foram nascendo os primeiros bolos brasileiros, com leite de vaca e gema de ovo (LIMA, 1999, p. 99-102).

COZINHA DE PORTUGAL NOS SÉCULOS XV E XVI

Podemos dizer que, na época da Expansão Marítima, a cozinha portuguesa tinha incorporado à sua mesa as influências do norte da África e do Oriente, que chegaram por via dos mouros – assim eram chamados os árabes que dominaram a Península Ibérica do século VIII ao XV.

O fato pode ser constatado pelos primeiros registros de receitas portuguesas. Como o do *Livro de cozinha da infanta Dona Maria*, do início do século XVI. Nele se encontram receitas de origem árabe, como a galinha mourisca e a galinha albardada, picada, passada em ovo e empanada na manteiga e, finalmente, polvilhada com açúcar e canela. A receita nos remete ao gosto medieval pelas especiarias, que nas cortes portuguesas também imperava.

Com relação aos doces, a autora reproduz outras receitas árabes como as alféoas, tranças feitas de calda de açúcar em ponto de bala, com água de flor, o nosso puxa-puxa (COUTO, 2007, p. 45). Claro que sobre o açúcar e os doces há muito o que falar e vamos explorar mais o assunto no próximo capítulo.

Em Portugal, os camponeses se alimentavam de sopas grosseiras e mingaus feitos de misturas de cereais como trigo, fécula, aveia, arroz e caldo verde. Também consumiam grãos suplementares como lentilhas, favas-secas, ervilhas e grãos-de-bico; ovos, pouca carne fresca e carnes defumadas e salgadas.

Foi essa cozinha portuguesa – recheada de especialidades como cozidos, empanados, caldos, bolos e pastéis (massas) de todos os tipos, tanto doces quanto salgados – que veio para o Brasil, mas seria transformada de acordo com os produtos locais e outras influências culturais.

A CONTRIBUIÇÃO AFRICANA

Como seria o nosso País sem o acarajé, a pimenta-malagueta, a capoeira, o batuque, o chorinho, o samba no pé, a alegria, o gingado e o jeito dengoso de ser, sem a herança dos africanos?

É difícil imaginar. O Brasil não seria o mesmo sem a riquíssima herança cultural trazida pelos quase 4,5 milhões de africanos, que, obrigados e por mais de 300 anos, foram subjugados a trabalhos forçados. Você vai saber mais sobre a viagem e a vida dos escravos em nosso território no capítulo 'Brasil Colônia'.

Foi grande a contribuição africana à gastronomia. Começando pelo azeite de dendê, que dá cor e aroma especial a pratos como a moqueca e o vatapá. Os coqueiros que embelezam as nossas praias e nos dão a água de coco também foram outra contribuição africana importante. Originário da Índia, o coco é um ingrediente indispensável no preparo dos quitutes afro-brasileiros, como cuscuz, arroz-de-coco, mungunzá e canjica.

PETISCOS DA HISTÓRIA

Foi no século XVI que chegaram ao Brasil os primeiros dendezeiros – palmeira da qual se extrai o azeite de dendê e o óleo de palma. A nossa palmeira veio de Angola, onde é chamada *dendém* nas línguas banto quimbundo e umbundo (LIMA, 1999, p. 104).

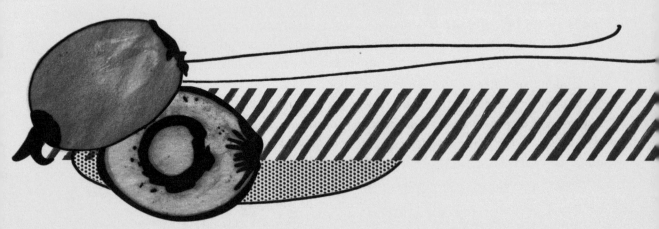

Como os povos indígenas, os africanos não conheciam a fritura, mas tinham por hábito preparar assados, cozidos e guisados. Como é o caso do caruru, uma palavra de origem indígena para designar o preparo de ervas batidas no pilão. Com a chegada dos africanos, incorporou-se a essas plantas o quiabo, originário da África, que, coincidentemente, chamava-se lá calulu. Esse guisado bem brasileiro, mistura de hábitos indígenas e africanos, manteve o nome indígena caruru.

Muitas vezes confundido com a mandioca, o inhame é um tubérculo africano que serve de acompanhamento (quando cozido) e como oferenda para alguns orixás, entre eles Oxalá. Aliás, veremos no capítulo 'Cozinha Típica Regional', a importância das chamadas comidas de santo para a cultura do afrodescendente.

A galinha-d'angola foi o único animal que veio da África e resultou em vários pratos típicos, sobretudo nas regiões Norte e Nordeste, como a galinha de capote. "Nenhum animal africano integra o cardápio brasileiro, excluindo a galinha-d'angola ou galinha-da-guiné... e que participa das oferendas aos orixás, nos cultos afro-brasileiros" (LIMA, 1999, p. 106).

Sem dúvida, a fruta mais popular do Brasil é a banana. Nossos índios conheciam a já comentada banana-da-terra. Mas os africanos nos contemplaram com outras tantas variedades, como a nanica, a maçã, a prata e a ouro. Originária da Ásia, a fruta tão nutritiva e versátil é por aqui comida ao natural, com mel, cozida, assada e servida com açúcar e canela, usada em receitas de bolos e tortas, nos mingaus das crianças, com farinha e em forma de licor. A banana é servida até como guarnição. "É uma fruta íntima e comum, fiel ao pobre, saboreada por todas as idades e paladares. Sem trabalho e sem complicações", diz o nosso famoso historiador do folclore e da alimentação do Brasil, Luís da Câmara Cascudo (1983, p. 127).

→→→→→→→→ PIMENTA-MALAGUETA

Originária da África, a pimenta-malagueta foi trazida ao Brasil pelos escravos ou pelos próprios colonizadores. Tamanha é sua importância nesse continente que existe uma região chamada Costa da Malagueta, perto de Gana, na África Ocidental.

Em Moçambique, a malagueta é conhecida como piripiri; em Angola, como jindungo; e, na Nigéria, como uziza. No Brasil, o uso da especiaria é tão grande e generalizado e tão forte é o apreço por essa pimenta que podemos dizer que ela é parte integrante da nossa cultura alimentar.

←←←←←←←←←←←←←←←←←←←←

Como vimos, já no princípio da nossa formação como brasileiros tivemos enorme diversidade cultural influenciando o País. Na opinião de Câmara Cascudo, são as culturas indígena, portuguesa e africana que formam o tripé inicial do grande caldeirão gastronômico e bem-temperado que é o nosso Brasil. É o que veremos a seguir.

A gastronomia brasileira começa a se consolidar a partir do século XVII, com a implementação dos engenhos para a produção de cana-de-açúcar no Nordeste.

É na casa-grande que se destaca a influência da cozinha portuguesa, com as técnicas culinárias e a feitura dos doces. As receitas eram das sinhás, mas as adaptações foram feitas com os ingredientes que havia por aqui, moldados pela mão da escrava africana.

A procura do ouro, na metade do século XVII, na região de São Paulo, Minas e parte do Centro-Oeste, abriu caminhos em direção ao interior. Para sobreviver às longas viagens, os aventureiros bandeirantes que se embrenhavam pelas matas adaptaram-se aos alimentos dos nativos. Também foram obrigados ao plantio de roças de milho, banana, mandioca e feijão.

Assim se formou a cozinha paulista, que influenciaria a mineira durante o período do ouro. Essa culinária se fundiu a outra, a dos tropeiros, comerciantes que transitavam entre as regiões Sul e Sudeste levando toda sorte de mantimentos.

Vamos ver que o Brasil, desde a colonização, vai-se estruturando gastronomicamente com parcos recursos, numa sociedade agrária de monocultura cuja riqueza sempre ia para fora do País.

OS PRIMEIROS 30 ANOS DA COLONIZAÇÃO

No início da colonização portuguesa, havia em abundância no Brasil uma árvore de madeira avermelhada nativa do litoral, o pau-brasil. Ela deu nome ao nosso País e foi responsável pela primeira exploração do solo brasileiro. Isso porque o pau-brasil possuía uma tinta que servia para colorir de vermelho as peças do vestuário na Europa. Por essa razão, outros reinos, como o da França, queriam se apossar do território e ter o monopólio do produto. Para proteger o seu domínio, os portugueses se viram obrigados a dar mais atenção às novas terras, implementando então a agricultura açucareira. Assim se traçaram os primeiros planos de colonização efetiva do Brasil.

O AÇÚCAR NO NORDESTE

Para entender por que Portugal via na produção de cana-de-açúcar uma forma de enriquecer a Coroa, é importante recordar o capítulo sobre a Idade Média, época em que o açúcar era considerado uma especiaria de luxo na Europa.

A cana-de-açúcar foi a primeira atividade econômica dos portugueses por aqui. Ela foi introduzida, em 1532, por Martim Afonso de Souza, fundador da Vila de São Vicente, no litoral do estado de São Paulo. Mas como as terras de massapé da Zona da Mata, no Nordeste, eram muito férteis, a cultura da lavoura proliferou vertiginosamente pelo litoral nordestino, sobretudo em Pernambuco.

Os lucros logo agradaram Portugal, e o Brasil se tornou o maior fornecedor da monocultura da cana-de-açúcar nos mercados mundiais.

O ENGENHO DE AÇÚCAR

Toda unidade de produção que envolvia a plantação de cana até o processo de fabricação do açúcar era chamada de "engenho". As matas eram postas abaixo para formar o canavial e obtinham das árvores derrubadas a lenha para as fornalhas. Foi assim que a nossa Mata Atlântica começou a ser desmatada.

O senhor de engenho era o proprietário da fazenda de açúcar, que tinha como objetivo principal exportar o produto. Ele morava com a família, os agregados e os escravos domésticos na casa-grande – um sobrado com múltiplos dormitórios, refeitórios, cozinhas, despensas, lavanderias. Perto da casa ficavam a capela, a horta, o pomar, o galinheiro e o curral.

Mais afastada ficava a casa da moenda, onde era extraído o caldo da cana (a garapa). Nas casas de purgar, ele era depurado numa enorme caldeira de fogo brando, quando era fervido e purificado e, então, colocado em formas semicônicas, transformando-se em açúcar e recebendo o nome de "pão de açúcar". Daí o nome do famoso morro da cidade do Rio de Janeiro, graças à semelhança dos formatos. A outra parte do melaço, mais grossa, depois de passar por outros pontos de calor, virava rapadura, que naquela época, e até hoje, é a base da alimentação do povo do Nordeste (FERNANDES, 2000, p. 40).

Quase todos os trabalhos das fazendas eram realizados pelos escravos que moravam nas senzalas. Estas eram construções bem simples e bastante compridas, cobertas de sapé. Não tinham janelas (quando tinham, eram gradeadas), o que existia eram orifícios no teto para efeito de ventilação ou de iluminação.

Muitos engenhos possuíam também destilarias para a produção de aguardente (cachaça), como falaremos mais adiante.

A CHEGADA DOS ESCRAVOS AFRICANOS

Para trabalhar nos engenhos de cana-de-açúcar, que exigia numerosa mão de obra, decidiu-se trazer escravos da África, mais especificamente da região ocidental – da Guiné e de Angola.

Os africanos que começaram a chegar para trabalhar na produção de açúcar, na primeira metade do século XVI, viajavam amontoados nos navios chamados popularmente de "tumbeiros" (de tumba, sepultura). Muitos morriam antes de chegar ao Brasil, pois a viagem se dava em condições subumanas.

Os escravos eram vendidos como se fossem mercadorias, em grandes feiras, localizadas nos portos de Salvador, Recife e Rio de Janeiro. Na viagem, eram muito mal-alimentados. Comiam de manhã e à tarde apenas farinha de mandioca e carne-seca, em forma de ensopados, sempre malpreparados e sem temperos. Tudo era servido em vasilhames individuais ou coletivos, e comiam com colher de pau e às vezes com a mão. A água era distribuída três vezes ao dia.

Como chegavam quase sempre doentes e subnutridos da viagem da África, logo recebiam um tratamento à base de frutas, com destaque especial para os cajus, em função das altas porcentagens de vitamina C (MAESTRI, 1994, p. 49-50).

A ALIMENTAÇÃO DOS ESCRAVOS

Nos três séculos da escravatura no Brasil, os africanos se ocuparam das lavouras de cana, de café e das minas de ouro e de diamantes. Também foram aproveitados como escravos domésticos nas dependências das fazendas, mais ainda nas cozinhas.

Algumas escravas, as chamadas "mucamas", eram também amas de leite. "Eram elas que amamentavam as crianças brancas, as ninavam, preparavam a comida, o banho morno e contavam até histórias" (FREYRE, 2000, p. 592). Os escravos também trabalhavam nas cidades como carregadores, transportando dejetos, construindo edifícios, vendendo comida ou fazendo trabalhos artesanais.

Logo de manhã, antes de irem para o trabalho, os cativos comiam uma mistura de melaço (o mel da cana) com farinha de mandioca ou de milho. A comida era preparada em enormes panelas e servida em cuias. Consistia num cozido feito de farinha de mandioca com pedaços de carne curada, abóbora e, algumas vezes, feijão-preto e toucinho. Com o caldo que sobrava, faziam também um tipo de pirão escaldado, adicionando mais farinha de mandioca, água fervente, e, na hora de comer, pimenta amassada no pilão – o tempero favorito.

Do milho faziam o angu, uma massa consistente feita com água e fubá, nome que os africanos davam à farinha de milho. Comiam também a canjica, que chamavam de mungunzá: mingau ralo de milho-cozido em grãos, misturado com melaço e coco.

A banana era a fruta mais apreciada pelos escravos – já a conheciam na África. Saboreavam-na com o melaço da cana, açúcar mascavo ou com farinha de mandioca.

Tomavam o suco da cana moída, a garapa, à qual às vezes acrescentavam laranjas. Mas era na pinga que os escravos buscavam compensar de algum modo a insatisfação do estômago. Recebiam duas doses de cachaça por dia, uma quando saíam para o trabalho e outra quando se recolhiam.

→→→→→→→ A DANADA DA CACHAÇA

Existente desde a colonização, a nossa brasileiríssima cachaça surgiu nos engenhos de cana-de-açúcar. Durante a fervura da garapa (suco da cana) para a elaboração do açúcar, sobrava uma espuma, a borra de melaço. Esta era retirada dos tachos e jogada nos cochos para servir de alimento aos animais. Alguns escravos resolveram provar o líquido que fermentava. Gostaram. Desde então, começaram a produzir a bebida.

Segundo alguns pesquisadores, o nome cachaça poderia ter vindo de "cagaça" – era como se chamavam os resíduos que sobravam da produção do açúcar.

Os senhores de engenho passaram a garantir a produção de cachaça, pois também ela servia de moeda de troca para o tráfico de escravos. Assim, a cachaça caiu no gosto do povo. Existem mais de cem apelidos dados a ela, entre os quais: bichinha, branquinha, birita, dengosa, malvada, perigosa, danada e outros bem humorados, como "água que passarinho não bebe".

No Ciclo do Ouro, os tropeiros comercializavam também a aguardente, levando-a por todo o Brasil. As elites sempre ignoraram essa bebida porque sempre foi popular. Somente a partir da década de 1990 ela entrou na moda como produto genuinamente brasileiro, um patrimônio nacional, assim como seu coquetel, a caipirinha. Atualmente é a terceira bebida destilada mais consumida no mundo, graças ao esmero de muitos produtores, que se empenham em fazer produtos de alta qualidade. Em 2012, os Estados Unidos reconheceram o nome cachaça como genuíno do Brasil, pois antes a chamavam de "rum brasileiro". Um avanço para aumentar o reconhecimento e a exportação da bebida no exterior.

SALVADOR, O CENTRO DA CULTURA AFRO-BRASILEIRA

Salvador foi fundada em 29 de março de 1549, quando se tornou a primeira capital brasileira, até 1763, data em que a sede do governo foi transferida para o Rio de Janeiro, na região Sudeste. A posição estratégica fez do porto da baía de Todos os Santos a principal ligação com a África, recebendo os escravos que iam trabalhar em grande escala nas lavouras de cana. Por essa razão, Salvador é a maior cidade negra fora do continente africano e o centro da cultura afro-brasileira.

Um costume africano da época colonial conservado até hoje em Salvador é o tabuleiro da baiana. Nessa época, as negras escravas que trabalhavam para as sinhás** saíam pelas ruas com tabuleiros de salgados e doces, como a cocada branca e a queimada. Até hoje as baianas se vestem com as roupas típicas da época para vender seus quitutes e homenagear seus deuses do candomblé.

Aliás, a comida baiana tem sua origem nesses cultos afro-brasileiros, em que se ofereciam aos orixás, além de rezas e cantigas, comidas com temperos da terra natal. Muitas receitas típicas que se popularizaram e se tornaram conhecidas como atrações gastronômicas da Bahia, como o vatapá, o caruru e o acarajé, vêm das oferendas aos santos africanos.

Também é curioso como, na Bahia, as ancestrais tradições africanas se adaptaram aos produtos locais. "O amalá de Xangô, ao invés de farinha de inhame, leva a de milho ou de mandioca e até purê de batatas. O emu, vinho de palma tão de agrado de Exu, Ogum e Oxossi, foi sendo trocado pela brasileiríssima cachaça..." (LIMA, 1999, p. 101).

AS REFEIÇÕES E OS DOCES DA CASA-GRANDE

Nas cozinhas das casas-grandes, as sinhás transmitiam às mucamas receitas tradicionais portuguesas. E estas eram adaptadas aos ingredientes disponíveis por aqui: mandioca e seus subprodutos, milho, batata-doce, cará e amendoim. Substituíam, por exemplo, a amêndoa pela castanha de caju, a farinha de trigo pela de mandioca, como explica o jesuíta e cronista Gabriel Soares, em *Roteiro do Brasil*.

Não podemos deixar de mencionar a grande diversidade de frutas brasileiras, como caju, goiaba, mamão, maracujá e abacaxi, que substituíram as europeias na feitura de receitas clássicas da doçaria dos conventos. Como a dos translúcidos doces cristalizados, que assumiram forma de mamões verdes e abóboras maduras em cubos. E, claro, os doces em calda, que têm a laranja-da-terra, o abacaxi e o caju como os mais típicos.

Como era hábito em Portugal, no Brasil também as pessoas se acostumaram a usar muito açúcar – que sobrava por aqui – e ovos na confeitaria, e eles ainda enriqueceram canjicas, mingaus e papas indígenas e foram usados como acompanhamento dos pratos, fritos, moles e em fritadas. Esse hábito da utilização de ovos deu origem ao popular pão de ló, sonhos, bolos, ambrosias (ovos e leite), o bolo de rolo (espécie de rocambole recheado de goiabada).

Aliás, vale ressaltar que nas casas-grandes do Nordeste se inventaram doces e bolos que tomaram nomes das famílias ou de engenho, como os beijos de dona Dondon e Preferência, nome do engenho de origem, espécie de pé de moleque de consistência mais mole, feito com castanha de caju. Uma das sobremesas mais apreciadas nas casas patriarcais era a banana assada ou frita com canela, ao lado do mel de engenho com farinha de mandioca e do doce de coco (FREYRE, 2004, p. 64).

Outro ingrediente muito bem-vindo ao nosso paladar foi o coco. A doçaria portuguesa também se modificou com sua introdução, a exemplo do quindim, que "foi um dos maiores casamentos interculturais que houve na cozinha brasileira", pois leva o hábito do uso do ovo português e do coco africano (LIMA, 1999, p. 205). O coco deu ainda mais sabor à tapioca indígena.

Tal foi a influência do açúcar em nossa história que adoçou não só a boca como a língua portuguesa. Gerou pregões como "quem a meu filho agrada, a minha boca adoça" e "fazer a boca doce a alguém", velha expressão que significa ameigar ou acariciar, ligada ao sentido sensual do doce como alimento ou regalo do paladar (FREYRE, 2004, p. 48).

A pequena produção de gêneros de subsistência era feita dentro do próprio engenho pelos escravos. A mesa da elite patriarcal era desprovida de requinte; em compensação, as famílias conviviam pelo menos uma vez ao dia na refeição principal, que ocorria por volta das 11h ou meio-dia. Costumavam se alimentar três vezes ao dia, sendo a ceia mais leve. Os horários variavam de acordo com as atividades das pessoas da casa. Comiam feijão-preto com farinha e caldos de carne. Plantavam-se em pequenas roças produtos de subsistência, como a mandioca, milho, feijão, frutas e hortaliças (LIMA, 1999, p. 51-52).

Muitos senhores de engenho e suas famílias faziam as refeições cotidianas em mesas baixas ou em esteiras estendidas no chão. Nos dias festivos havia assados de carnes de caça (capivara, tatu e aves) ou carne de boi, bode, galinha e porco, criados em quintais, além de sopas e doces. Essa opulência enganou às vezes os viajantes.

PETISCOS DA HISTÓRIA

Nas cozinhas no século XVII, as comidas eram feitas em panelas de barro fabricadas no próprio engenho, em que havia forno de tijolos. Tudo era rudimentar: no lugar de canecas e xícaras, usavam-se cuias de cabaças ou cocos. Para os momentos especiais e festivos, os copos e pratos eram de estanho, importados de Portugal. De lá vinham também panelas com tampas e fogões de chapa de ferro, usados até hoje no interior, além dos tachos de cobre para o preparo dos doces.

GADO NO NORDESTE E COMIDA DO SERTANEJO

Se a maior parte da população passou a viver próximo ao litoral por conta das lavouras de cana-de-açúcar, no sertão a ocupação deu-se devido à pecuária de subsistência, necessária como fonte de alimento e força de trabalho nos engenhos.

A comida do vaqueiro era a rapadura, guardada nos jiraus**, que servia também como farnel de viagem – a comida que levavam, numa sacola rústica, em seus longos itinerários pelo interior. Da carne-seca faziam pratos, como a crocante paçoca de carne-seca bem torradinha e socada no pilão.

O leite não fazia parte do costume do sertanejo, mas foi adotado por sobrevivência, consumido em geral como queijo de coalho, típico até hoje.

→→→→→→→→→**DECADÊNCIA DO AÇÚCAR**

A concorrência das Antilhas e a queda da produção interna fizeram o Brasil perder sua posição de maior fornecedor de açúcar da Europa entre os séculos XVI e XVII. A descoberta de ouro nas minas, cuja exploração imediata era mais rendosa para a metrópole (Portugal), acarretou o desvio da mão de obra dos engenhos para os trabalhos de mineração. O ouro e os diamantes de Minas Gerais aqueceram a economia da Colônia no século XVIII. Assim, a partir desse momento todas as atenções se voltaram para a região Sudeste.

SÃO PAULO E OS BANDEIRANTES

Você vai perguntar por que justamente a cidade de São Paulo serviu de base para as expedições dos bandeirantes, que tinham como objetivo descobrir ouro no interior do País.

Mesmo com a riqueza proporcionada pela produção de açúcar no Nordeste, os portugueses jamais desistiram de encontrar o "Eldorado", onde estariam os metais e pedras preciosas no Brasil. A fundação de São Paulo, em 1554, impulsionou o movimento dos bandeirantes, que durou quase dois séculos. O pequeno vilarejo, no planalto de Piratininga, a 800m da serra do Mar, situava-se num local estratégico, na chamada boca do sertão, onde os rios não desembocavam no mar, mas se voltavam para o interior, como o rio Tietê.

Todos esses fatores impulsionaram o bandeirante, que era o paulista português e o mameluco (mistura de índia com o português) para o interior. Desse modo, a partir da metade do século XVII, foram as Bandeiras, expedições que percorriam centenas de quilômetros a pé ou navegando pelos rios, que acharam ouro em Mato Grosso, Goiás e Minas Gerais, ampliando assim as fronteiras brasileiras.

Os aventureiros bandeirantes se embrenharam mata adentro enfrentando perigos. Em expedições que podiam durar anos, eles se locomoviam com a ajuda de índios escravizados aos quais chamavam de "bugres". Eram estes que serviam de guias e abriam os caminhos.

A expedição dos bandeirantes levava consigo apetrechos e mantimentos, como a chamada farinha de pau ou de guerra, que era a farinha de mandioca torrada em tachos de barro, armazenada em grandes cestos trançados de folhas de palmeira (os paneiros), forrados internamente com folhas de bananeira, que impediam a entrada do ar, água ou mesmo luz, o que a mantinha conservada por mais tempo. Para garantir a sobrevivência na volta das marchas, iam plantando roças de milho, feijão, cará, abóbora, entre outras culturas (TERRA..., 2004, p. 64).

No meio do caminho coletavam frutas como jabuticaba, abacaxi, banana, guariroba, pitanga, araçá, araticum e o jataí, do qual se podia comer a polpa, esverdeada e farinhenta, com mel-de-pau. A função de alguns índios, chamados de "meleiros", era achar e colher o mel tirado das colmeias que ficavam nos troncos ocos da mata. Caçavam animais selvagens: quatis, antas e onças.

O café da manhã habitual dos bandeirantes era um prato chamado jacuba, espécie de pirão feito com farinha de milho socada, sobre a qual se derramava água fervente, adoçada com rapadura. A farinha de milho, junto com o feijão, o toucinho de porco (conservado em crosta de sal) e a paçoca, a farinha de milho ou da mandioca pilada com carne-assada ou seca compunham a dieta desses paulistas. Do milho também veio a quirera (farelo de milho), feita cozida e usada até hoje para acompanhar pratos de carne.

Para cozinhar, eles montavam uma espécie de fogareiro, com três pedras, e colocavam sobre elas o caldeirão. De outra forma rudimentar, faziam a comida montando uma trempe, um tripé de varas de madeira verde, em que no alto colocavam uma corrente de ferro com um gancho na ponta, sob a qual se pendurava um caldeirão de ferro.

Essencial como complemento da alimentação era a rapadura, que comiam aos pedaços ou também a derretiam com a mandioca cozida. Para levantar os ânimos das longas caminhadas, preparavam a gengibirra, mistura de milho socado, gengibre, açúcar mascavo e água. No final da tarde, quando paravam para descansar, relaxavam tomando uma cachacinha, que carregavam nas bruacas (caixas de couro).

O CICLO DO OURO

Graças ao grande empenho dos bandeirantes, foram achadas as primeiras jazidas de ouro no final do século XVII em Minas Gerais. A divulgação dessa descoberta levou a uma alucinante corrida do ouro. Milhares de aventureiros de todas as partes do Brasil e de Portugal – homens e mulheres, velhos e moços, religiosos – largaram tudo e viajaram para se instalar nos principais polos mineradores: nas nascentes do rio das Mortes, tendo como centro São João Del-Rei; na região de Ouro Preto e Mariana, na serra do Tripuí; na Sabará e sua vizinha Caeté.

Ávida para possuir o monopólio da extração do ouro e diamantes, a Coroa Portuguesa correu mais ainda para se instalar na região e enviar as riquezas para Portugal. Os donos das lavras** ainda mandavam vir uma multidão de escravos, que faziam toda a sorte de trabalhos pesados.

Os pequenos povoados e vilas próximas das minas começaram a não suportar mais a superpopulação na primeira metade do século XVIII, o que gerou uma crise de abastecimento, incluindo gêneros alimentícios, roupas, ferramentas e outros produtos de primeira necessidade. Claro que os preços inflacionaram: uma galinha, um punhado de milho ou uma cuia de feijão-preto podia custar os olhos da cara. Doces eram raridade.

O TROPEIRISMO

Foi pela necessidade urgente de suprir a região das Minas Gerais de mantimentos que se achou uma solução mais rápida: usar mulas nas tropas, o que aconteceu na primeira metade do século XVIII. Elas vinham da região dos Pampas, no Rio Grande do Sul, em que já se criavam também cavalos e gado. As manadas de mulas eram trazidas por um caminho que saía do Sul do País para serem vendidas numa feira em Sorocaba, em São Paulo.

Dessa parada, os tropeiros – aqueles que comandavam as tropas – seguiam para as Minas Gerais, levando em cada mula cerca de 150 kg de mercadorias, entre elas gêneros alimentícios: farinha de mandioca e de milho, rapadura, toucinho, charque (carne salgada em mantas) e feijão. Transportavam toda sorte de coisas, como remédios, dinheiro, além das mais diversas quinquilharias.

Nesse mundo isolado dos mineradores, a figura do tropeiro representava não apenas aspectos utilitários, mas os sonhos remotos de cada um, que se materializavam em cartas de amor ou de parentes distantes, em novidades de um acampamento e outro, em notícias políticas e sociais das cidades do litoral ou da metrópole.

O tropeirismo foi responsável pela integração dos Pampas à região de maior desenvolvimento econômico do século XVIII, no interior do País, isto é, às Minas Gerais.

> **PETISCOS DA HISTÓRIA**
> Sorocaba se tornou, no século XVIII, o centro mais importante do tropeirismo. Chegou a essa condição por um conjunto de fatores, a começar pela localização. A cidade era o local ideal de entroncamento de caminhos, fosse para o noroeste, no rumo de Goiás e Mato Grosso; fosse para as Minas Gerais ao norte; fosse para a capital paulista e, daí, para o vale do Paraíba e o Rio de Janeiro.

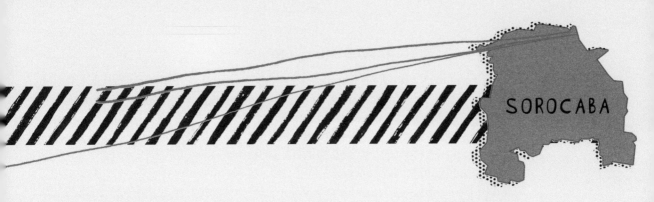

Comida de tropeiro → Com o aumento das tropas, as vilas cresceram e foram criados ranchos de repouso, onde os tropeiros passavam a noite e guardavam seus animais.

Nessas paradas eles armavam, como os bandeirantes, o tripé de ferro para pendurar o caldeirão onde seria feita a comida. Era nele que cozinhavam o feijão-preto, para depois refogá-lo com alho na gordura que sobrava do torresmo. Juntavam sal e misturavam com farinha, geralmente de milho, e ovos. Esta é a clássica receita do nosso feijão-preto tropeiro, o prato mais apreciado por esses viajantes.

Aproveitavam o feijão-preto para fazer também o virado à paulista ou o tutu à mineira, preparados com feijão-preto amassado, engrossado com farinha de milho ou mandioca, servido com costelinha de porco ou linguiça, torresmo, arroz e couve refogada.

A carne mais utilizada era a de porco, da qual aproveitavam tudo, inclusive orelhas, pés, rabos, que eram salgados. O toucinho e a linguiça eram defumados no fogão à lenha. O restante das partes do porco era cozido e conservado na própria banha. Para adoçar as longas jornadas, no final da refeição se serviam de um pouco de rapadura (BELUZZO, 2007, p. 28-29).

VARIAÇÕES DO CUSCUZ

Receita de origem árabe trazida pelos portugueses, o cuscuz acabou se popularizando e se modificando no Brasil desde o século XVII, tanto no Nordeste quando no Sudeste do País. Os nordestinos fazem uma massa de fubá temperada com sal ou açúcar, cozida no vapor na cuscuzeira (espécie de panela cônica, dividida ao meio, em que na parte inferior se coloca água, uma espécie de banho-maria) e umedecida com leite de coco.

A versão paulista é diferente e teria evoluído a partir do farnel de viagem. No Sudeste, essa refeição itinerante era composta de uma mistura feita de banha de porco, farinha de milho pilada com peixes como bagre ou lambari pescado na hora, às vezes acrescidos de cebola e pimenta. O farnel era amarrado em um pano e colocado em saco de estopa, bruaca ou um alforje de couro e amarrado ao cavalo para seguir viagem. Mais tarde essa massa evoluiu para um prato feito em fôrma de bolo furada, acrescida de ovos, sardinha, tomate e palmito, transformando-se numa receita emblemática de São Paulo, o cuscuz paulista.

A VIDA COTIDIANA NAS MINAS GERAIS

Os ranchos de repouso improvisados dos mineiros se transformaram em cidades. Muitos senhores das minas e comerciantes enriqueceram, podendo assim enviar seus filhos para estudar na Universidade de Coimbra, em Portugal. Mais letrados, esses novos ricos almejavam uma vida social mais sofisticada. Um teatro em Vila Rica (atual Ouro Preto) foi construído, e a elite não media esforços para ostentar luxo. Mandava vir da Europa roupas caras, livros importados, alimentos e vinhos finos. Cada família queria ter a casa mais bonita, frequentar a igreja mais rica, e, por isso, contratavam artistas para construir e adornar os ambientes.

É nesse momento que aparece o deslumbrante barroco** mineiro, estilo artístico marcado por riqueza e rebuscamento. Como sabemos, Antonio Francisco Lisboa, o Aleijadinho, é considerado o grande artista desse período. Ergueu igrejas que são verdadeiras obras de arte, como a de São Francisco de Assis, em Ouro Preto (MG).

A cozinha mineira

As boas maneiras chegavam a Minas Gerais com os filhos que estudavam na Europa. Traziam de lá não apenas novos ideais, mas toalhas bordadas ou de rendas, louças finas, copos de cristal, baixelas e talheres de metais preciosos. Mas o processo de refinamento à mesa foi lento por aqui.

À época, mesmo em dias de festa, os convidados sentavam-se em bancos de madeira ao redor da mesa, ficando o dono da casa numa ponta e a dona na outra, como pedia a etiqueta. Já sabemos que usar o garfo como objeto individual era raridade até na Europa do século XVIII. Portanto, é de se supor que, nas cidades mineiras, mesmo os ricos comiam com as mãos e algumas poucas vezes usavam colher. Só havia uma faca na mesa, usada pelo dono da casa para cortar a comida de todos.

PETISCOS DA HISTÓRIA

O povo tinha o hábito de comer a farinha de arremesso, ou seja, atirar um punhado de farinha seca à boca, com exata pontaria. Esse costume teve influência dos indígenas, que comiam deitados nas redes ou de cócoras no chão.

Para enfrentar a dificuldade de abastecimento de alimentos nas cidades e nas lavras, pequenas fazendas passaram a cultivar roças de milho, mandioca, feijão-preto e couve. Também criavam o porco, alimento básico usado na cozinha do mineiro. Dele tudo se aproveitava. Da sua pele faziam o torresmo, acompanhamento de todas as receitas. Em dias de festa, preparavam o leitão à pururuca (assado inteiro, derramando-se sobre ele, depois de pronto, óleo bem fervente, para pururucar, isto é, deixar o couro bem crocante). No dia a dia comiam o lombo de porco e a canjiquinha com costelinha. Aproveitavam os miúdos para fazer farofas de mandioca ou de milho.

Com as poucas galinhas e frangos que ciscavam nos quintais, preparavam o frango ensopado, o frango com quiabo e o frango com ora-pro-nóbis. O angu feito de farinha de milho acompanhava esses pratos de caldos.

PETISCOS DA HISTÓRIA

Era irresistível não colher a planta ornamental de folhas suculentas e comestíveis que crescia em volta das igrejas de Minas Gerais. Contrariando a proibição dos padres, que queriam manter bonitos os canteiros da igreja, as pessoas esperavam na hora da missa a longa oração, cujo refrão dizia *"ora pro nobis"* (rogai por nós), para colher a planta. O causo deu nome à leguminosa, que até hoje incorpora receitas como o frango ensopado com ora-pro-nóbis e também combina com sopas, omeletes, feijão preto e angu.

Quanto à carne bovina, a criação de gado só foi implementada em Minas Gerais após o declínio da mineração, no final do século XVIII. Como consequência, a produção de carne e de leite aumentou na região. Hoje são os mineiros os que mais produzem leite no País.

Queijo caseiro e pratos como vaca atolada – carne de vaca cozida com mandioca – passaram então a ser comuns na mesa dos mineiros. Deliciosos quitutes e quitandas**, como o pão de queijo e o doce de leite e a tão particular mistura de doce com queijo, tinham presença certa nas mesas das famílias.

Pelo fato de ser uma culinária ao mesmo tempo simples, pouco variada, mas que aproveitava ao máximo os recursos locais, a cozinha mineira tornou-se uma das mais autênticas do País, que congrega tão bem as influências dos africanos, índios e portugueses.

A alimentação nas minas

As lavras continuavam funcionando a todo vapor, e a extração de ouro e diamantes recheava os cofres dos donos das minas e da Coroa Portuguesa. Quem trabalhava eram os escravos. Estima-se que na região em que hoje se encontram as cidades de Ouro Preto, São João Del-Rei e Diamantina havia cem mil escravos. Estes eram inspecionados pelo administrador e pelo feitor.

Os cativos eram os que mais sofriam com a alimentação. No almoço e na ceia, davam aos escravos farinha de milho misturada com água quente, o angu, no qual punham um naco de toucinho. No jantar, feijão-preto com toucinho, que também comiam com farinha. Aliás, a farinha de milho substituía o pão, e a cachaça ajudava a esquecer o cansaço.

Mesmo com a penúria de alimentos nas minas, os que supervisionavam o trabalho tinham algum privilégio: no almoço comiam feijão-preto com farinha de milho e um pouco de toucinho frito ou de carne de sol cozida. No jantar, um pedaço de porco assado. Na ceia, hortaliças cozidas e um bocado de toucinho para lhes dar gosto.

A PECUÁRIA E O CHURRASCO GAÚCHOS

No período colonial, a ocupação territorial do sul do País foi feita graças à pecuária. Quando os portugueses e espanhóis levaram o gado vacum para o extremo sul, no século XVI, lá encontraram os índios guaranis. Estes já tinham o hábito do mate e do churrasco: assavam carnes em grandes postas, em valas feitas no chão, forradas com folhas – o famoso fogo de chão. Como temperos utilizavam a própria gordura.

Da mistura desses povos surgiu o vaqueiro gaúcho, que herdou o costume do churrasco. Esta especialidade sulista se tornou uma preferência nacional cujas carnes mais tradicionais são a costela de ripa e o matambre**, feita da manta da costela recheada de legumes e ovos.

O gaúcho passou a se dedicar também à produção de carne de charque – mantas de carne salgada e seca ao sol. Primeiramente para a subsistência, mas depois, a partir do século XVIII, o charque acabou se tornando importante produto para a economia local, servindo também de alimento para os tropeiros.

A TÃO ESPERADA INDEPENDÊNCIA

Até o século XVIII, o Brasil era uma colônia dominada por Portugal. Mesmo assim, por aqui se formou uma culinária rica em possibilidades e múltiplas maneiras de elaboração de pratos, graças à capacidade de adaptação das cozinhas indígena, portuguesa e africana.

A farinha de mandioca era o pão de cada dia dos brasileiros. Consumida das mais diferentes maneiras, rivalizava com a farinha de milho, principalmente na região Sudeste. Misturadas à carne-seca e à de porco, elas constituíam um tipo de paçoca; com feijão-preto, tornavam-se um alimento mais umedecido. Nas duas formas, tinha-se uma refeição completa.

Desde o século XVII, o feijão-preto foi o prato predileto nas mesas de todas as classes sociais – fidalgos, escravos, religiosos, viajantes – tanto do litoral quanto do interior. Acompanhado de um pedaço de carne-seca e de toucinho, temperado com banha, cebola, coentro.

E o arroz nessa história? No próximo capítulo, veremos que seu uso na culinária só se firmou no século XIX, assim como a nossa emblemática feijoada.

Com a Independência, a recém-formada nação brasileira do século XIX assumiria novos rumos, buscando seu próprio destino: com a abertura dos portos, entrariam novos produtos alimentícios e chegariam imigrantes das mais variadas nações, cujos costumes gastronômicos se incorporariam à nossa cultura.

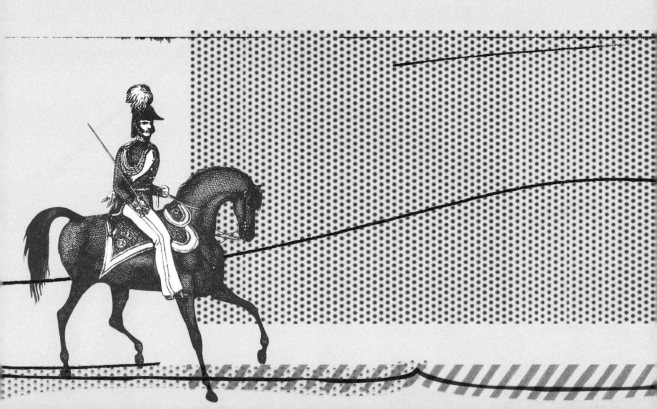

**BRASIL
IMPÉRIO**

Como vimos, um dos resultados da economia do ouro foi a mudança da capital da colônia de Salvador para o Rio de Janeiro, na região Sudeste, em 1763.

A família real portuguesa chegou à nova capital em 1808, abrindo portos e permitindo a entrada de produtos estrangeiros, o que incrementaria a alimentação. A partir desse momento, caiu no gosto da elite do Brasil a gastronomia francesa.

No início do Império, o arroz uniu-se ao feijão, nascendo a combinação mais popular do País até hoje. O café se sobressaiu na economia, enriquecendo o País e trazendo imigrantes dos mais variados países para compor a mão de obra agrícola. Eles iriam fazer parte da nossa diversidade gastronômica.

CHEGADA DA FAMÍLIA REAL AO BRASIL

Em 1807, Portugal estava ameaçado de ser invadido pelo imperador francês Napoleão Bonaparte, que expandia seu poder pelo continente europeu. Apoiada pela Inglaterra, rival dos franceses, e sob a proteção de quatro navios de guerra ingleses, a Coroa Portuguesa transferiu-se para o Brasil. Veio em grande comitiva: a rainha Dona Maria I e seu filho D. João VI, então príncipe regente, acompanhado da esposa Carlota Joaquina e dos filhos, além de mais de 15 mil pessoas, entre fidalgos, funcionários da corte e padres. Assim, a sede da corte lusitana transferiu-se para o Rio de Janeiro e o Brasil foi elevado à condição de Reino Unido de Portugal e Algarves.

A VIDA DA CORTE PORTUGUESA

Quando a Família Real desembarcou no Rio, em março de 1808, a capital do País era uma pequena cidade de 46 ruas estreitas, de terra batida, com casas de aparência modesta. Não havia água potável e a população era composta de mestiços e escravos.

O comércio de alimentos se realizava em feiras livres. Negras quitandeiras ofereciam pelas ruas uma alimentação baseada em produtos da terra como o milho e a mandioca, preparando pratos como farofa, pirão, canjica, angu e beiju.

Tudo isso iria mudar. De um dia para o outro a cidade tornou-se a sede do Império Português, e os costumes locais se adaptariam aos da realeza recém-chegada.

DEBRET E AS CENAS COTIDIANAS DO RIO DE JANEIRO

Uma iniciativa de D. João VI para embelezar a cidade foi incentivar as artes. Para isso, apoiou a vinda da chamada Missão Cultural Francesa, em 1816, e fundou a Academia Nacional de Belas Artes. Chegaram arquitetos e pintores, entre eles Jean-Baptiste Debret, que morou 15 anos no País, boa parte no Rio.

Durante sua estada, Debret escreveu *Viagem pitoresca e histórica pelo Brasil* e retratou com fidelidade cenas da vida pública e privada em cerca de 200 gravuras. Sem essa contribuição, não conseguiríamos ter uma imagem confiável de como se vivia, do que se comia, enfim, dos costumes da época de D. João VI, sobretudo no Rio de Janeiro. Por isso Debret é considerado o maior cronista visual do Brasil do século XIX.

Seus quadros mostravam os tipos humanos que fervilhavam pelas ruas da cidade e o comércio de alimentos. Boa parte dos vendedores era de negras livres, conhecidas como forras e "escravas de ganho". Estas últimas comercializavam, a mando dos seus senhores – que ficavam com o lucro –, produtos como leite, ovos, carnes, verduras e frutas.

Por toda a cidade eram oferecidas especialidades como espigas de milho na brasa, linguiças e até bebidas como o aluá, refresco feito de água de arroz macerado e açúcar. Não faltavam, entre os quitutes, doces como os sonhos (fatias de pão com melado) e o pão de ló.

Uma das especialidades de maior sucesso nas praças cariocas era o angu, preparado em grandes caldeirões pelas quitandeiras. Ao pirão mole feito de farinha de milho, acrescentavam ingredientes bem substanciosos, como azeite de dendê, banha e carnes de porco, miúdos, além de verduras como quiabo, folhas de nabo, tomates. Tudo temperado com salsa, cebola, louro e sálvia.

As baianas, que chegaram ao Rio em 1822, ofereciam em seus tabuleiros (armados sobre cavaletes e cobertos com uma toalha branca) acarajés, quindins, bolo de canjica, pasta açucarada de farinha de milho e leite, vendida em folhas de mamoeiro (COUTO, 2007, p. 101-102).

Tamanha é a sensação de realidade que transmitem os quadros de Debret, que temos a impressão de reviver hoje os aromas do passado. O comércio acontecia nas ruas, nas praças, nos pátios das igrejas de muitas cidades do Brasil, onde o povo podia usufruir de comidas e bebidas rápidas e gostosas. Na verdade, essas vendedoras são precursoras das barracas que hoje vendem churrasquinhos, milho-verde cozido, cachorro-quente, água de coco e doces nas ruas das cidades.

A ENTRADA DOS PRODUTOS ESTRANGEIROS

As primeiras medidas do príncipe regente D. João VI foram: assinar a carta régia que abria os portos brasileiros às nações amigas e decretar a liberdade da indústria e comércio. O País mais beneficiado com as relações internacionais foi a Inglaterra, que pagava impostos de importação mais baixos do que os outros países da Europa.

A riqueza gerada pelo comércio possibilitou o embelezamento e a urbanização da cidade. O Rio de Janeiro ganhou o Jardim Botânico, com suas palmeiras imperiais – que D. João VI mandou vir da Ásia. Foram criados o Banco do Brasil, a Tipografia Régia – que propiciou o aparecimento do primeiro jornal –, o Teatro São João e a Biblioteca Nacional.

À crescente população da cidade, que chegou a 160 mil habitantes em 1816, incorporaram-se viajantes, como diplomatas, comerciantes, naturalistas e artistas plásticos, que chegavam ao importante porto do Rio de Janeiro atraídos pela vida da Corte Portuguesa. Estes últimos acabavam deslumbrados com a natureza generosa da bela baía de Guanabara. Muitos deles contribuíram com seus relatos e suas boas maneiras para a cultura que se formava, principalmente à mesa.

Grande variedade de gêneros alimentícios de diferentes partes do mundo iria rechear a mesa da corte e das famílias ricas. Entre os produtos importados estavam as carnes de fumeiro**, presuntos e outros embutidos portugueses, salames, azeites, vinagres, nozes, avelãs, amêndoas e frutas secas. Sem contar a manteiga irlandesa, as conservas e o chá Lipton da Inglaterra.

Para acompanhar as refeições, serviam-se de champanhe, vinhos tintos e brancos franceses, espanhóis e portugueses, incluindo os fortificados vinhos do Porto, Moscatel e Madeira. Aliás, os jantares poderiam ser ao ar livre e à luz de velas, com saraus. As mesas ganhavam requinte com louças francesas e porcelanas, talheres e baixelas de prata inglesa, xícaras, bules para chá e ainda garrafas e taças de licor.

Os ricos no Rio de Janeiro, a maioria de origem portuguesa, mesclavam as receitas da terra natal com produtos importados e pratos brasileiros. Constavam da dieta o cozido (feito com pedaços de carne e legumes cozidos acompanhados de farinha de mandioca), a sopa (feita com pão, caldo e pedaços de carne de vaca) e a galinha com arroz. Para acompanhar os pratos, molho de pimenta-malagueta curtida no vinagre e azeitonas. De sobremesa, costumavam comer arroz-doce com muita canela, queijo de minas e queijos holandeses e ingleses importados.

Até então, a farinha de trigo era rara, pois só se faziam pães de milho e de mandioca. Com as padarias recém-abertas, o pão de trigo, que fazia sucesso na corte, foi tornando-se um hábito. As padarias também preparavam empadas de galinha e de peixe na Quaresma.

Com a demanda de produtos e o crescimento populacional, apareceram diferentes estabelecimentos na cidade, cujos proprietários eram na maioria portugueses. Padarias, armazéns de secos e molhados, botequins e as chamadas "casas de pasto" constituíam esse comércio. Algumas das "casas de pasto" tinham hospedaria para os viajantes e serviam um pequeno cardápio que poderia ser uma sopa, um cozido, uma carne, uma sobremesa como pudim e uma garrafa de vinho.

O TRIVIAL E VERSÁTIL ARROZ

O arroz, tão essencial na mesa de todo brasileiro, só começou a ser incorporado ao cardápio nacional no século XVIII. Mas, para entendermos como esse cereal chegou até aqui, vamos fazer uma pequena viagem no tempo. A saga do itinerante arroz começa no sudeste asiático, onde se originou. Durante a expansão dos árabes muçulmanos (a partir do século VIII), estes levaram o arroz do Oriente para o sul da Península Ibérica (Portugal e Espanha) e para a África. No Brasil, o ingrediente chegou pelas mãos dos portugueses, logo no começo da colonização e foi plantado em alguns locais, mas sem relevância.

Foi no século XVIII que apareceram grandes arrozais, no Maranhão principalmente. Aproveitando-se da abundância, os maranhenses criaram tantas receitas que até receberam o apelido de "papa-arroz". Foi então nesse momento que o arroz passou a se popularizar e, no século XIX, misturou-se com o feijão que, como já vimos, era essencial na dieta, junto com as farinhas de mandioca e milho. Assim, no início do século XX, com a vida urbana, o prato feito "arroz com feijão, bife e salada" servido nos restaurantes e botecos seria a refeição completa de todo brasileiro.

OS GOSTOS DE D. JOÃO

Após a morte da rainha D. Maria I, em 1816, seu filho D. João VI foi coroado rei. Já pudemos notar que, como governante, ele tomou medidas em favor do Brasil e se preocupou com o embelezamento da capital, com a cultura e as artes.

D. João VI era um bom garfo: sua grande paixão eram frangos e galinhas nas mais variadas preparações – grelhados, assados, ensopados, desfiados ou ainda feitos com arroz. Há relatos que demonstram que chegava a comer cerca de seis frangos por dia, distribuídos entre as refeições principais. Deliciava-se também com as doces laranjas da Bahia, assim como adorava a cozinha brasileira, o que se notava na mesa cotidiana do rei glutão.

Na corte não faltavam feijão, carne-seca, farinha de mandioca, banana e calorosas pimentas. Claro que as receitas portuguesas eram parte integrante do cardápio, como arroz com chouriço, a galinha mourisca e pratos de bacalhau, em várias preparações, com azeite, verdura e legumes e ainda o purê dava um leve sotaque francês às refeições (LOPES, 2004, p. 210-211).

D. PEDRO I, A INDEPENDÊNCIA E O COMEÇO DO IMPÉRIO

Em 25 de abril de 1821, D. João VI, depois de 13 anos no Brasil, despediu-se triste e regressou a Lisboa para assumir o trono português. Deixou aqui seu filho e herdeiro D. Pedro como príncipe regente. Nessa época o Brasil vivia um período de agitações em várias províncias. Desde o final século XVIII, a luta pela separação de Portugal era cada vez mais presente. Um exemplo marcante foi a Conjuração Mineira, em 1789, o primeiro movimento organizado contra a metrópole, liderado por Tiradentes.

PETISCOS DA HISTÓRIA

A nossa cachaça era saboreada em cálices de cristal pela família e amigos de D. Pedro. E, durante as lutas pela Independência, os revoltosos tinham-na como um símbolo da resistência contra Portugal. A cachaça era um marco de brasilidade, mas seu período de ascensão foi curto: ela só voltaria a ser valorizada pela elite na década de 1990.

Tudo contribuiu para que, no dia 7 de setembro de 1822, D. Pedro proclamasse a Independência do País às margens do riacho Ipiranga, em São Paulo. Coroado imperador no dia 1º de dezembro de 1822, a principal tarefa de D. Pedro I foi liderar, em termos políticos, a unidade do novo País. Surgiu então um novo período na nossa história: o Império, que durou até 1889, quando foi proclamada a República.

D. Pedro I tinha personalidade irrequieta. Muito talentoso, como musicista compôs serestas e o *Hino da Independência*, com letra de Evaristo da Veiga. Adorava exercícios físicos, de preferência a equitação. Era um sedutor. Casou-se duas vezes – com Dona Leopoldina e Dona Amélia – e teve muitos filhos e também amantes, entre elas a famosa Marquesa de Santos, que conheceu em São Paulo numa de suas incursões de caça, outro *hobby* do imperador.

Como todo bom amante da vida, gostava muito de comer e beber bem e tinha apetite voraz. A sua mesa era sempre farta, composta de sopas de carne e de legumes, com alho e pimenta. Gostava de carne de porco salgada com muita gordura, carne-assada, galinhas, acompanhadas de arroz, batatas, pepinos. Comia também receitas à base de miolos e fígados.

D. PEDRO I, O VIAJANTE

Segundo a história, numa das incontáveis viagens de D. Pedro I e sua comitiva a São Paulo, em que atravessavam a Serra do Mar passando por matas fechadas e enfrentando perigos, eles pararam para jantar na Fazenda Pau-d'Alho, em São José do Barreiro, no vale do Paraíba, hoje transformada em museu. Lá, o dono da fazenda, coronel João Ferreira de Souza, mandou preparar um jantar especial em homenagem ao imperador, do qual constava leitão recheado e assado à pururuca, como se faz até hoje. Como o jovem e impetuoso D. Pedro I gostava muito de se misturar ao povo, chegou antes e sentou-se incógnito numa mesa simples, em que comeu um dos pratos que mais apreciava, arroz com feijão, e, para arrematar, uma cachacinha. Sua presença só foi notada quando o dono da fazenda entrou na cozinha e viu D. Pedro I rindo junto com os empregados (LOPES, 2004, p. 215-216).

Apesar de a figura de D. Pedro ser de grande importância na nossa história, seu governo não durou nem dez anos. Após ser coroado Imperador do Brasil, outorgou a primeira Constituição do País em 25 de março de 1824. Mas, por governar de forma autoritária, sem levar em conta o Parlamento, perdeu a popularidade nos anos seguintes. Revoltas internas cresceram por todo o País. Além disso, em 1825, D. Pedro envolveu-se num conflito externo, invadiu a Província Cisplatina (hoje Uruguai), deflagrando uma guerra em que foi derrotado. As muitas vidas perdidas em combate aumentaram a crise social.

Diante do desgaste político, em 17 de abril de 1831, D. Pedro I abdicou do trono, deixando seu filho de 5 anos como herdeiro, sob a tutela de José Bonifácio de Andrada. Voltou para Portugal, onde assumiu a Coroa Portuguesa, e morreu aos 36 anos, em 1834, no Palácio de Queluz. Seus restos mortais voltaram ao Brasil e sua cripta encontra-se no Monumento da Independência, no bairro do Ipiranga, em São Paulo.

O REINADO DE D. PEDRO II

Foi em 1841, aos 15 anos de idade, que o novo imperador assumiu o poder com o título de D. Pedro II. Sem a presença dos pais na sua criação, teve uma educação austera. Tornou-se homem muito culto, poliglota e viajado. Foi grande propagador da cultura, investindo em pintores, escritores e compositores como Carlos Gomes, autor de *O Guarani*.

D. Pedro II foi casado com a princesa Teresa Cristina de Bourbon. Costumava promover reuniões literárias na residência real, o Palácio de São Cristóvão, no Rio. No seu governo, além da agitada vida cultural, a economia brasileira foi incrementada com a introdução do cultivo do café. As ferrovias e o telégrafo ajudaram a desenvolver o País. No final do seu reinado, a escravidão terminou no Brasil, em 1888.

O soberano era um homem de costumes simples à mesa. Comia pouco e de forma simples no cotidiano. No café da manhã tinha por hábito comer ovos e café com leite. Como contam os estudiosos, ele gostava muito de canja, que podia tanto ser preparada ao modo tradicional, com galinha, quanto com a ave nativa do Brasil, o macuco. Até nos intervalos das peças de teatro, um dos seus passeios favoritos, tinha por hábito tomar sua canja. Era abstêmio e conservava uma mania: tomar água com açúcar como refresco. Também gostava de doces simples, como o de figo. Assim, seu cardápio de preferências era bem restrito e insosso.

Vale destacar que D. Pedro II apoiou a importação de uma paixão da época, o sorvete. Depois que ele degustou e aprovou essa delícia gelada, preparada então de forma rudimentar com gelos que vinham dos lagos congelados do norte dos Estados Unidos, o doce caiu no gosto da população. Sorveterias foram inauguradas, mas parece que uma das mais importantes foi a do italiano Antonio Francione, que preparava um sorvete feito de pitanga que o imperador apreciava. Havia outros sorvetes de frutas, como coco, abacaxi e caju.

Os hábitos sóbrios do imperador não eram a tônica da corte, que, evidentemente, adorava os requintes aos moldes franceses. Começou nessa época o hábito de usar a palavra "menu" para os "cardápios" que eram servidos à mesa dos cerimoniais, assim como escrever em francês o nome dos pratos, embora boa parte deles fosse de origem portuguesa e brasileira. Assim, *entrées* eram as entradas; *potages,* as sopas; consom*més,* os caldos; *poissons,* os peixes; *dindons,* os perus.

A alta sociedade foi ficando cada vez mais sofisticada. Nos banquetes ao imperador e à imperatriz constavam as mais luxuosas aparelhagens de prata. Em algumas recepções os talheres eram de ouro, assim como os castiçais. Nas louças estavam estampadas as armas imperiais (LOPES, 2004, p. 246-249).

No comando da cozinha do Palácio de São Cristóvão estava R.C.M., do qual não se sabe o nome completo, pois sua função era de segurança de Estado. Mas, apesar de sua identidade oculta, ficou célebre com seus conselhos e comentários sobre os hábitos da corte à mesa. Suas receitas foram compiladas no livro *O cozinheiro imperial.*

PETRÓPOLIS: A CIDADE DE PEDRO

Elevada ao status da cidade mais europeia do Império, Petrópolis era o local onde Dom Pedro II, a esposa D. Maria Cristina e as princesas Isabel e Leopoldina, junto com os maridos, passavam o verão fugindo do calor escaldante do Rio de Janeiro.

Segundo os relatos da historiadora Ana Roldão, que investigou a relação de compras da cozinha do Palácio em Petrópolis, às 9 horas da manhã era servida a primeira refeição do dia, o almoço. O jantar da família imperial, às 16h, era servido numa grande mesa oval (hoje em exposição no Museu Imperial) e composto de pelo menos quatro pratos principais (dois de peixes e dois de carnes). Aos moldes europeus, as receitas continham amêndoas, nozes e muito creme. Como sobremesas, havia, por exemplo, suspiros com damascos, pão-de-ló e sorvete, as preferidas da princesa Isabel.

OS PRIMEIROS LIVROS NACIONAIS

O sucesso tardio dos livros de culinária no Brasil expressa como o livro era artigo de luxo no início do século XIX por aqui. Foi só em 1808, com a instalação da Imprensa Régia por D. João VI, que volumes começaram a ser impressos no Brasil, inclusive os de culinária.

O primeiro livro de cozinha escrito e publicado no Brasil é *O cozinheiro imperial*, datado de 1840. Quanto à estrutura, seu estilo segue os moldes portugueses, com muitas receitas tradicionais lusas e de influência francesa. Mas o mais importante é que a obra enfatiza a nossa cozinha nacional. A divisão em capítulos respeita os tipos de alimentos e mais de mil receitas são reunidas, como sopas, carnes de vaca, de porco, cabrito, coelho, lebre; aves, caças, peixes, frutos do mar, legumes, molhos, ovos, leite, massas e doces.

O grande diferencial dessa obra é o número considerável de pratos nacionais, como galinha com quiabo, em que se usa a pimenta nativa cumari, sopa de cará, tutu à mineira, e a valorização das frutas tropicais em doces e geleias.

A obra apresenta, no início, informações sobre o modo de cortar as carnes e o aproveitamento de miolos e línguas, por exemplo, muito consumidos na época. Mostra a importância de técnicas culinárias como o banho-maria e conta ainda com um guia de boas maneiras para as donas de casa e os criados: serviços das mesas cotidianas e de banquetes e suas variações, como receber, entre outros conselhos úteis.

Foi tamanho o sucesso de *O cozinheiro imperial* que foi reeditado muitas vezes com atualizações. Ele se tornou um marco entre os livros de culinária brasileira (COUTO, 2007).

Décadas mais tarde, os nossos doces feitos com frutas tropicais vão ganhar mais força ainda no *Dicionário do doceiro brasileiro*, de Antonio José de

Souza Rego. O livro, cujas dezenas de receitas constam em ordem alfabética, conta com doces em calda, como abacaxi, caju, bacuri, goiaba, jaca, jambo e mamão, além de cocadas.

Outro importante documento dos costumes do Império é o livro *Cozinheiro nacional*. Supõe-se que seja de 1890. Sobre o autor, cogita-se o nome de Paulo Salles. O item interessante desse livro é uma tabela em que consta uma lista de produtos estrangeiros e suas possíveis substituições nas receitas brasileiras. Alguns exemplos: alcachofra por palmito; berinjela por jiló; castanhas por pinhões; aspargos por broto de samambaia; amêndoas, nozes e avelãs por amendoim e castanhas-do-brasil. Há também quitandas como broa de milho no lugar do pão de farinha de trigo. E canjicas em várias versões, entre elas com amendoim e leite. vale ressaltar que a receita típica portuguesa de arroz-doce aparece em todos esses livros de várias maneiras.

A tentativa de *O cozinheiro nacional* era valorizar os nossos ingredientes e emancipar a culinária brasileira da influência dos produtos estrangeiros que entravam no país. Chegaram a desenvolver receitas "exóticas", usando carnes selvagens. Exemplos curiosos, estranhos ao nosso paladar, mas que faziam parte do cotidiano dos nossos nativos e dos primeiros colonizadores eram as tanajuras fervidas, com as partes gordas fritas em banha e sal, tamanduá assado, lontra ensopada, cobra cozida e cotia frita com mandioca.

Não se sabe ao certo se essas receitas refletiam os hábitos alimentares do século XIX ou se eram uma forma de mostrar uma cozinha totalmente brasileira (COUTO, 2007, p. 143-147).

O CAFÉ NO BRASIL

No alvorecer do século XIX, sérias dificuldades financeiras caracterizaram a vida econômica brasileira. O ouro de Minas Gerais estava escasseando e o açúcar não tinha condições de concorrer com os engenhos das Antilhas e de Cuba, além de a Europa já produzir açúcar de beterraba. Nesse momento, apareceu um novo produto de exportação que sustentaria o desenvolvimento do Brasil: o café. Foi com a riqueza do chamado "ouro verde" que a industrialização do País teve impulso, sobretudo no estado de São Paulo.

Esta bebida, tão apreciada por nós brasileiros, chegou ao Brasil em 1727 por meio do sargento-mor Francisco de Mello Palheta, oficial português. Ele recebeu as mudas do grão pelas mãos da esposa do governador da Guiana Francesa. Plantado a princípio no Pará, o café seguiu para o Rio de Janeiro por volta de 1776.

O cultivo do café se intensificou, tornando-se um negócio rentável por causa do aumento do consumo da bebida nos Estados Unidos da América e na Europa, na primeira metade do século XIX. Com um mercado consumidor garantido, a lavoura cafeeira prosperou na Baixada Fluminense, em direção ao vale do Paraíba. Em poucas décadas espalhou-se, atingindo cidades como Resende, Barra Mansa, Valença e Vassouras (na parte fluminense do vale) e Bananal, Guaratinguetá, Lorena, Pindamonhangaba e Taubaté (no trecho paulista).

A marcha do café fez a fortuna de fazendeiros, conhecidos como "os barões do café". Suas fazendas foram se ampliando numa velocidade impressionante para o oeste paulista, derrubando florestas e recrutando milhares de escravos para realizar as tarefas da produção cafeeira. No final do século XIX, o Brasil dominava 70% da produção mundial e ditava as regras do mercado internacional.

Junto com a riqueza vieram as estradas de ferro que integravam regiões cafeeiras às cidades e ao porto de Santos, onde estava a Bolsa do Café, local de negociação dos preços – hoje transformada em museu. As estações de trem eram os locais onde embarcavam todos os dias centenas de pessoas. Muitas delas se dirigiam à capital paulista para fazer negócios, mas outro tanto ia às compras, ao encontro da cultura na cidade que se desenvolvia, aos restaurantes e às confeitarias para apreciar as novidades gastronômicas.

Na outra mão, os trens também levavam as novidades para o interior do estado, função que antes era dos tropeiros. Jornais, correio e mercadorias eram transportados pelo novo meio de transporte. O relógio da estação, além de marcar os horários dos trens, ditava a vida das pessoas, agora controlada por horários no novo mundo das fábricas.

BARÕES DO CAFÉ: HÁBITOS NAS FAZENDAS

Nas fazendas, embora ainda houvesse influência francesa, a cozinha do cotidiano paulista se mantinha sóbria, prevalecendo a simplicidade dos costumes rurais.

A cozinha caipira era composta de cinco refeições: café da manhã, almoço, café da tarde, jantar e ceia. No almoço, comia-se, por exemplo, frango ensopado, cuscuz e virado à paulista. Na ceia, à luz do lampião de querosene, havia caldos e sopas. No café da manhã ou da tarde, não faltavam o bolo de fubá com erva-doce, o pão de queijo, a geleia de laranja-cavalo azeda e os sequilhos.

Quem retratou muito bem os hábitos culinários da sociedade representada pelos barões do café foi o artista plástico paulista Pedro Alexandrino Borges (1856-1942), em quadros como *Cozinha na roça*, hoje no acervo da Pinacoteca do Estado de São Paulo. Ruth Sprung Tarasantchi, autora de *A vida silenciosa na pintura de Pedro Alexandrino*, relata: "através de sua obra temos uma ideia da sociedade paulista do século XIX até início do XX: um meio provinciano, mas ao mesmo tempo pretensioso, procurando afrancesar-se" (TARASANTCHI, 1981, p. 1-2).

COMIDA NAS FAZENDAS DE TARSILA DO AMARAL

Aluna de Pedro Alexandrino, a artista plástica Tarsila do Amaral (1897-1973) foi uma importante figura do movimento modernista brasileiro. Deixou obras notáveis como *Abaporu* (1928) e *Operários* (1933). Neta e filha de barões do café, a paulista cresceu em Capivari, nas fazendas Bela Vista e São Bernardo. Sua família chegou a ter 22 fazendas. A menina Tarsila desenvolveu um paladar cosmopolita. Na mesa, podia ter o trivial arroz com feijão, batata, dois ou três tipos de carnes, como bife e lombo de porco, e aves como frangos, codorna e perdizes, algumas vezes salada de maionese, novidade na época. Assim como suflês de camarões e de ingredientes bem brasileiros como chuchu e palmito e ainda o cassoulet de Toulouse**. O pai de Tarsila tinha uma adega admirável, com vinhos franceses do naipe do tinto Château-Lafite ou do branco Chablis. Sua mãe gostava de tomar água mineral importada, Vicky Hôpital ou Celestin, e dava aos filhos. Uma das receitas de que Tarsila mais gostava era a sopa de marmelo, sobremesa muito consumida na época, em que se fazia uma calda da fruta, com açúcar, acrescida de cravo e canela, servida quente, com pedacinhos de queijo.

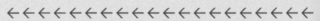

OS ESCRAVOS E OS IMIGRANTES

Inicialmente, nas fazendas de café eram os escravos africanos que trabalhavam duro em todas as tarefas diretamente ligadas ao preparo das terras, ao plantio, à colheita e ao beneficiamento do café. O dia começava de madrugada com o badalar do sino, para que todos acordassem. Depois recebiam a enxada e partiam para as lavouras, entre quatro e meia e cinco horas da manhã. Os escravos faziam três refeições diárias: café da manhã, almoço e jantar, e faziam uma alimentação à base de farinha e milho, carne-seca e feijão.

No momento em que a produção cafeeira mais crescia e precisava de gente, o trabalho cativo foi se restringindo: a pressão abolicionista começou com a proibição do tráfico de africanos em 1850, culminando com a Lei Áurea, que libertava todos os escravos – assinada em 13 de maio de 1888 pela Princesa Isabel, filha de D. Pedro II.

Após a Abolição, todos esses trabalhadores, tão importantes na construção do nosso País, foram deixados à própria sorte: sem terras para cultivar, sem assistência social, escola e trabalho, a maioria ficou à margem da sociedade.

Para suprir o braço servil, o Brasil abriu suas portas para milhões de imigrantes da Europa, Oriente Médio e, mais tarde, Japão, que, carregados de esperança, vinham atrás de uma vida melhor. Traziam na bagagem, além da saudade, as receitas e ingredientes da terra que deixaram.

Chegando ao porto de Santos, depois de uma viagem cheia de sacrifícios, as famílias eram mandadas para a Hospedaria dos Imigrantes, em São Paulo. Lá, homens, mulheres e crianças ficavam alojados por alguns dias antes de seguir caminho para as fazendas de café. Em grandes refeitórios, comiam arroz com feijão e pedaços de toucinho e canja.

No trabalho dos cafezais, os colonos italianos eram a maioria dos imigrantes. Preparavam suculentas macarronadas caseiras, que passaram a ser conhecidas como "o macarrão da *mamma*", com molhos ao *sugo* e à bolonhesa, entre outros. Difundiram também o hábito de receitas como o risoto, a polenta, os polpetones (almôndegas de carne de vaca), a berinjela, o minestrone e o pão italiano.

Muitos desses italianos, porém, foram para a cidade de São Paulo, onde se fixaram em busca de novas oportunidades na zona urbana. A partir do final do século XIX, abriram as chamadas "cantinas", ambientes familiares que, no início, funcionavam como armazéns: nos fundos a italianada se encontrava e se divertia jogando baralho, comendo pães, salames, antepastos, pizzas e outros pratos populares, acompanhados com vinho. No princípio do século XX, essas cantinas viraram pequenos restaurantes à la carte, com objetos pendurados como nos armazéns, dos quais falaremos no próximo capítulo (PODANOVSKI, 1988, p. 40-41).

PETISCOS DA HISTÓRIA

Uma das razões do sucesso gastronômico do macarrão foi a construção da fábrica de massas Premiato Pastifício Italiano, na capital paulista, em 1896. Chegava-se a produzir cerca de 2 mil quilos de massa por dia e 40 tipos diferentes. Foi a arrancada para a produção em grande escala das fábricas de Francisco Matarazzo, também em São Paulo. No início do século XX, macarrão aos domingos já era hábito consagrado dos paulistanos. Aos poucos, passou a ser prato popular em todo o Brasil.

Muitos outros imigrantes compuseram a colcha de retalhos que é o Brasil. Os árabes sírio-libaneses, por exemplo, trouxeram o quibe, a esfirra, a coalhada seca, os charutinhos de repolho e de uva, doces folhados à base de mel, além de ingredientes como lentilhas, damascos, tâmaras, hortelã, que se acomodaram muito bem ao paladar brasileiro.

Os espanhóis nos deram o gosto pela paella, pelo *puchero* (cozido com toucinho, carnes e grão-de-bico) e a *tortilla* feita de ovos e batata. Dos gregos herdamos a *mussaka;* dos húngaros, o *goulash*; dos austríacos, a torta vienense. Entre os cerca de 70 povos recebidos no Brasil, os japoneses, que chegaram a partir de 1908, acabaram formando a maior colônia do mundo na região de São Paulo. A dificuldade e a saga dos primeiros imigrantes japoneses foram retratadas com muito sentimento no filme *Gaijin, caminhos para a liberdade*, de Tizuka Yamazaki.

As tradições milenares do Japão, como a cerimônia do chá, a religião budista, as artes marciais, a delicadeza dos arranjos florais da ikebana e a elaborada gastronomia, foram primorosas contribuições para a cultura brasileira. À mesa, nós usufruímos dessa herança em pratos como sushis, sashimis, ingredientes à base de soja como o tofu e o missoshiro, o arroz *mochi* (feito no vapor), o saquê e até o pastel de feira (muito famoso em São Paulo).

Todos esses povos acabaram criando raízes, misturando-se e deixando o nosso País ainda mais colorido étnica e culturalmente. E, com certeza, muito mais saboroso.

PETISCOS DA HISTÓRIA
Dos imigrantes alemães herdamos o gosto pela cerveja. A bebida começou a entrar no Brasil em quantidade e com frequência a partir de 1808. A primeira fábrica no País foi a Bohemia, em Petrópolis (RJ), criada pelas mãos do imigrante Henrique Kremer em 1853. A cerveja tinha estilo alemão, amarga e forte. Com o tempo, tornou-se mais leve, suave e menos amarga, como é até hoje. Cada vez mais apreciada, o grande *boom* de consumo se deu a partir de 1888, com a fundação da Antarctica Pilsen e da Brahma. Virou hábito nacional tomar cerveja, adaptada ao modo tropical: estupidamente gelada.

AS IMIGRAÇÕES NO SUL DO PAÍS

Se o objetivo primordial da mão de obra imigrante no Sudeste foi trabalhar nas lavouras de café, a imigração no Sul tinha o intuito de ocupar as regiões pouco povoadas do nosso território.

Por determinação da Coroa Portuguesa, as primeiras famílias que aportaram no Sul, a partir de 1744, eram das ilhas da Madeira e dos Açores (Portugal). Em 1824, chegavam ao Rio Grande do Sul imigrantes alemães, erguendo a cidade de São Leopoldo. Em Santa Catarina, os primeiros grupos germânicos vieram em 1850 com Herman Blumenau, que fundou a cidade que leva seu sobrenome. Os alemães trouxeram seus costumes, festas e receitas como as carnes defumadas, o salsichão, o chucrute, o pão preto, o bolo floresta negra e o *apfelstrudel*.

Nas terras de Garibaldi, Bento Gonçalves e Caxias do Sul, os imigrantes italianos, que chegaram a partir de 1875, começaram a plantar uvas e produzir vinhos. Na falta de variedades viníferas, isto é, próprias para a produção de vinho, tiveram que plantar as chamadas uvas de mesa, que serviam mais para o consumo próprio. Mas veremos no capítulo "Brasil – Cozinha Típica Regional" como a vitivinicultura foi se aprimorando e culminou no prestígio atual do nosso vinho, hoje uma das atividades mais rentáveis do Rio Grande do Sul.

O filme *O quatrilho*, do diretor Fábio Barreto, baseado no livro de José Clemente Pozenato, foi indicado para o Oscar de melhor filme estrangeiro em 1995. A fita conta a história de dois casais de colonos italianos que viviam na serra Gaúcha no início do século XX. O enredo revela os hábitos dos imigrantes do Sul que trabalhavam na agricultura. Hoje existe um roteiro turístico que percorre a localidade de Vila Tapera, onde viveram os protagonistas do filme. Na zona rural, o visitante pode degustar os produtos coloniais, como polenta, massas, vinho, *grappa* (aguardente de uva) e o café colonial feitos pelas famílias de descendentes de alemães e italianos.

A BELLE ÉPOQUE BRASILEIRA

No final do século XIX, comodidades como a iluminação a gás e, depois, a eletricidade, lojas luxuosas, teatros, casas de chá, confeitarias e hotéis eram comuns nas cidades ricas do café, como Rio de Janeiro e São Paulo, e da borracha, como Belém.

Os brasileiros viajavam sempre à Europa; ir à França era chique. Assim, as novidades da chamada belle époque parisiense chegavam também ao Brasil. Você deve se lembrar de que, entre o final do século XIX e início do século XX, a França ditava a moda no campo das artes, da arquitetura e da gastronomia.

A elite brasileira expressaria esse glamour francês em seu modo de vida: na forma de vestir e nos saraus, em que eram declamadas poesias na língua francesa, com o acompanhamento de números musicais ao piano. Os homens, em seus ternos de casimira ou linhos ingleses, e suas mulheres, sinhás e sinhazinhas – agora chamadas *madames e mademoiselles* – charmosas de vestidos acinturados e luvas.

Por influência dos costumes franceses, as mulheres começaram a aparecer em público frequentando confeitarias, teatros e casas de chá, que ganharam as ruas. Batizada de "Cidade Maravilhosa", o Rio de Janeiro servia de modelo para as demais cidades do País, especialmente São Paulo e Belém. A classe abastada carioca passeava pelas novas avenidas Central e Beira-Mar, onde se concentrava o comércio de luxo.

→→→→→→→→CONFEITARIA COLOMBO

Um dos pontos de encontro dos endinheirados na capital brasileira era a Confeitaria Colombo, toda em estilo art nouveau, um retrato da belle époque carioca. A Colombo, hoje uma das atrações turísticas do Rio de Janeiro, foi sucesso desde a inauguração, em 1894, com seus espelhos belgas, bancadas em mármore italiano, molduras e vitrines de jacarandá.

No fim da tarde, mulheres que retornavam das compras ali paravam para tomar um chá completo, composto de diversos tipos de infusões, café, salgados como a coxa creme e o camarão empanado, além de docinhos como pastel de belém e o famoso casadinho. Jornalistas e intelectuais como o político Rui Barbosa e artistas como o poeta Olavo Bilac e o compositor Villa-Lobos passavam as tardes em longos debates sobre os mais variados assuntos. Até hoje a Colombo mantém seu glamour e, no comando da cozinha, sempre estiveram chefs de alto gabarito.

←←←←←←←←←←←←←←←←←←←←←

A cidade de São Paulo também foi embelezada com vias largas, como a avenida Paulista. Muitos barões do café construíram seus palácios ali e não mediam esforços para mostrar o que podiam comprar com sua riqueza. As lojas de luxo e as casas de chá e confeitarias estavam localizadas no Centro da cidade.

No Viaduto do Chá, instalou-se, em 1913, um dos locais mais charmosos da elite paulistana: o salão de chá da Mappin Stores, uma das mais antigas casas comerciais da Inglaterra. Ali, ao som de música ao vivo, e até a década de 1950, as jovens da cidade iam paquerar e tomar o chá da tarde: além da bebida, havia torradas com manteiga, doces sortidos, waffles, petit-fours, canapés, salgadinhos, sanduíches de presunto, queijo ou patê.

Os ares da belle époque chegaram até o Norte do País. Com a incorporação do automóvel como meio de transporte, no final do século XIX a borracha passou a ser necessária na confecção de pneus. E mais uma vez o Brasil forneceu a matéria-prima (seringueira) para a produção, centralizada na região amazônica. Foi assim que a cidade de Belém se transformou no mais importante porto de saída da borracha, que partia para os Estados Unidos e Europa.

A imponente arquitetura de ferro do Mercado Ver-o-Peso, posto de controle fiscal de importações e exportações, data dessa época, assim como o Teatro da Paz, palco das mais importantes companhias de ópera do mundo. Colocava-se elegância também sobre a mesa, em porcelanas de cristal. Em Belém também havia lojas de luxo, como a Paris na América, que vendia tecidos de seda e linho, perfumes, sapatos, louças, chapéus e outros artigos requintados trazidos diretamente da capital francesa.

Assim, cidades como Rio de Janeiro, São Paulo e Belém centralizavam os principais acontecimentos do País.

SURGIMENTO DE HOTÉIS E RESTAURANTES

Até o começo do século XIX existiam pequenas hospedarias ou estalagens de caráter familiar e serviço informal que também "davam pasto", ou seja, serviam comida simples e com pouca variedade. Esses estabelecimentos eram os únicos que existiam para receber os viajantes.

No Rio de Janeiro da década de 1830, começou a existir um serviço que poderia ser reconhecido como de hotel, no sentido mais atual da palavra: oferecia aposentos e quartos mobiliados com sofisticação e jantares de encomenda, como o Hotel dos Estrangeiros. Até então esses estabelecimentos ofereciam hospedagem aos forasteiros nacionais e internacionais. A elite continuava recebendo seus convidados nas mansões.

A partir da metade do século XIX, tanto em São Paulo como no Rio, surgiram os primeiros hotéis com restaurantes de cozinha francesa e serviço à la carte. Almoçar e jantar nesses hotéis tornou-se um hábito para a classe rica. Os salões dos hotéis também eram alugados para a realização de festas, com pratos preparados pela cozinha do estabelecimento. Algumas famílias ainda encomendavam menus para serem entregues em domicílio.

No Rio de Janeiro, havia hotéis grandiosos com restaurantes e adega, como o Hotel des Frères Provenceaux, o Ravôt e o Francez, frequentados pelas pessoas chiques da cidade.

Em São Paulo, surgiram o Hotel Itália, o Europa, o Globo e o Grande Hotel; este último, localizado na rua São Bento, era comparado aos grandes hotéis de luxo das principais capitais da Europa. Não havia nada parecido no Brasil com os quartos de mobiliário elegante, com várias comodidades, banho quente, serviço de cozinha impecável e adega com numerosos vinhos (PIRES, 2001, p. 166-167).

O ÚLTIMO BAILE DO IMPÉRIO

Na noite do dia 9 de novembro de 1889, um sábado, no Rio de Janeiro só se falava daquele que teria sido o baile mais luxuoso da monarquia: o Baile no Palácio da Ilha Fiscal. O palácio era uma cópia dos castelos do século XIV do sul da França e, na época, funcionava como posto da alfândega na baía de Guanabara.

A festa homenagearia os oficiais do navio chileno *Almirante Cochrane*, com o objetivo de estreitar os laços com o Chile e reabilitar o prestígio da monarquia, já abalado com os ideais republicanos. Compareceram cerca de cinco mil convidados: homens vestindo sobrecasacas e fardões de gala e mulheres com figurino luxuosíssimo.

O grande destaque do memorável evento foi o banquete. Para o serviço de bufê e ceia à francesa, foi contratada a Confeitaria Pascoal, uma das mais conceituadas do Rio de Janeiro na época. Na decoração da mesa constavam enormes esculturas de açúcar em forma de castelo, com mais de um metro de altura, cujo interior guardava finos bombons. A fartura de ingredientes mostrava a ostentação da monarquia.

Estima-se que foram servidos cerca de 800 quilos de camarões, cem línguas-de-boi, 18 pavões, 64 faisões, 300 galinhas, 350 frangos, 80 perus, 30 presuntos, dez mil sanduíches, 18 mil frituras, mil peças de caça, 50 peixes, 50 tipos de saladas de maionese e 25 cabeças de porco recheadas. De sobremesa, 12 mil sorvetes, 500 pratos de doces variados. Entre as bebidas, constavam 12 mil taças de *punch*, dez mil litros de cerveja, 12 mil garrafas de vinhos finos de vários países europeus – como os cobiçados franceses como Châteaux d'Yquem, Lafite, Beychevelles e Margaux –, licores e champanhe da estirpe de Clicquot, Heidsieck e L. Roederer (VIANNA, 1977, p. 151; LOPES, 2004, p. 270).

Entre os pratos oferecidos, constava: *filet de merlan farcis* (filé de peixe de mar recheado com champignon), *croquembouche aux roses* (carolina com creme, decorada com pétalas de rosas), *dindon aux marrons* (peru com castanhas), *gelées macédoine aux fruits* (saladas de frutas em geleias).

Poderíamos dizer que a comilança, que terminou às 6 horas da manhã, foi o banquete de despedida da monarquia, extinta seis dias depois.

O DECLÍNIO DA MONARQUIA BRASILEIRA

No final do século XIX, a monarquia entrou em declínio, desgastada por várias questões sociais e políticas. Paralelamente, o movimento republicano foi ganhando simpatizantes e o apoio decisivo dos cafeicultores. Uma conspiração estava para acontecer.

Para mostrar força e prestígio nesse momento de crise, a corte organizou o grandioso baile, o último baile do Império. Enquanto os convidados dançavam despreocupados na festa, os militares liderados pelo marechal Deodoro da Fonseca tramavam a derrubada do rei D. Pedro II. Seis dias após o Baile no Palácio da Ilha Fiscal, a monarquia caiu e o Brasil adotou a República em 15 de novembro de 1889. A caminho do século XX e sob o novo regime, o País entraria num grande processo de industrialização, com a população deslocando-se da zona rural para a urbana.

A ALIMENTAÇÃO DO POVO

Como vimos, com a abertura dos portos, a elite usufruiu de novos produtos alimentícios e de grande requinte, com influência francesa marcante. Mas a alimentação popular, nas zonas rurais, não mudou muito em relação ao Brasil-Colônia.

O hábito do cafezinho caiu nas graças do povo. Primeiramente em Minas, São Paulo e no Rio, tomar café passou a ser um gesto de boas-vindas aos visitantes e também ganhou as ruas do Brasil.

A população continuava a comer angu, pedaços de carne-seca e farinha de mandioca, incrementado com feijão-preto esmagado, acrescido de pimenta para dar sabor. Como acompanhamentos, comiam bananas, laranjas e tomavam água. "Essa refeição simples era repetida invariavelmente todos os dias..." Aqueles que dispunham de um pouco mais de posses, como os comerciantes, acrescentavam à refeição o lombo de porco assado ou peixe cozido com salsa (DEBRET, 1983, p. 143-145).

A primeira refeição do dia, até então chamada ao jeito português de "pequeno almoço", aos poucos seria conhecida como café da manhã.

No próximo capítulo, veremos a influência dos imigrantes na nossa cultura e como se formou a restauração no Brasil. A gastronomia passará a ser cada vez mais valorizada.

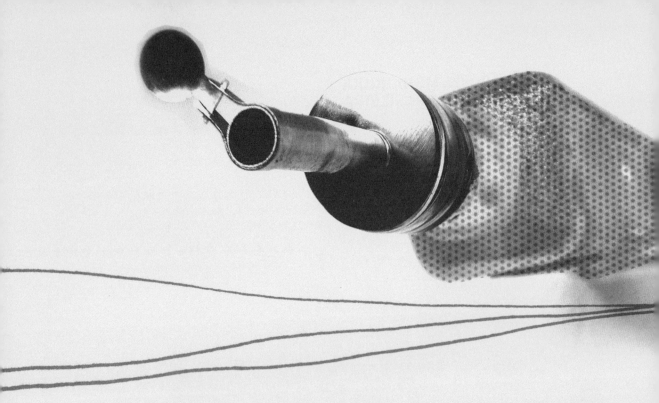

BRASIL
NO SÉCULO XX

Nas metrópoles brasileiras do começo do século XX, os restaurantes tornaram-se locais de lazer, em que as pessoas escolhiam os pratos no cardápio a um preço fixo. Para os operários, surgiram bares e botecos com os chamados "pratos feitos" (ou PF).

Até a década de 1950, a cozinha internacional exerceu grande fascínio sobre a elite. Mas com a influência norte-americana e a emancipação feminina, os fast-food também se espalharam pelas capitais brasileiras. Em contrapartida, a cozinha profissional se renovou, com a vinda de chefs franceses para trabalhar nas grandes redes de hotéis, que passaram a dominar o mercado de hospitalidade desde a década de 1970.

Esses profissionais estrangeiros de forno e fogão fundamentaram as bases da alta cozinha do País. E impulsionaram a criação de muitas escolas de cozinha de nível básico, técnico e superior, com o objetivo de formar profissionais qualificados para suprir o mercado em crescente expansão.

INÍCIO DA REPÚBLICA E VIRADA DO SÉCULO XX

A Proclamação da República foi o resultado de um longo processo de crises sociais, políticas e econômicas que abalaram a Monarquia. O principal objetivo do novo governo republicano era transformar o Brasil em nação industrializada. Isso foi possível graças ao acúmulo de capital proporcionado pela cultura cafeeira, que gerava divisas** por conta da exportação.

Com a República, o Brasil acelerou a implantação do seu parque industrial, o que, como veremos, gerou um movimento populacional contínuo em direção aos centros urbanos. É importante frisar que nas grandes cidades, São Paulo na frente, surgiram uma classe trabalhadora e uma incipiente classe média – pequenos empresários, profissionais liberais, comerciantes e funcionários públicos – que contribuíram decisivamente para a ampliação do mercado consumidor.

Os primeiros setores industriais a se desenvolver foram os dos bens de consumo que não dependiam de tecnologia sofisticada. Eram os ramos têxteis (de vestuário), de remédios, de produtos de higiene e limpeza e principalmente de alimentação, com a produção de farinhas, óleos comestíveis, biscoitos, massas e molhos de tomate, por exemplo.

A dinâmica da industrialização mudou o modo de vida das pessoas. Impôs, por exemplo, horários aos trabalhadores, o que não permitia que voltassem para casa na hora do almoço. A solução veio com os botecos e lanchonetes, que passaram a servir comida caseira nas proximidades das fábricas.

Como os almoços precisavam ser preparados de forma rápida e ao gosto da clientela diversa de imigrantes, os estabelecimentos adotaram o sistema do "prato do dia" ou "prato executivo". Muitos fregueses, inclusive, forneciam suas receitas caseiras prediletas para os donos dos botecos e lanchonetes.

Segundo relatos, no início do século XX esse hábito também era comum nos hotéis do interior de São Paulo, em que se serviam os "pratos do dia" para os caixeiros-viajantes. "Meu pai era caixeiro-viajante na década de 1920, numa época em que havia muito hotel-pensão. Todos eles serviam 'pratos do dia'", conta o garçom Aldacir Segura, do restaurante Fuentes, em São Paulo.

Nas fábricas, o mercado de trabalho para as mulheres ainda era restrito. Muitas conciliavam as tarefas de mãe e esposa com atividades que pudessem realizar em casa para aumentar a renda familiar: eram doceiras, quituteiras, bordadeiras e costureiras. Elas preparavam em casa guloseimas como balas, pastéis, biscoitos, tortas, petiscos, comercializados nas ruas, nas igrejas e nas comemorações das festas religiosas. Como vemos nas novelas de época, algumas figuras femininas ainda eram donas de pensão, local em que também serviam refeições.

OS PRIMEIROS RESTAURANTES EM SÃO PAULO, RIO DE JANEIRO E OUTRAS CAPITAIS

Considerada hoje a Capital Mundial da Gastronomia, a cidade de São Paulo tem muita história para contar. Ao abraçar as culturas do mundo todo, não é à toa que ali tenha se solidificado uma diversidade gastronômica única no país. A cidade do Rio de Janeiro, por sua vez, desde o começo do século XIX foi modelo de cultura e costumes da boa mesa. Por esses motivos, é importante destacar aqui as duas metrópoles onde surgiriam os primeiros restaurantes do Brasil. Nas outras capitais, observamos que os estabelecimentos que serviam comida – botecos, bares, restaurantes e hotéis – apareceram um pouco mais tarde.

SÃO PAULO

No começo do século XX, São Paulo crescia a todo vapor com o desenvolvimento das atividades industriais e as facilidades dos novos meios de transporte: os bondes elétricos. A cidade se sofisticava e a vida social passava a ficar mais intensa. Como vimos, até então o lazer das classes mais abastadas se resumia a confeitarias, salões de chá e alguns restaurantes em hotéis. Mas agora a sociedade demandava mais opções de lugares onde se pudesse desfrutar a boa mesa.

Foi assim que surgiram os restaurantes com as mesmas características dos primeiros estabelecimentos franceses do século XVIII: um local que oferecia vários pratos, escolhidos à la carte pelo freguês, com preço fixo, pago no final da refeição.

Já é de se imaginar que na capital paulista os estabelecimentos pioneiros tivessem o sabor da Itália. É o caso do Carlino, o primeiro restaurante italiano de São Paulo, aberto no final do século XIX. A casa brilhou por mais de cem anos com seus pratos do Norte da Itália, como o *conglio alla lucchese* (coelho à moda de Lucca), preparado com *funghi* (cogumelo) *porcini* seco, tomate, ervas aromáticas, um dos pratos prediletos dos frequentadores.

Depois surgiram outras casas, como a Brasserie Paulista, em 1903, do restaurador Vittorio Fasano, com salão de chá, restaurante e cozinha do Norte da Itália. Rapidamente o estabelecimento se transformou no primeiro sucesso da família, que mais tarde abriria o Fasano, hoje um dos templos da gastronomia paulistana.

A cantina, como um pequeno restaurante familiar à la carte, com culinária típica de Nápoles (Sul da Itália), começou com a Capuano, em 1907, no Bexiga, e funciona até hoje.

Em 1922, ano da Semana de Arte Moderna, é inaugurada a lanchonete Ponto Chic, com grandes balcões e mesas distribuídos pelo salão. Os móveis em mármore italiano de Carrara, os azulejos franceses e os cristais importados conferiam elegância ao local, que passou a ser chamado pelos frequentadores de "ponto chique". Assim nasceu o nome do lugar. O famoso bauru do Ponto Chic, sanduíche cuja receita original é pão francês com queijo derretido, fatias de rosbife e tomate, foi assim batizado em homenagem ao cliente que o inventou, o radialista Casimiro Pinto Neto, apelidado de Bauru, por ser natural dessa cidade do interior de São Paulo.

A veterana de todas as pizzarias paulistanas é a Castelões, que apareceu no Brás por volta de 1925. Era inicialmente bar e restaurante e, aos poucos, foi ficando mais conhecida por suas pizzas, como a de linguiça calabresa, carro-chefe do local até hoje.

Na primeira metade do século XIX, a cozinha francesa já estava presente nos primeiros hotéis, onde eram preparados os famosos suflês e pratos clássicos, como o *filet au poivre vert*. Mas foi depois do sucesso dos restaurantes italianos na década de 1930 que o artista francês Alfred Aurières resolveu abrir o Freddy. O bistrô parisiense conferiu mais charme à cidade com suas receitas clássicas, como o *canard maison* (pato da casa, feito com ameixa, maçã e batata frita).

Em 1954, foram inaugurados os franceses Marcel, famoso pelos seus suflês, e o La Casserole, comandado por Marie-France Henry, onde gerações até hoje pedem perna de cordeiro. No mesmo ano, foi aberta a Cabana, churrascaria da família Ferrari, que fez ótima clientela – a ponto de em 1976 os irmãos Massimo e Venâncio Ferrari lançarem-se com a famosa casa italiana Massimo. vale ressaltar outro restaurador italiano, Giancarlo Bolla, que em 1971 inaugurou o La Tambouille.

RIO DE JANEIRO

O lugar mais elegante do Brasil na primeira metade do século XX era certamente a cidade do Rio de Janeiro. Na capital do país chegava gente do mundo todo. E viam-se multiplicar lojas, salões elegantes, confeitarias e também os primeiros restaurantes com refeições completas e variadas, sendo que a maioria ficava em suntuosos hotéis.

Um exemplo memorável da gastronomia carioca era a culinária internacional praticada no Copacabana Palace, inaugurado em 1923, hoje tombado pelo Patrimônio Histórico. O hotel possuía apartamentos luxuosos e um serviço impecável. Recebeu personalidades mundiais, como o príncipe de Gales e o Xá da Pérsia, além de muitos artistas, como Marlene Dietrich, Brigitte Bardot e cantores como Mick Jagger e Edith Piaf.

O principal restaurante do hotel era o Bife de Ouro (atual Cipriani), nome dado pelo jornalista Assis Chateaubriand por conta do alto preço cobrado pelo filé. Para montar o restaurante, o proprietário Octávio Guinle fez questão de trazer uma equipe formada pelo grande chef francês Auguste Escoffier, que inaugurou os restaurantes dos primeiros hotéis de luxo do mundo, como vimos no capítulo 7 "A Idade de Ouro da gastronomia francesa".

Entre os pratos que marcaram época está o *homard au vin du Rhein* (lagosta ao vinho da região do Rhein). A boemia carioca adorava comer de madrugada o popular picadinho. Hoje, como o restaurante Cipriani, de cardápio italiano, o Copacabana Palace continua brilhando e atraindo turistas do mundo inteiro.

Marcou época também o restaurante Albamar, fundado em 1933 no Centro do Rio, especializado em peixes e frutos do mar. A casa passa por uma fase de renovação, retomando sua posição de destaque no cenário gastronômico da cidade.

No Rio do começo do século XX, os botequins eram opções baratas para facilitar a vida de quem trabalhava. O mais antigo restaurante, ainda em funcionamento, era o Bar Luiz, de 1887. Destacava-se por servir chope e petiscos, como o filé de peixe ao molho vinagrete, com cebolas e alcaparras, e ainda salada de batatas. Na década de 1930, a casa incrementou seu cardápio e passou a funcionar como restaurante.

Os primeiros botecos e restaurantes serviam comida caseira, rápida: um prato fixo, como o bife a cavalo (tradicionalmente feito com contrafilé e dois ovos estrelados sobre ele) e a feijoada.

FEIJOADA, UNANIMIDADE NACIONAL

Prato símbolo da gastronomia brasileira, é comum ler e ouvir que a feijoada era comida de escravo e que nasceu, portanto, nas senzalas. Como vimos, a comida dos escravos era pobre em nutrientes: consumiam uma mistura rala de feijão com farinha, às vezes com pedaços de carne-seca ou toucinho.

Segundo versão do historiador da alimentação Câmara Cascudo, em *História da alimentação no Brasil*, a feijoada deriva dos cozidos típicos da Europa, feitos de feijões-brancos, favas ou grão-de-bico, como o cozido português, o *puchero* (cozido espanhol) e o *cassoulet* (francês). Para os europeus, tanto orelha, rabo, língua, pé e miúdos são partes muito valorizadas e apreciadas. No Brasil foram incorporados na feijoada o feijão-preto no cozido, além das partes do porco, linguiça, paio, acompanhada de farofa, couve e laranja cortada em rodelas, o que forma a chamada "feijoada completa".

Quando e onde se fez pela primeira vez a feijoada completa é fato desconhecido. Mas recortes de jornais de época mostram que o prato apareceu entre o final do século XIX e começo do século XX no Rio de Janeiro. Segundo estudiosos, consta que o primeiro restaurante a servir ao público a feijoada, com nome reconhecido e receita bem definida, foi o G. Lobo (1884-1905), uma casa de pasto no Centro antigo do Rio. Por seus preços módicos, o local era frequentado por estudantes, escritores e boêmios. Certamente os cariocas foram mesmo seus grandes divulgadores, e já na primeira metade do século XX a feijoada tornou-se unanimidade nacional.

OUTRAS CAPITAIS

Em Porto Alegre, Rio Grande do Sul, por conta da influência germânica, foram inaugurados na década de 1940 os chamados "bar chope". Alguns são pontos de encontro até hoje e servem, além da bebida, petiscos da época, como o tradicional sanduíche aberto, feito no pão de fôrma com coberturas como embutidos, queijos, azeitonas, picles e acompanhado por mostardas diversas.

Um hábito dessa época que acabou se tornando uma mania do gaúcho, sendo depois conhecido e apreciado pelo restante do País, é o galeto. A primeira galeteria da capital gaúcha foi a do Marreta, aberta na década de 1940. Servia o franguinho assado acompanhado de polenta, *radiccio* (variedade de chicória, almeirão) e vinho de jarra, como faz hoje a maioria dos estabelecimentos do gênero.

Na década de 1950, podemos perceber em Porto Alegre, como em todos os centros urbanos, a abertura de hotéis com restaurantes, como o Casa Curta e o Lagache, que serviam, além da cozinha internacional, pratos típicos locais, como o pudim de pão e a cuca de banana.

Em Curitiba, Paraná, a antiga colônia chamada Santa Felicidade, formada no final do século XIX por italianos do Vêneto e Trento, dedicava-se à produção de queijos e vinhos. Os restaurantes começaram a funcionar nas redondezas em 1954, por conta do fluxo de caminhões cujos motoristas se interessavam em provar a culinária italiana. Hoje a região é o maior centro gastronômico da cidade, com mais de 30 restaurantes. E tem fama também por abrigar o maior restaurante do Brasil, o Madalosso, de 1963, com mais de mil lugares.

Em Belo Horizonte, Minas Gerais, um lugar tradicional é o bar Tip Top, aberto em 1929 e até hoje em funcionamento. Em seu cardápio constavam petiscos alemães, como salsichão e *kassler*. Também fizeram fama o restaurante Colosso, do final da década de 1930, e o A Camponesa, da década de 1940. Ambos serviam a tradicional cozinha mineira, cuja feitura levava banha de porco. Nos idos de 1950, um dos hotéis mais charmosos da cidade era o Normandy, cuja cozinha internacional funciona até hoje.

EM RECIFE, UM DOS MAIS ANTIGOS RESTAURANTES

O restaurante pernambucano Leite é considerado um dos mais antigos do Brasil. Na verdade, abriu suas portas em 1882 como um quiosque próximo à ponte da Boa Vista, em Recife. Tempos depois, devido à demanda da clientela, que pedia um local mais sofisticado, mudou de endereço e constituiu-se como restaurante, mantendo-se firme até hoje. Foi frequentado por alguns clientes ilustres como Assis Chateaubriand, Juscelino Kubitschek, o filósofo francês Jean-Paul Sartre, entre outros. O casarão possui traços arquitetônicos do século XIX, com uma decoração tradicional e azulejos portugueses na entrada. Como no começo, continua atraindo gente famosa e prepara pratos de cozinha internacional, receitas portuguesas de bacalhau e o popular doce cartola – banana-prata e queijo assados na chapa, com açúcar e canela. O restaurante foi mencionado pelo sociólogo Gilberto Freyre, em seu livro *Açúcar*, como um local que oferecia sabores finos e exóticos.

O INÍCIO DO TURISMO NO BRASIL

A Família Real portuguesa, que chegou em 1808 ao Rio de Janeiro, trouxe o hábito de fazer tratamentos terapêuticos com a água salgada do mar, então moda na Europa. Isso provocou o crescimento de hotéis que ofereciam serviço de apoio aos banhistas, alguns até acompanhamento médico. A praia não era vista como lazer, mas um século depois os banhos de mar se popularizaram da forma como se vê hoje, com uma multidão de gente se bronzeando nas muitas praias do país.

Ainda no século XIX, foi estimulada a importância das estâncias hidrominerais para a saúde. A construção das estradas de ferro contribuiu para que as localidades de águas termais se tornassem centros de veraneio, como Poços de Caldas e Caxambu, em Minas Gerais.

Embora pessoas passassem férias nessas estâncias por motivos de saúde, o surgimento dos cassinos, em 1936, estimulou a edificação de grandes hotéis, destacando-se o Quitandinha, em Petrópolis (Rio de Janeiro), o Grande

Hotel, em Araxá (Minas Gerais) e a estância turística do Grande Hotel São Pedro, em Águas de São Pedro (São Paulo). Frequentados pelas elites, esses locais ofereciam atividades como banhos, passeios, jogos, espetáculos musicais e boa mesa.

→→→→→→→ GRANDE HOTEL SÃO PEDRO TORNOU-SE HOTEL-ESCOLA

Aproveitando a maré do turismo, em 1940, foi inaugurado o Grande Hotel São Pedro, em Águas de São Pedro (SP). As pessoas que lá se hospedavam vestiam-se a rigor para entrar no restaurante do hotel, contemplado com bufês fartos. No cardápio constavam pratos da cozinha internacional, como lagosta à thermidor (com molho de creme de leite e noz-moscada), coquetel de camarão e *steak* diana – filé baixo à base de molho inglês, preparado diante do cliente, no *réchaud*, em que os garçons finalizavam o prato ou o flambavam fazendo um *show* à parte nos salões.

Em 1968, já sem o cassino, o empreendimento passou a ser administrado pelo Serviço Nacional de Aprendizagem Comercial (Senac), que adotou o conceito de hotel-escola e mantém até hoje um dos maiores complexos educacionais do setor de turismo, hotelaria, gastronomia, lazer e meio ambiente da América Latina. Seus alunos exercitam, então, o aprendizado no Hotel-Escola Senac – Grande Hotel São Pedro, aberto ao público.

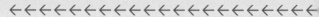

Até a década de 1940, a atividade turística era voltada para os mais ricos. Isso mudou graças à Consolidação das Leis Trabalhistas (CLT), no governo de Getúlio Vargas, em 1943, que instituiu o salário-mínimo, oito horas de trabalho diário, direito a férias e descanso remunerados. Parcelas significativas da população passaram então a ter mais tempo e dinheiro para o lazer e o turismo.

Com esse espírito, os sindicatos dos trabalhadores de diversas áreas começaram a construir colônias de férias em cidades litorâneas, com estadas a preços reduzidos. Um exemplo que deu certo é a colônia de férias do Serviço Social do Comércio (Sesc) em Bertioga, construída em 1948 e em pleno funcionamento até hoje.

Com a ampliação das rodovias e da indústria automobilística na década de 1950, cada vez mais pessoas dispunham de automóveis para passear e viajar. Nessa época, já havia nas principais capitais do Brasil hotéis que abrigavam restaurantes de comida internacional.

Após a década de 1970, foram implementados meios de hospedagem alternativos, como o camping e os albergues da juventude. Estes últimos ofereciam um serviço simples a preço baixo e uma cozinha montada onde os alberguistas podiam preparar suas refeições. No começo, o público principal era composto por jovens, mas hoje não há limite de idade.

A partir de 1975, começaram a ser implantadas as primeiras cadeias de hotéis internacionais, como as americanas Hilton, Holiday Inn, Sheraton Mofarrej, Rio Palace Hotel e as francesas Novotel, Meridien e Club

Mediterranée. Veremos mais adiante que essas redes de hotéis contratarão chefs franceses e de outras nacionalidades para implementar a alta cozinha profissional no Brasil, outro fator relevante para a criação de um turismo gastronômico por aqui. As cadeias brasileiras de hotéis não ficaram atrás, com destaque para Hotel Nacional, Horsa, Othon, Eldorado e a Rede Tropical de Hotéis.

Atualmente, o aumento do turismo interno se deve à criação de programas governamentais que incentivam viagens domésticas a preços mais acessíveis, inclusive de avião. Além disso, há roteiros que contemplam não somente as nossas riquezas naturais, mas o patrimônio cultural brasileiro, destacando-se a culinária local e a valorização dos pratos típicos.

Como vamos ver no capítulo "Brasil – cozinha típica regional", essas ricas e diversas tradições alimentares constituem forte apelo turístico. Afinal, o Brasil possui um inventário patrimonial em que a cozinha é tão importante culturalmente quanto os museus, as festas, as danças e os templos religiosos.

OS CAMINHOS DA MODERNIZAÇÃO

Após o término da Segunda Guerra Mundial (1939-1945), os grandes vencedores, os Estados Unidos, iriam ditar o *american way of life* (modo de vida no estilo americano) associado aos bens de consumo: o carro, a televisão, os eletrodomésticos em geral. Jeito de viver que o cinema de Hollywood encarregou-se de divulgar pelo planeta.

Na década de 1950, no Brasil sonhava-se com a modernidade americana e seu conforto. O maior desejo de consumo das brasileiras era ter fogões a gás e elétricos, uma geladeira e eletrodomésticos como batedeiras, liquidificadores e torradeiras na cozinha, além de aspirador de pó, máquina de lavar roupa e enceradeira.

As primeiras marcas nacionais de eletrodomésticos foram a Consul e a Brastemp. Até então os equipamentos eram importados dos Estados Unidos. Curioso que o mercado procurava vender a ideia de que com os aparelhos modernos a dona de casa teria mais tempo para escutar música na eletrola e ouvir rádio, que tinha programas com ídolos nacionais como Orlando Silva e Carmem Miranda. A televisão era a grande vedete da época: a primeira transmissão brasileira ocorreu no dia 18 de setembro de 1950, com imagens em preto e branco.

PRIMEIROS PROGRAMAS, LIVROS E REVISTAS DE CULINÁRIA

Foi no início do século XX que as publicações femininas apareceram nas bancas de jornais. Uma das primeiras foi a *Revista Feminina*. Lançada em 1914, circulou até 1936 apresentando seções de moda, saúde, beleza e uma especial de culinária com o título "O menu do meu marido", que orientava as donas de casa sobre como cuidar do "lar doce lar" e trazia receitas passo a passo.

O primeiro livro que retratou a cozinha brasileira foi *Dona Benta – comer bem*, lançado em 1940. Inspirado na personagem do *Sítio do pica-pau amarelo*, de Monteiro Lobato, a obra trazia 1001 receitas que representavam a base da alimentação doméstica no País. Tornou-se um clássico, tanto que está na sua 76ª edição, hoje com 1.500 receitas. A partir de 1961, a revista *Claudia* inovou em relação à culinária: não só reproduzia receitas, como montou uma cozinha para testá-las. A repercussão foi tão boa, que em 1965 a revista lançou o encarte "Jornal da Cozinha", precursor da *Claudia Cozinha*.

Outro best-seller foi a coleção de revistas *Bom Apetite*, lançada em 1968 pela Editora Abril. Na primeira semana de lançamento, chegou a vender 1,2 milhão de exemplares. Os fascículos, com fotos e receitas do mundo inteiro davam também dicas sobre a utilização dos utensílios mais práticos da cozinha. Foi considerada recorde de vendas da extinta divisão Abril Cultural.

A PRIMEIRA-DAMA DA COZINHA BRASILEIRA

Um dos passatempos preferidos das donas de casa era assistir a programas de culinária na TV, em que cozinheiras ensinavam a preparar pratos ao vivo. A pioneira brasileira foi Ofélia Anunciato, em seu programa *Cozinha Maravilhosa de Ofélia*, transmitido pela antiga TV Tupi e TV Bandeirantes. O programa durou de 1957 até 1998, ano de seu falecimento.

Atendendo às solicitações das telespectadoras, seu primeiro livro, com o título igual ao do programa, foi lançado em 1976. Entre as receitas brasileiríssimas, constavam cuscuz de carne-seca, doce de abóbora com coco e sequilho de araruta. "Procurei começar pelo bê-á-bá, para que mesmo as leitoras e (por que não?) os leitores que não soubessem cozinhar pudessem se aventurar nessa arte. Para a minha alegria, o trabalho teve tamanha aceitação, que logo comecei a preparar o segundo livro: *Segredos de Ofélia*. Depois dele veio o *Cozinhando com Ofélia*. Agora chegou a vez do *A grande cozinha de Ofélia*" (ANUNCIATO, 1996, p. 9).

Este último é composto de receitas de pratos mais elaborados, para festas e ocasiões especiais, como ostras com bacon ao forno e cabrito assado com maçã. Mas sempre mostrando, como nos livros anteriores, que cozinhar é um ato de carinho, prazeroso e não um bicho de sete cabeças.

DÉCADA DE 1960: A EMANCIPAÇÃO DA MULHER

A economia do país tomou novos rumos a partir da década de 1960, estimulada pela construção de Brasília (no governo do presidente Juscelino Kubitschek), pela abertura de estradas cortando o Brasil de ponta a ponta, pelo desenvolvimento da indústria automobilística e de base (siderúrgica, petroquímica e de energia).

Eram os anos da bossa-nova, da pílula anticoncepcional e das oportunidades para as mulheres fora do reduto doméstico. Época da emancipação da mulher, sinalizada por movimentos feministas no mundo todo. No livro *O segundo sexo*, a francesa Simone de Beauvoir defende a igualdade entre os sexos e as mesmas oportunidades para mulheres e homens. As mulheres vão à luta: passam a frequentar universidades, considerando a carreira tão importante quanto a função de mãe.

Marco de grande relevância na história da humanidade, a independência feminina fez cair por terra milhares de anos de submissão ao poder masculino e gerou uma nova e irreversível estrutura familiar. Nesse novo contexto, as mulheres que trabalham fora de casa necessitam de praticidade na hora da alimentação da família. Nesse cenário surgem com toda a força os produtos semicongelados e as comidas prontas nos supermercados. Sem contar os serviços de entrega de pratos em domicílio (delivery), como os de comida chinesa, pizzas e de esfirras.

Como o cotidiano no mercado de trabalho também é cada vez mais acelerado e se tem pouco tempo para almoçar, restaurantes de comida a quilo e os fast-food dominam a cena gastronômica nas grandes cidades.

Vale ressaltar que essa nova mulher também passa a ganhar espaço na cozinha dos restaurantes e muitas disputam com os homens, maioria no setor até então, o seu comando.

PETISCOS DA HISTÓRIA

O presidente Juscelino Kubitschek, que governou de 1956 a 1961, foi um dos mais populares do Brasil. Homem inteligente, com visão futurista, ajudou a criar uma nova imagem do País: uma nação moderna e criativa. A manifestação maior dessa visão progressista foi a construção da nova capital, Brasília, obra do arquiteto Oscar Niemeyer e do urbanista Lúcio Costa. Mesmo tão arrojado, JK jamais esqueceu o jeito mineiro de ser: natural de Diamantina, era um pé de valsa, adorava serestas, conversar e também comer as delícias de sua terra. Alguns de seus pratos prediletos eram carnes com quiabo e angu de fubá, frango ao molho pardo e jabuticaba no pé.

A primeira lanchonete de comida rápida a se instalar no Brasil foi o Bob's, aberto em 1952, no Bairro de Copacabana, no Rio de Janeiro. Servia cachorro-quente (hot dog), hambúrguer, milk-shake, sundae e coca-cola.

Em pouco tempo as redes de fast-food começaram a pipocar oferecendo, em segundos, sanduíches, batatas fritas e refrigerantes. O McDonald's se instalou no Brasil em 1979, na cidade do Rio de Janeiro (RJ) e dois anos depois na capital de São Paulo. Hoje a rede está presente na maioria dos estados brasileiros. Entre as mais recentes redes multinacionais estão as americanas Burger King, Starbucks, Pizza Hut, Subway e a argentina Havanna.

As redes de fast-food brasileiras também crescem e se expandem em todas as regiões do Brasil: Bonaparte, em Pernambuco; Mini-Kalzone, em Santa Catarina; Au Au, no Paraná; Pits Burg e Estupendo, no Rio Grande do Norte; e a Habib's e Giraffas, em São Paulo.

Como a tendência atual é valorizar a alimentação saudável, sem muita gordura, as redes de comida rápida incrementam seus cardápios com alguma variedade de salada e sanduíches com pão integral, carnes magras, grelhados, sucos, água de coco e refrigerantes light.

PETISCOS DA HISTÓRIA

Lançado em 1921, o refrigerante Guaraná Champagne da Antarctica era elaborado com água gaseificada, açúcar e extrato vegetal do brasileiro guaraná, produto da Amazônia. O sucesso dura até hoje, a ponto de rivalizar na preferência do público com a Coca-Cola.

OS SUPERMERCADOS

Até a década de 1950, a maior parte dos produtos era vendida a granel nos armazéns e mercearias. Havia poucos alimentos embalados, como extrato de tomate em latas pequenas, café torrado e moído, manteiga e salsichas. O restante era pesado no balcão e entregue ao cliente em sacos de papel.

Mas uma revolução iria acontecer no abastecimento na década de 1950: os supermercados. Timidamente, essas grandes lojas de alimentos, com sistema de autosserviço, entraram em alguns pontos da capital e no interior do estado de São Paulo, para logo depois se espalhar por todo o País. Ao mesmo tempo, a tecnologia empregada na indústria de embalagens permitia que os bens de consumo fossem transportados para lugares distantes sem prejuízo em termos de sua conservação.

A embalagem passou a ser usada como marketing para a venda. Além disso, os alimentos eram dispostos de maneira atraente nos frigoríficos e nas prateleiras cada vez mais recheadas de produtos industrializados, como leite em pó, carnes enlatadas e caldos em cubos. Nos supermercados, as pessoas se serviam com mais rapidez do que nas antigas mercearias, o que era um avanço, pois o tempo passou a ser cada vez mais precioso nas cidades.

Os primeiros supermercados inaugurados no Brasil foram o Sirva-se, em 1953, e o Peg-Pag, em 1954, ambos em São Paulo. Em 1959, o Pão de Açúcar foi aberto também na capital paulista pelo grande empreendedor português valentin dos Santos Diniz, que vislumbrou as mudanças na economia e os anseios de modernização da sociedade brasileira.

A COZINHA PROFISSIONAL NO BRASIL

Por iniciativa dos hotéis de luxo das cadeias internacionais, a partir de 1979 foram contratados chefs franceses para assumir as cozinhas. Estamos falando do famoso Paul Bocuse, sobre o qual comentamos no capítulo 'Idade Contemporânea'. Ele foi o responsável pela abertura do restaurante Le Saint-Honoré, do Hotel Le Méridien, hoje pertencente à rede espanhola Ibero Star, em Copacabana, no Rio de Janeiro. Deixou como seu representante na cozinha o jovem chef Laurent Suaudeau.

Para comandar o recém-inaugurado restaurante Pré-Catalan, do Rio Palace Hotel (atual Sofitel Rio de Janeiro), foi chamado o chef Gaston Lenôtre, entregando depois o comando a ninguém menos do que o jovem Claude Troisgros, membro da terceira geração da prestigiada família de chefs franceses e que também trabalhou com Bocuse em sua cozinha. Estava também em sua equipe o *pâtissier* Dominique Guérin, que implementou as bases técnicas da confeitaria francesa moderna, em doces como *bavaroises*, *saint-honorés*, *macarrons*, mil-folhas e bombons.

Foi também a época em que o prestigiado chef francês Roger Vergé começou com o La Cuisine du Soleil, no Hotel Macksoud Plaza, de São Paulo, trazendo os chefs Michel Darqué e Hubert Keller, este último o único que saiu do Brasil e atualmente é proprietário do Fleur de Lys, em São Francisco, nos Estados Unidos.

Certamente não estava nos planos dos grandes veteranos chefs franceses que, no Brasil, seus representantes se encantassem com a exuberância local, aqui se casassem e passassem a viver como numa segunda pátria: os chefs franceses de alma brasileira.

Sem encontrar as matérias-primas comuns nas cozinhas profissionais da Europa, como frutas vermelhas, pêssego, aspargos, foie gras, entre outros, os chefs que estavam no comando da cozinha dos hotéis desenvolveram uma culinária com os ingredientes típicos brasileiros.

O inventivo Claude Troisgros incorporou de maneira inusitada produtos triviais da nossa terra: inhame, quiabo, jiló, goiaba, jabuticaba, maracujá, entre outros. No menu de Claude, por exemplo, constavam criações como o *magret de canard* (filé de pato) ao molho de maracujá e o bolo de milho molhado com calda de manga, lichia, manjericão e leite de coco.

Laurent criou uma versão requintada para o clássico pato no tucupi da região amazônica e usou mandioca para fazer a massa do nhoque. Mostrando qualidade, originalidade, técnica e delicadeza, alguns de seus pratos já viraram clássicos, como a *mousseline*** de mandioquinha.

Sem preconceito de nacionalidades, esses chefs franceses iniciaram uma nova fase da gastronomia brasileira. Trouxeram as bases de uma cozinha francesa moderna profissional, a qualificação do cozinheiro como a peça--chave do restaurante e, principalmente, deram sua contribuição para a valorização da culinária brasileira. Foi por meio deles que o Brasil começou a conquistar a alta cozinha profissional.

Até meados da década de 1990, não havia formação superior de cozinha no Brasil. Existiam somente cursos básicos. Os cozinheiros que auxiliavam no comando dos restaurantes (quase todos nordestinos, alguns com formação básica e outros autodidatas) aprenderam com os grandes chefs franceses e italianos que, generosamente, não escondiam seus segredos. Entre esses brasileiros estava Antônio Faustino de Oliveira, o Russo, que trabalhou com Laurent, e Carlos Messias Soares, o Carlão, que foi por muito tempo o braço direito do chef francês Emmanuel Bassoleil.

A confeitaria também começou a se desenvolver com técnicas francesas de chefs-pâtissiers como Fabrice Lenud e Dominique Guérin.

DA CRIAÇÃO DA ABAGA À APC BRASIL

Por iniciativa de cinco *chefs* estrangeiros radicados no Brasil – o suíço Christophe Besse, os franceses Emmanuel Bassoleil e Laurent Suaudeau, o argentino Jorge Monti e o italiano Luciano Boseggia –, foi fundada a Associação Brasileira da Alta Gastronomia (Abaga), em 1995. O objetivo era congregar os *chefs* de cozinha que atuam no Brasil numa entidade representativa, auxiliar na formação e no aperfeiçoamento profissional e elevar o padrão de qualidade de produtos nacionais.

Em 2000, o governo brasileiro reconheceu a Abaga como entidade representativa dos *chefs*, e a World Association of Cooks Societies (WACS), entidade que reúne 70 países, aceitou o Brasil como membro. Isso possibilitou a participação do país em concursos e eventos internacionais de gastronomia. Jorge Monti foi escolhido em 2002, pela WACS, como diretor continental para as Américas.

Recentemente, a entidade passou a se chamar APC Brasil (Associação dos Profissionais de Cozinha do Brasil), com o objetivo de reunir todos aqueles que trabalham na cozinha, seja de um bar, restaurante, bufê, hotel, indústria, padaria, confeitaria, café, entre outros espaços de alimentação. Continuam em pauta reivindicações como a regulamentação da profissão de cozinheiro no Brasil.

PRIMEIROS CHEFS BRASILEIROS A SE DESTACAR

Em meados da década de 1990, foi a vez de jovens chefs brasileiros brilharem. Alguns deles se aventuraram fora do Brasil em busca de novas experiências. Estudaram em escolas renomadas como a Cordon Bleu – Renata Braune, Flávia Quaresma e João Leme. Outros tiveram a oportunidade de trabalhar com chefs experientes no exterior e voltaram com muito conhecimento na bagagem, como Renato Freire e o vanguardista Alex Atala, do qual falaremos no capítulo "Globalização". Há também os chefs que se formaram no Senac, como Benê Ricardo, uma das primeiras mulheres que se destacaram. E Fred Frank, representante do Brasil no concurso Bocuse D'Or de 1999.

Alguns chefs empreendedores são muito respeitados por levantarem a bandeira da cozinha nacional. Nessa comissão de frente constam: Paulo Martins, considerado embaixador da culinária paraense, em Belém; Cesar Santos, em Olinda (Pernambuco); Ivo Faria, curador do Festival de Gastronomia de Tiradentes, em Minas Gerais; Beto Pimentel e Tereza Paim, que renovaram a culinária baiana; Sonia Jendiroba, criadora dos concursos da Fenaostra em Florianópolis (Santa Catarina). vale destacar Mara Salles, grande pesquisadora da cozinha brasileira, e ainda, da nova geração, Ana Luiza Trajano, Carla Pernambuco e Ana Soares, todas de São Paulo; e as cariocas Silvia Bianchi, Roberta Sudbrack e Tereza Corção.

Como se vê, as mulheres estão inseridas nesse mercado de trabalho, comandando cozinhas, num meio que foi eminentemente masculino.

CURSOS DE COZINHA NO BRASIL

A primeira iniciativa de formação profissional no Brasil foi do Serviço Nacional de Aprendizagem Comercial (Senac) em 1963, com a criação do curso básico de Cozinha. A instituição inaugurou também a primeira escola básica de hotelaria e turismo em Belo Horizonte, Minas Gerais. Como modelo, possuía os setores de copa, restaurante, portaria, bar e apartamento e oferecia cursos como Cozinheiro, Barman, Maître e Guia de Turismo. A idade mínima exigida era de 16 anos.

Em 1964, a unidade de Hotelaria e Turismo Lauro Cardoso de Almeida do Senac, em São Paulo, contava com salas de aula, restaurante, cozinha e apartamento-modelo para as aulas práticas. Trinta anos depois, em 1994, a mesma instituição assinou convênio com uma das melhores escolas de culinária dos Estados Unidos, o Culinary Institute of America (CIA), e juntos montaram o curso Cozinheiro Chef Internacional, realizado no Grande Hotel São Pedro, em Águas de São Pedro, no interior de São Paulo.

O primeiro curso universitário de Gastronomia foi lançado em 1989 pela Universidade Anhembi Morumbi, em São Paulo, com *know-how* do Culinary Academy (CCA) da Califórnia, nos Estados Unidos. A partir daí, começaram a se multiplicar os cursos de cozinha pelo país, como o Técnico Máster em Gastronomia, em Bento Gonçalves (RS), e o básico para cozinheiro da Escola Barreira Roxa, em Natal (RN). Em 2004, o Senac inaugurou seu curso universitário de Gastronomia, no campus Santo Amaro, em São Paulo.

PETISCOS DA HISTÓRIA

Até a década de 1980, os cursos de cozinha amadores eram destinados às donas de casa. Em geral, oferecidos nas próprias residências das professoras. Um exemplo de inovação foi o Centro de Criatividade Doméstica, em São Paulo, que deu um passo à frente abrindo em 1981 uma escola fora de casa. Os alunos, em sua maioria homens, almejavam tornar-se gourmets. Descobriu-se que cozinhar bem, além de prazeroso, dava certo status. Multiplicaram-se, então, os cursos de cozinha para os apreciadores da arte da boa mesa, mas também confrarias de vinho e comida e associações de enófilos e gourmets.

AS IMPORTAÇÕES E OS PRODUTOS NACIONAIS

A política de abertura da economia ao mercado mundial empreendida pelo governo do presidente Fernando Collor de Mello (eleito em 1989) permitiu a entrada de produtos importados no Brasil. Entre eles estavam os gêneros alimentícios da alta cozinha, como trufas, *fungo porccini* e caviar, que passaram a chegar em grande quantidade.

Essa profusão de alimentos estrangeiros estimulou a indústria alimentícia voltada para a alta cozinha em nosso País. No sul de Minas Gerais, começou a criação de patos para a produção de foie gras e *confits* no sul do mesmo estado. Scargots, em Teresópolis (RJ); vitelos e cordeiros com cortes especiais em várias partes do Brasil, como Mato Grosso. Os tão apreciados queijos franceses também começaram a ser produzidos no sul de Minas Gerais e Teresópolis (RJ), como o *reblochon*, *brie*, *saint-paulin* e os de leite de cabra como *rabichou* e *chevrotin*. A fisális, erva antes importada e muito usada na decoração de pratos, agora é produto nacional.

Na mesma época, um cuidado especial foi dado para o gado brasileiro, a fim de tornar sua carne mais marmorizada (com gordura entremeada), o que a maturação** auxiliou muito. O pioneiro foi István Wessel, que até hoje é conhecido pelas suas carnes de qualidade. Sua iniciativa tinha o objetivo de incrementar seus negócios, fornecendo carne de boa qualidade, mais macia e que se conservasse por mais tempo, competitiva também no mercado externo. Aos poucos, já nos idos de 1990, também se desenvolveram cortes de carnes (em pequenas peças) em especial para o uso em restaurantes.

O Brasil tem ainda a apreciada carne de avestruz, cuja criação se iniciou no final da década de 1990, principalmente em Mato Grosso do Sul. Nossa muzarela de búfala já é bastante conceituada; a criação de búfalos para esse fim se encontra mais no interior de São Paulo.

Com produtos regionais e iguarias de alta qualidade e dedicados chefs de cozinha, o Brasil desponta hoje como um dos grandes centros da gastronomia mundial. Não é à toa que o crescente turismo no país é reflexo também da vontade de experimentar as delícias da nossa cozinha.

Veremos no capítulo "Brasil – Cozinha Típica Regional" a riqueza e a diversidade do nosso patrimônio gastronômico: um país de dimensões continentais que possui de norte a sul uma infinidade de ingredientes, sabores e cores que resulta em múltiplas receitas, parte das nossas preciosas raízes que hoje estão sendo valorizadas no Brasil e no mundo.

**BRASIL
COZINHA TÍPICA
REGIONAL**

A culinária brasileira é o resultado de miscigenações e tem como culturas principais a indígena, a africana e a portuguesa. Ao longo do tempo, somaram-se a esses povos muitos outros que aqui se fixaram, como europeus e asiáticos, fazendo do Brasil um grande caldeirão de influências.

De Norte a Sul, mantém-se no cotidiano a preferência nacional pelo arroz com feijão, farinha, bife e salada. O ingrediente de origem nativa mais presente é, sem dúvida, a mandioca, da qual se fazem a farinha e várias formas de preparo. Frita, cozida e em forma de pirão, esse tubérculo acompanha os peixes de todo o nosso litoral. Além disso, entra nas mais variadas receitas regionais de caldos, guisados e até bolos.

Rivalizando com a mandioca, o milho da terra tem presença marcante em todo o País, sendo o ingrediente principal das festas juninas. Os quitutes de milho típicos dessa manifestação popular e gastronômica são a pipoca, a pamonha, o milho assado, o curau e a canjica.

A maior parte das receitas nacionais salgadas é preparada com cebola, alho e muitas vezes um bocadinho mais de pimenta no molho, herança indígena e africana que se tornou um complemento importante de nossa culinária.

Para adoçar o paladar, os doces bem açucarados de origem portuguesa enfeitam as mesas: quindins, cocadas, arrozes-doces, ambrosias, doces de frutas cristalizadas, doces de leite e a bem brasileira combinação de goiabada cascão com queijo fresco.

Pelo Brasil afora, verdadeiro manancial de frutas pode complementar a mesa na forma de sucos, geleias e sorvetes. Há tanta variedade de frutas que é difícil encontrar alguém que tenha provado todas. São nomes sonoros como cupuaçu, caju, abacaxi, coco, umbu, goiaba, maracujá, cajá...

E para deixar este cardápio ainda mais gostoso, a nacional cachaça e, claro, um especial cafezinho para finalizar.

Muitos perguntam qual a receita tipicamente brasileira: feijoada ou churrasco? Bem, esse assunto rende discussões que não acabam nunca, pois tanto a feijoada quanto o churrasco revelam a brasilidade no prato. O melhor mesmo é tomar uma caipirinha, o aperitivo nacional, para se deixar embalar por esse gigante tão rico em diversidade gastronômica.

REGIÃO NORTE, O SABOR AMAZÔNICO

Só de olhar para o mapa do Brasil dá para se ter uma ideia da dimensão deste patrimônio da humanidade que é a região amazônica. Considerada celeiro do mundo, é de extasiar a concentração de plantas: são 30 mil espécies, dentre elas cerca de 180 tipos de frutas comestíveis. Além disso, abriga incontáveis variedades de peixes, mamíferos e aves. É fácil imaginar por que hoje os profissionais da gastronomia estão de olho na Amazônia. Aos poucos, seus produtos estão sendo valorizados e incrementados em várias cozinhas do mundo.

PETISCOS DA HISTÓRIA

As responsáveis pela distribuição do pólen de muitas plantas da floresta amazônica são as pequenas abelhas nativas sem ferrão, as melíponas. Como as abelhas-canudo, que produzem um néctar mais líquido, com alto teor de açúcar e elevado nível de acidez e aroma. Elas são encontradas em Andirá Marau, onde vivem os povos indígenas saterés-maués.

Vive nessa imensa floresta, cortada pelo rio Amazonas e seus afluentes, a maior população indígena do Brasil. É por esse motivo que a região preserva até hoje as raízes da terra e que sua culinária é considerada uma das mais originais do País. Herança dos nativos, a mandioca é riquíssima para a culinária. Com ela se produz uma infinidade de tipos de farinhas, como a de tapioca que, misturada com água, faz um crepe bem fininho que não deixa nada a desejar em requinte e sabor aos crepes suíços e franceses. Da mandioca também se extrai o caldo de tucupi, muito usado para cozinhar peixes e fazer o molho com pimenta-de-cheiro. E mais: com o tubérculo se faz o polvilho (goma) e de sua folha, a maniva (a folha da mandioca-brava, que precisa ser fervida cerca de sete dias para se extrair o prejudicial ácido cianídrico), prepara-se a maniçoba.

Primordial na alimentação indígena, o peixe continua sendo a base da culinária da região Norte do País. Só de peixes, há cerca de cem variedades comerciais, a maioria de proporções gigantescas. Entre os principais está o "filhote". Muito saboroso, tem esse nome por ser pescado jovem, com cerca de 50kg (em fase adulta, seu nome é piraíba e chega até 200kg!).

COMIDA DE ÍNDIO

É um hábito de algumas comunidades indígenas do Alto Rio Negro, no Amazonas, consumir o cupim maniuara em forma de farofa com pimenta. Cultiva-se, também, o preparo de um tempero especial, a jiquitaia, pimenta em pó da espécie *Capsicum florescens* misturada ao sal. Uma iguaria muito apreciada é o tucupi preto (redução lenta do tucupi amarelo), preparando-se com ele sopas e cozidos.

Mas o peixe que mais se destaca na região é o pirarucu (consumido fresco e seco), que chega a pesar 100 quilos. Desde 2000, foi criada na Reserva de Desenvolvimento Sustentável de Mamirauá, no Amazonas, uma indústria que faz a salga do pirarucu, engajando a comunidade no manejo sustentável do peixe, cumprindo as regras para a preservação da espécie. Em Rondônia, uma das especialidades é a torta de pirarucu. Na capital do Amazonas, Manaus, é famoso o pirarucu de casaca: assado, desfiado em lascas e colocado no forno em camadas que alternam ingredientes como banana-pacova, ovos cozidos, farinha de mandioca, tudo regado ao leite de coco.

Na região, há ainda o mero, o tamuatá, o tucunaré e a gurijuba, ou peixe da vigia – que alguns costumam defumar e chamar de "haddock paraense". Verdadeira iguaria é o aviú, espécie de camarãozinho de cerca de 1cm x 0,5cm encontrado na foz dos rios Tapajós e Tocantins. É mais gostoso consumi-lo seco, na forma de ensopado. Já o tambaqui, do qual se usa muito a costela grelhada, é saboreado no Amazonas ao molho de camarão. A forma de preparo mais corriqueira na região amazônica é a caldeirada, que pode ser preparada com vários tipos de peixes e diferentes temperos, pimenta, batatas e ovos.

Poucos sabem dos diversos atrativos de Macapá, no Amapá, única capital brasileira banhada pelo rio Amazonas e cortada pela linha do Equador. É interessante imaginar que metade da cidade fica no hemisfério Norte e a outra no hemisfério Sul. Navegando pelas ilhas e igarapés, nota-se a quantidade de pitus (camarões de água doce) que chegam a medir 40cm. Esses crustáceos podem ser saboreados em várias versões: o simples pitu ao bafo e o filhote ensopado com pitu no leite de castanhas.

A imensa variedade de frutas, dificilmente encontrada em outro local do mundo, completa o circuito gastronômico da região. Taperebá, cupuaçu, bacuri, guaraná, tucumã, bacuripari, inajá, cupuí, miriti, biribá ("prima" da lichia), pupunha e camapu – frutinha conhecida no mundo gastronômico como fisális – são apenas alguns dos nomes sonoros que escancaram a riqueza sem fim das terras – e águas – locais.

Com as frutas se fazem sorvetes, doces, geleias, bombons, além de serem consumidas *in natura*, claro. Da nacional banana, prepara-se um mingau, e a castanha-do-brasil, rica em nutrientes, além de ser consumida ao natural, é muito apreciada também em sorvetes, recheios de doces e coberturas. No mercado municipal Adolpho Lisboa, de Manaus, uma curiosidade é o hábito consagrado de se comer o X-caboclinho: um sanduíche da fruta tucumã cortada bem fininha, em que se acrescenta queijo de coalho. E o que dizer do guaraná? Matéria-prima usada para a produção de um refrigerante que se consagrou em todo o país. Em Belém, são famosas as vitaminas de guaraná com sucos de frutas, consumidas na rua.

DUAS LENDAS SOBRE A ORIGEM DO GUARANÁ

A nação sateré-maué tem duas lendas que narram a origem do guaraná. A mais bem-aceita conta a história da índia Onhiámuáçabê que, sem o consentimento de seus irmãos, engravidou de uma cobra que lhe tocou a perna, dando à luz um forte e belo menino. Um dia, ao se alimentar sob uma árvore sagrada, o menino morreu e, logo em seguida, foi enterrado por sua mãe, que lhe plantou os olhos na terra, advertindo que dali nasceria uma planta para "fazer bem a todos os homens e livrá-los de todas as doenças".

A segunda lenda narra a história da paixão proibida entre uma índia da tribo dos maués e um guerreiro inimigo que são mortos pelo deus Tupã. Enterrada, a bela índia Ceraçaporanga fez brotar de seus olhos os frutos que acabariam com a fome e a sede de seus irmãos.

BELÉM: PORTA DE ENTRADA DA AMAZÔNIA

O mercado Ver-o-Peso, em Belém do Pará, representa um despertar dos sentidos para a diversidade cultural, gastronômica e ecológica da região. A começar pela profusão de cores dos alimentos, como o amarelo translúcido do tucupi, o ouro líquido da Amazônia, colocado em garrafas que ficam penduradas nas bancas. As diversas espécies de pimenta vão do alaranjado ao vermelho intenso. O verde da maniva moída na hora dá cor ao prato típico chamado "maniçoba", um cozido com folhas de mandioca, toucinho, pé, rabo, orelha e costela de porco, além de charque, mocotó, paio e linguiça.

E os cheiros de todas essas iguarias? São tão particulares como os gostos de ervas como jambu, que amortece leve e agradavelmente a boca. As diversas variedades de farinha vão da mais grossa farinha de tapioca à finíssima carimã, usada para mingaus de bebês. Há ainda o feijãozinho-manteiguinha de Santarém (Pará), cujo grão é bem pequeno e utilizado em saladas e que derrete na boca.

O açaí na tigela com granola, que ganhou fama nos Estados Unidos na década de 1990, por ser energético, também é produto *made in* Pará. Importante para a cultura local, o açaí é consumido a toda hora: no café da manhã e da tarde com açúcar e farinha-d'água; e no almoço com peixe frito e farinha. Bem se vê por que um dos ditos populares mais usados é "quem foi ao Pará parou... comeu açaí, ficou".

Outro hábito é o "tacacá das cinco", um caldo servido em cuia indígena pelas ruas de Belém, em geral consumido no fim da tarde e que representa uma experiência única. Essa verdadeira instituição paraense é composta por caldo de tucupi, goma de mandioca, camarão seco, jambu e pimenta-de-cheiro.

O prato mais simbólico do Pará é o peculiar e ancestral pato no tucupi, que leva também jambu na sua preparação. Seu sabor é inigualável. Você poderia perguntar de onde vem o pato. Há indícios de que exista, desde o período pré-colonial, uma espécie selvagem na região.

Graças ao empenho de chefs como Paulo Martins (1946-2010), do restaurante Lá em Casa, de Belém do Pará, e o paulistano Alex Atala (ver capítulo 'Globalização'), a cozinha amazônica está superando seus limites. Considerado o embaixador da cozinha local, Paulo Martins investiu na divulgação dos produtos amazônicos e promoveu um evento anual que conta com várias edições, o Ver-o-Peso da Cozinha Paraense.

GIGANTE PELA PRÓPRIA NATUREZA

Maior arquipélago fluvial do mundo, é de se imaginar as incontáveis riquezas naturais da Ilha de Marajó (PA). Uma das joias locais é o queijo marajoara, de leite cru, produzido artesanalmente em fôrmas retangulares, nas fazendas de criação de búfalos. Muito consumido como sobremesa, ao lado do doce de cupuaçu, o queijo forma uma composição chamada de "Mundico e Zefinha". Em 2013, foi reconhecido como queijo artesanal pela lei paraense, podendo circular livremente pelo estado. Café da manhã bem reforçado é o "frito do vaqueiro" (a fraldinha de búfalo seca é servida com farinha), tendo esse nome porque compunha a matula** dos condutores que andavam longas distâncias levando o gado. Os muitos encantos marajoaras se completam com a cerâmica e o carimbó, dança de roda de origem africana, com ritmo *caliente*, em que o casal remexe o corpo vestido com trajes coloridos.

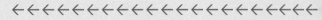

AS COZINHAS DO NORDESTE

O sertão e o litoral nordestino apresentam cozinhas bem diversas, embora algumas receitas tenham viajado do interior para o litoral. Como a manteiga de garrafa, que não pode faltar na mesa do nordestino. Trata-se da nata do leite de vaca batida numa bacia com colher de pau até transformar-se em uma massa homogênea. Esta é levada ao fogo brando em banho-maria para soltar a manteiga, que fica em estado líquido.

Vejamos as especialidades do sertão e do litoral do Nordeste.

PRATOS DO SERTÃO

O café da manhã do nordestino começa com cuscuz, feito com farinha de milho, sal, água e acompanhado de leite e abóbora. O queijo de coalho – branco, de casca dura e amarelada – é consumido em toda a região e das mais diversas maneiras. Em Garanhuns, Pernambuco, atingiu sua excelência por conta da tradição dos pequenos produtores artesanais e das condições geográficas. No sertão, vira até sobremesa, quando se junta ao melaço. Consumi-lo assado na brasa é moda não só nas praias, como nos restaurantes de todo o Brasil.

Consumido há gerações pelas comunidades do vale do Piancó, na Paraíba, e no vale do Apodi, no Rio Grande do Norte, o arroz vermelho extrapolou as fronteiras regionais e hoje é usado, inclusive, como ingrediente de pratos da alta cozinha.

A carne de sol e o jabá são produtos do sertão que imperam soberanos em todas as casas e restaurantes, nos mais diferentes tipos de preparação. O prato arrumadinho une esses ingredientes ao pequeno feijão-de-corda (ou feijão-fradinho). Já o baião de dois, um dos pratos mais conhecidos do Nordeste, junta o nacional arroz com feijão, a carne-seca, o coentro e, ainda, queijo de coalho.

DIFERENÇAS ENTRE AS CARNES-SECAS

No Nordeste há dois tipos de carnes-secas, a carne de sol e o jabá. A primeira tem esse nome porque as mantas de carne antigamente maturavam ao sol. O processo mudou para evitar desidratação exagerada. Atualmente, as mantas de carne descansam por cinco horas após o abate, depois são passadas no sal grosso e estendidas num varal por cerca de 20 horas. A secagem rápida forma uma casca protetora que conserva o interior da carne úmido e macio. Há seis tipos de cortes: coxão mole, coxão duro, patinho e, os mais nobres, contrafilé, filé-mignon e picanha. A forma mais comum de se fazer a carne de sol é assada na brasa.

As mantas do jabá recebem mais sal do que a carne de sol e são batidas e empilhadas em um local seco para, então, maturarem. Durante o processo de maturação, as peças são mudadas de lugar várias vezes para facilitar a evaporação. Depois, são estendidas ao sol até que a desidratação se complete. Com muita gordura entremeada, o jabá é uma carne saborosa e seus cortes mais nobres são o coxão duro e o coxão mole. Mais versátil do que a carne de sol, o jabá pode ser cortado como se fosse um rocambole para fazer bolinhos, maxixada, frito com cebolas e cheiro verde. É ingrediente indispensável na feijoada.

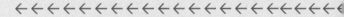

No Nordeste, o jerimum (abóbora) cozido com sal vira quibebe; se for misturado com açúcar e coco ralado, transforma-se em um doce especial. Da macaxeira (mandioca-mansa) se faz a tapioquinha (tipo de crepe) recheada com ingredientes locais salgados ou doces, como carne de sol ou leite de coco.

A galinha de cabidela ou ao molho pardo (cozida no próprio sangue) e a buchada de bode (guisado dos miúdos, cozidos dentro no próprio "bucho" do animal) somam-se ao arsenal dos pratos consistentes e elaborados do vaqueiro.

Muito apreciado, principalmente no Piauí, é o arroz de capote (galinha-d'angola) e o capão cheio, galo capado, assado no forno e recheado com seus miúdos.

A rapadura, feita com o melaço da cana-de-açúcar, entra na dieta alimentar do nordestino para dar sustança (força) a este povo persistente, filho da caatinga. Ingerida pura a qualquer hora, a rapadura é usada para adoçar o café e ainda entra na composição de doces.

Despontando como um grande produtor de uva e de vinho, o vale do São Francisco, na região semiárida dos estados de Pernambuco e da Bahia, produz a bebida através de um avançado sistema de irrigação, o que possibilita ciclos contínuos de produção o ano todo. O resultado é um vinho com alto teor de açúcar, por isso a uva moscatel é uma das grandes vocações da região, que inclusive foi mencionada no filme *Mondovino*, do diretor Jonathan Nossiter.

PETISCOS DA HISTÓRIA
Famosa pelos doces, a região da Zona da Mata, entre o litoral e o sertão, faz jus à herança dos engenhos de cana-de-açúcar do passado. Típico doce português é a alféloa (pasta de melaço ou açúcar ao ponto grosso, esfriada) com que se faz, em Pernambuco, um tipo de bala chamada 'puxa-puxa'.

PRATOS DO LITORAL

Principal destino dos turistas brasileiros e estrangeiros, o Nordeste tem as mais belas praias do nosso litoral, com cenários paradisíacos. Cada estado possui uma paisagem, uma história e uma cultura particulares, inclusive no que diz respeito à gastronomia.

A fartura dos pescados faz a festa dos *gourmets*. Camarões, caranguejos, aratus, casquinhas de siris e variedades de peixes, consumidos cozidos, ensopados, em caldeiradas, fritos, à milanesa, assados, ao bafo ou em frigideiras, são os ingredientes que fazem o deleite à beira-mar.

Entre os peixes, o beijupirá é um dos mais apreciados. Feito de várias formas, com castanha-do-brasil, abacaxi, manga, coco e mel de engenho. Como acompanhamento, o pirão e a farofa são elementos comuns nos pratos do litoral.

Sobremesas? Há uma variedade incrível de frutas como caju, graviola, pitanga, pitomba, carambola, abacaxi, manga, pinha, seriguela, acerola e jaca, que podem ser comidas ao natural ou em forma de doces, como compotas e bolos. Muitas delas são ótimas para sucos.

E quem não gosta de beliscar, no fim da tarde, um camarão sete barbas fritinho ou tomar um caldinho de feijão ou sururu?

É em Natal, no Rio Grande do Norte, que fica a casa de Câmara Cascudo, escritor e folclorista que nos deixou o conhecido livro *História da alimentação no Brasil*. Além de visitar o museu, dá para provar no local a frigideira de caju, o camarão à paçoca de pilão, feito também com queijo de coalho. O acompanhamento dos pratos, na maior parte das vezes, é o arroz de leite. Nesse estado ressalta-se na região das Salinas, em Mossoró, a produção de flor de sal (os cristais colhidos na camada superficial das salinas), importante ingrediente para a cozinha dos chefs.

Na terra da mulher rendeira, o Ceará, reina a lagosta, cujo maior manancial está no litoral de Icapuí, onde pescadores, organizados em cooperativas, respeitam a época do defeso. Na cozinha local, ela pode ser apreciada em porções generosas ao leite de coco, na carcaça ao forno ou cozida apenas com sal. Também faz sucesso a peixada cearense, em geral feita com robalo, pargo ou beijupirá em postas, com limão, alho e ainda pedaços de cebola, batata, tomate, ovos inteiros e leite de coco. Outro prato típico é o pargo no sal grosso.

A riqueza de ingredientes e chefs criativos fez com que a cidade de Recife se tornasse a capital nordestina da gastronomia, misturando tradição e modernidade no prato.

Na Paraíba, terra de Lampião, é bem característico o ensopado de caranguejo, feito com leite de coco, tomate, cebola, cheiro-verde e batata.

Em Alagoas, é muito peculiar o sururu ou siriri (molusco abundante, com cerca de 2cm) de capote, servido com a casca (concha), ao molho de tomate, pimentão, cebola e alho, ou ainda na versão "caldinho". Como acompanhamento, há o exclusivo pirão, o mingau pitinga, feito de farinha de mandioca fermentada (a puba), cebola refogada e leite de coco. De sobremesa, vale provar a fruta mangaba em forma de sorvete.

Na tranquila e arborizada capital de Sergipe, Aracaju, a peculiaridade está no peixe surubim na brasa, que vem do rio São Francisco, o "velho Chico".

PETISCOS DA HISTÓRIA
No Nordeste, na época do ciclo da cana-de-açúcar, era comum homenagear as famílias tradicionais batizando-se bolos com seus nomes. O mais conhecido é o Souza Leão, feito com massa de mandioca fresca, lavada e prensada, acrescida de ingredientes como gemas e leite de coco. Hoje o bolo é considerado patrimônio cultural imaterial do estado de Pernambuco. Foi criado por dona Rita de Cássia Souza Leão Bezerra Cavalcanti, do engenho São Bartolomeu, no século XIX. Tornou-se célebre depois de ter sido servido a D. Pedro II e D. Tereza Cristina, quando estes visitaram o engenho, em 1859.

MARANHÃO

Por estar entre o Norte e o Nordeste, com características das duas regiões, o Maranhão pode ser considerado um "estado de transição". Na sua capital, São Luís, estão presentes tanto a culinária típica amazônica quanto a nordestina.

É forte a marca africana não apenas na cor de seu povo como nos temperos de sua comida. Mas o uso de pouco tempero e gordura e bem menos pimenta torna a culinária maranhense mais delicada do que a de seus vizinhos fronteiriços.

O prato símbolo do Maranhão é o arroz de cuxá, misturado com a pasta cuxá, preparada com vinagreira (erva regional de leve amargor, também conhecida como azedinha), camarão seco, pignoli (tipo de castanha) e gergelim, tudo muito bem amassado no pilão. A pasta é usada também como acompanhamento de outros pratos, como a torta de caranguejo ou de camarão.

→→→→→→→→→→→→→→→ PAPA-ARROZ

O apelido de papa-arroz dado aos maranhenses faz jus à quantidade de receitas com o grão. Claro que a primeira delas é o arroz de cuxá, prato que rendeu até versos do teatrólogo Arthur de Azevedo (1855-1908): "[...] Visitei o Velho Mundo/E nos restaurantes caros/Os acepipes mais caros/Comi que nem um paxá;/mas, quer creias, quer não creias,/Nenhum achei mais gostoso,/Mais fino, mais saboroso/que o nosso arroz de cuxá! [...]". É típico também o arroz de jaçanã, feito com marreco selvagem, e ainda de carne, de toucinho, de mariscos, de caranguejo, de camarão com vinagreira e, claro, o arroz com feijão.

←←←←←←←←←←←←←←←←←←←

O estado é farto em frutos do mar, sendo muito consumida a tarioba, marisco de concha esverdeada feito no vapor, além do camarão e da patinha de caranguejo. Riqueza maior ainda tem em peixes, como a pescada-amarela, o peixe-pedra, o cação, o camurim (ou robalo), o pirapema (ou camurupim), feitos na forma de pescada e em escabeche, com tomates, pimentão e cheiro-verde, servido com farinha de mandioca.

As frutas também são abundantes: bacuri, abricó, cupuaçu e juçara (o nome local da palmeira do açaí do Pará). Entre os doces típicos estão o de buriti, vendido em caixas, e a compota de bacuri. Verdadeira iguaria da região de Alcântara é o doce de espécie, feito de farinha de trigo e doce de coco, assado em forminhas.

Na região da fronteira com o Piauí, certos pratos são tão populares nos dois estados que ninguém sabe mais sua origem. É o caso, por exemplo, do maria-isabel – carne-seca refogada com arroz e farofa de banana.

Das bebidas, vale destacar a tiquira, uma aguardente feita de mandioca que adquire a cor lilás. E o guaraná Jesus, feito com extratos do guaraná e adoçado com cravo e canela. Sua cor característica faz com que seja chamado também de sonho cor-de-rosa.

Se na capital e no litoral as características amazônicas são evidentes na gastronomia, no interior esse panorama muda completamente, assumindo a culinária de base nordestina.

BAHIA, LITORAL E RECÔNCAVO

Ao viajar pelo litoral da Bahia, uma das coisas que mais encanta é o cenário de coqueirais e dendezeiros, sendo difícil até imaginar que um dia eles não estiveram ali. Como você deve lembrar, eles foram trazidos da África, mas se adaptaram tão bem à terra que hoje são parte integrante da paisagem e da culinária.

Em nenhum outro estado do Brasil a influência africana resistiu de maneira tão soberana. A começar pela famosa moqueca baiana (feita com dendê e leite de coco), que rivaliza com a capixaba (que não usa nem dendê nem leite de coco) na velha disputa regional pela "verdadeira" moqueca.

MOQUECA TEM RAIZ INDÍGENA

Vocábulo de origem tupi, e não africana, "moqueca" vem de pokeka, como afirma Câmara Cascudo, em *História da alimentação no Brasil*. O prato que conhecemos hoje é a evolução de outra receita, a moqueca enfolhada, de origem indígena: mais seca, sem caldo, envolvida em folhas de bananeira e assada. Com as influências, acabou virando uma espécie de peixada com tomate e coentro, sendo que a versão baiana incorporou leite de coco, dendê e pimenta-malagueta.

A pimenta-malagueta, de origem africana, está presente em quase todos os pratos baianos. E haja pimenta para auxiliar o corpo a aguentar tanto calor! Também boa parte dos pratos típicos locais tem origem nas chamadas "comidas de santo", isto é, feitas como oferendas a um orixá do candomblé. Representação nítida da forte influência afro na Bahia.

É o caso do abará (cozido feito de feijão-fradinho, camarão seco, cebola, azeite de dendê) e do acaçá (bolo de arroz ou de milho ralado, cozido em banho-maria, envolvido em folha de bananeira), cujo apreciador é Oxalá, pai de todos dos Orixás. O caruru (guisado feito com quiabo, camarão seco, amendoim, farinha seca, azeite de dendê, cheiro-verde, cebola, alho, pimenta-de-cheiro) é uma oferenda que não pode faltar a Xangô e na celebração dos orixás gêmeos Ibejis, que no sincretismo** religioso são representados pelos santos católicos Cosme e Damião, homenageados em setembro.

Não dá para visitar a Bahia sem provar o vatapá (massa feita de castanha de caju, camarão seco, amendoim torrado, leite de coco, caldo de peixe e gengibre), que, além de ser um prato principal, compõe também o recheio do acarajé, considerado hoje patrimônio cultural imaterial brasileiro pelo Instituto do Patrimônio Histórico e Artístico Nacional (Iphan).

O acarajé, bolinho feito de massa de feijão-fradinho frito na hora no azeite de dendê, é um dos quitutes principais das diversas barraquinhas espalhadas por Salvador e outras cidades da Bahia. No tabuleiro da baiana também tem cocada branca, cocada preta, cocada-puxa (quebra-queixo) e quindim.

Fazem parte ainda do consistente cardápio baiano o xinxim de galinha (ensopado de galinha cortada em pedaços, temperada com ingredientes como louro, coentro, camarão seco, castanha de caju, amendoim torrado, gengibre e refogada no dendê) e o bobó de camarão (creme de mandioca espessa, preparado com camarões médios). E ainda o arroz de hauçá (feito com carne-seca, camarão, azeite de dendê, tomate e coentro, leite de coco) e o sarapatel (miúdos de porco, pimentão, coentro, toucinho defumado, pimenta-de-cheiro, louro, cominho e limão).

Em Salvador, o Mercado Modelo é uma das principais atrações turísticas. É bom visitá-lo na hora da fome para degustar um caldinho de lambreta (molusco local, considerado afrodisíaco), ou um siri-mole, que tem esse nome por ser encontrado sem a concha.

Esses e tantos outros pratos da cultura local fazem hoje o deleite não somente dos orixás, como dos alegres mortais baianos que os saboreiam pelo menos uma vez por semana – e, claro, dos muitos turistas que visitam diariamente a Bahia.

→→→→→→→→→→→→→→O RECÔNCAVO

Tendo preservado as raízes africanas de forma singular, o Recôncavo Baiano fascina por guardar tradições como o samba de roda, considerado Patrimônio Imaterial da Humanidade. Entre as especialidades culinárias das cidades, como Santo Amaro, Cachoeira e São Félix, está a frigideira de maturi (a castanha de caju verde), espécie de omelete em que se juntam aos ovos e ao maturi outros ingredientes refogados como camarão seco, coco ralado, dendê, cebola, tomate, coentro e azeite de oliva, levando o preparo ao forno. São comuns também as frigideiras de camarão, de aratu e de siri catado. Por conta de a região ser banhada pelo rio Paraguaçu, a variedade de peixes resultou em moquecas muito particulares como a de pititinga (peixe de cerca de 10cm), a de puã (pata de caranguejo), e a de aratu (crustáceo vermelho dos manguezais locais). O que não pode faltar no lanche do povo do Recôncavo é o bolinho do estudante, feito com tapioca, açúcar e canela.

←←←←←←←←←←←←←←←←←←←←←←←←

Pensando em dar um toque de delicadeza à cozinha regional baiana, o autodidata Beto Pimentel, chef e proprietário do Paraíso Tropical, em vez de usar o azeite de dendê pronto, usa nas suas receitas o próprio fruto, que coloca, por exemplo, em moquecas no momento da finalização da receita. Substitui também o leite de coco pela polpa de coco batida com água de coco. Incorpora ainda aos pratos frutas desconhecidas pela maioria, como o biri-biri (que quando verde tem sabor ácido, próprio para molhos e condimentos).

Com toda essa exuberância e multiplicidade gastronômica, a Bahia é um prato cheio para gourmets e chefs, que se contagiam com seu ritmo e alegria.

PETISCOS DA HISTÓRIA

A Bahia tem tradição de sobra na produção do nativo cacau. Vários livros de Jorge Amado remetem às fazendas desse fruto nos arredores de Ilhéus – um deles até se chama *Cacau* (1933). A diferença é que não se produzia chocolate de qualidade superior, e boa parte da matéria-prima era exportada. Hoje existem algumas marcas que trabalham com chocolate de origem. Um exemplo de excelência é a empresa Amma, que produz na Costa do Cacau um chocolate orgânico 70%, representando uma das primeiras marcas de chocolate premium** do Brasil. Recentemente, investiram também na elaboração do cupolate, um achocolatado à base de cupuaçu, que tem polpa e semente maiores, textura amanteigada e aroma de fruta semelhante ao do maracujá. O produto já havia sido registrado na década de 1990 pela Embrapa.

CENTRO-OESTE, REGIÃO DO PANTANAL E DO CERRADO

A paisagem do Centro-Oeste se divide em dois grandes cenários: o Pantanal e o Cerrado. Assim também é a sua culinária regional, que tem bem delimitadas as cozinhas pantaneira (de Mato Grosso e Mato Grosso do Sul) e goiana (do Cerrado). Índios, portugueses, espanhóis, afrodescendentes, além de paulistas, mineiros e sulistas, compõem a formação étnica da região, com múltiplas heranças.

Verdadeiro manancial de ingredientes silvestres, o Cerrado tem frutos como o baru – um coquinho com aroma de baunilha, do qual se usam a polpa e a castanha – e também a cagaita, o araticum e o cajuzinho do campo, que ganharam significados em novas receitas.

PANTANAL: MATO GROSSO E MATO GROSSO DO SUL

Maior planície inundada do mundo, de 140 mil km², o Pantanal Mato-grossense situa-se em sua maior parte no estado de Mato Grosso do Sul e é considerado Patrimônio Natural da Humanidade. Lá convivem em harmonia uma incrível variedade de peixes, revoada de pássaros e criação de gado, tendo como figura humana principal a do boiadeiro, que muitas vezes é também tocador de modas de viola.

Com tanta água, o cardápio regional só poderia ter muitos peixes de sabores marcantes. Entre os pratos mais apreciados estão o piraputanga frito, o matrinxã recheado com farofa, o ventrecha (costela) de pacu frito. Da cozinha, não escapa nem a piranha, cujo caldo, muito apreciado, é tido como afrodisíaco. Há ainda pintado de várias formas, em mojica (ensopado de peixe com mandioca, temperado com cebolinha verde, cebola e coentro), frito ao urucum, à pantaneira (ensopado, com banana-da-terra e mandioca, servido na telha). A banana está sempre presente em várias versões: na farofa como acompanhamento, banana-verde frita em rodelas para servir como tira-gosto, e no preparo de sobremesas.

Em Mato Grosso do Sul vale ressaltar a influência paraguaia e boliviana, pela proximidade das fronteiras. Da primeira, duas das heranças mais fortes são a chipa (espécie de pão de queijo, feito de polvilho, só que em forma de ferradura) e a sopa paraguaia, que na verdade é uma torta salgada de milho, fubá, cebola e queijo. Da Bolívia, as saltenhas (tipo de empanadas recheadas de carne).

Com o desenvolvimento da pecuária e da influência gaúcha, o hábito de comer carne também é bastante presente. Assim, é comum o arroz de carreteiro, feito com charque (carne-seca típica do Sul), para acompanhar o churrasco, que também é acompanhado de outras guarnições como mandioca cozida e farofa. Outro prato à base de carne é o guisado pantaneiro, que leva carne-seca desfiada e mandioca batida.

De sobremesa, não pode faltar o furrundu, doce de mamão verde ralado, rapadura, gengibre, cravo e canela. Na hora da reflexão ou de fazer a digestão, é hábito tomar o tereré (espécie de chimarrão servido com água gelada na guampa, copo feito de chifre de boi).

GOIÁS: A COMIDA DO CERRADO

Muitos pratos goianos têm influência dos mineiros, que se espalharam por esta região a partir do século XVIII. As cidades de Goiás Velho e Pirenópolis conservam até hoje os casarões coloniais e as festas religiosas tradicionais como a Semana Santa e a do Divino Espírito Santo, em que ocorre a Cavalhada.

Durante as cerimônias e no dia a dia, o povo goiano se farta com o empadão goiano (massa feita de milho, recheada com guariroba ou palmito-amargo, carne de porco, frango, queijo, ervilha, azeitona, ovos e pedaços de pão). E ainda variedades de receitas com pequi (fruto do cerrado cuja polpa fica na parte superficial), como o arroz, a galinhada e o digestivo licor.

DOCEIRAS DE GOIÁS

As mãos de fada que confeccionam doces artesanais com tanto esmero preservam a memória cultural de Goiás. E têm como fonte de inspiração uma de suas representantes ilustres, a poetisa Cora Coralina, que se julgava mais doceira que poeta. De tachos de cobre saem doces de frutas cristalizadas como cajuzinho do cerrado, compotas como a de limãozinho recheado com doce de leite. Do forno, especialidades como o pastelim, um tipo de tortinha com doce de leite. Moldados à mão, um a um, os alfenins, de origem árabe, são confeitos de açúcar e polvilho feitos em formas de bichos e flores. Se este doce tiver formato de pomba, chama-se verônica e é moldado para ser distribuído na Festa do Divino.

A capital atual do país, Brasília, idealizada pelo arquiteto Oscar Niemayer e o urbanista Lúcio Costa, foi construída pelos candangos. Assim eram chamados os trabalhadores que vieram de outros estados, principalmente os do Norte e Nordeste (para a construção da capital). Até hoje Brasília é uma cidade de imigrantes brasileiros e estrangeiros, e isso se reflete em sua gastronomia.

Para não esquecer as origens, os brasilienses podem encontrar facilmente restaurantes de diversas localidades com sabor amazônico, baiano e goiano. E ainda especialidades do mundo todo, francesas e italianas, com chefs que se destacam por tornar criativa a cozinha clássica. Há ainda delícias mineiras como leitão à pururuca e tutu e compotas de goiaba e figo. Os descendentes de nordestinos têm o seu ponto de encontro na Feira do Guará, em que há desde artesanatos a comidas típicas do sertão e litoral, como o caldo de mocotó e a buchada de bode.

A DIVERSIDADE GASTRONÔMICA DO SUDESTE

Como vimos, os ciclos do ouro e do café fizeram do Sudeste a região mais rica do país e a mais cheia de contrastes. Assim, é o pedaço do Brasil com maior diversidade gastronômica.

A TRADICIONAL COZINHA PAULISTA

As raízes paulistas, de origem bandeirante, preservam pratos como o ensopado de galinha caipira, o feijão-tropeiro (farinha de mandioca, feijão-preto, linguiça, ovos cozidos e toucinho), o virado à paulista (feito com feijão, que deu origem ao tutu à mineira) e o cuscuz paulista (um tipo de bolo salgado, feito em fôrma furada, que leva farinha de milho, ovo, sardinha, palmito, ervilhas e tomate).

A cultura tropeira se mantém mais fortalecida no vale do Paraíba. A influência das tropas a partir do século XVIII deu origem a uma rica cozinha, com muitas especialidades, que se incorporaram primeiro à comida paulista e, posteriormente, à mineira. A rústica dieta dos tropeiros, que comiam feijão, milho, mandioca, arroz, carne de porco e ovos, tornou-se a base da alimentação caipira. Um dos pratos mais simbólicos do vale é o substancioso afogado, ensopado de acém ou músculo de boi com temperos, feito em enormes tachos de cobre, cujo caldo é engrossado com farinha de mandioca. Nasceu nos pequenos vilarejos, como São Luiz do Paraitinga, em comemoração à Festa do Divino.

Outra especialidade da região é o famoso bolinho caipira frito, que é feito de duas maneiras: com farinha de milho amarela e recheio de carne moída ou com farinha de milho branca, recheado com linguiça de porco. Essa, aliás, é a versão de Jacareí, considerada Patrimônio Imaterial da cidade.

Uma iniciativa de sucesso em Pindamonhangaba são as plantações de arrozes vermelho, preto e miniarroz, este último totalmente brasileiro. Todos são de grande aceitação no mercado.

São Paulo, que se destacou no século XIX pela cultura do café, hoje volta a entrar em cena como produtor de grãos especiais. O café de Alta Mogiana, por exemplo, recebeu a Indicação Geográfica, em 2013.

PETISCOS DA HISTÓRIA
Para alguns pode parecer uma excentricidade, mas um dos cafés mais caros do Brasil e do mundo é o Jacu Bird Coffee, cujos grãos são selecionados, digeridos e expelidos nas fezes da ave jacu, espécie nativa da Mata Atlântica. O sabor único deste café orgânico, colhido manualmente, limpo e processado tem uma explicação: o jacu se alimenta dos melhores grãos do café e os fermenta no seu sistema digestivo, conferindo-lhe um sabor e uma acidez especial. O produtor é a Fazenda Camocim, em Domingos Martins, no Espírito Santo.

A tradicional cozinha paulista incorporou outras influências com a chegada de imigrantes a partir do final do século XIX. Além dos italianos, com as pizzas e as massas, os árabes deram os seus quibes, esfirras e charutinhos de folha de uva. E os japoneses, o tão típico pastel de feira e os já muito apreciados sushi, sashimi e yakisoba.

O templo do turismo gastronômico em São Paulo é o Mercado Municipal, carinhosamente chamado de Mercadão. Lá se tem a verdadeira noção da riqueza cultural desta cidade que abriga tantos povos. Nos boxes podem ser encontrados presunto pata negra espanhol, azeites importados, frutas e peixes do Brasil todo, entre outras delícias. Um dos sucessos populares são os fartos sanduíches de mortadela e de pernil e o bolinho de bacalhau.

RIO DE JANEIRO

Por mais de dois séculos a cidade do Rio de Janeiro foi a capital da Colônia, do Império e da República do Brasil, entre 1763 e 1960. Ter sido a capital do Império de Portugal explica a forte influência da culinária portuguesa nos hábitos alimentares do carioca.

Exemplos dessa influência são os variados pratos à base de bacalhau. A começar pelo bolinho e continuando com os pratos principais. A lista é extensa, entre os prediletos: bacalhau à Gomes de Sá (assado desfiado, com cebola, alho, batata em rodelas e ovos cozidos), bacalhau à Lagareiro (posta assada com alho torrado, cebola, batatas, e brócolis), bacalhau à Zé do Pipo (gratinado com purê de batatas). A marca da tradição portuguesa está também no gosto pelo caldo verde e pelas iscas de fígado.

Outras especialidades são o cozido à carioca, o camarão ensopadinho com chuchu ou a sopa de frutos do mar Leão Veloso. Há também pratos históricos, como o filé à Osvaldo Aranha, criado em 1926 pelo próprio político – ele costumava pedir um filé alto, malpassado, coberto com alho frito, acompanhado de batatas e arroz.

Nascido nas boêmias noites cariocas do início do século XX, o picadinho ganhou fama e foi exportado para São Paulo. A receita é tão simples quanto deliciosa: acém ou capa de filé cortado na ponta da faca, marinado na cachaça, para depois ser cozido com toucinho, tomate, extrato de tomate, cebola, alho e louro, acompanhado de banana, ovos fritos e farofa feita na manteiga.

E a feijoada? Claro, essa é a marca registrada dos cariocas, que levam o mérito de serem os grandes propagadores dessa receita nacional, como vimos no capítulo "Brasil no Século XX".

No litoral fluminense, a tradição secular de produção de aguardente artesanal fez com que a cidade histórica ganhasse, em 2007, a Indicação Geográfica Cachaça de Paraty. Seguindo essa trilha de qualidade, no vale do Açúcar, em Quissamã, no norte do estado, ainda se produzem cachaças de alambique de alta qualidade.

A Região Serrana, de clima de altitude e ameno, é adequada à elaboração de queijos de cabra de alto padrão.

PETISCOS DA HISTÓRIA
A cultura caiçara, nome de origem tupi dado ao homem que vive dos produtos do mar, ainda persiste no litoral paulista e carioca. Esses pescadores mantêm muito dos hábitos de seus ancestrais indígenas, como o uso de milho, mandioca, feijão, inhame, cana, abóbora e banana em sua culinária – ingredientes que complementam a alimentação à base de peixe. O prato mais tradicional é o azul-marinho, peixada preparada com banana-nanica verde, que libera tanino na hora do cozimento, conferindo característica cor ao prato. Em toda a região litorânea, são muito apreciados também o camarão na moranga e o camarão com quibebe.

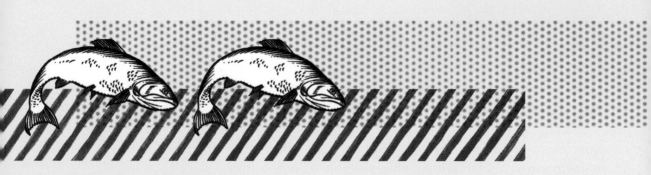

MINAS GERAIS

Quando se fala em comida mineira, é fartura na certa! O hospitaleiro mineiro – seja em casa ou no restaurante – faz questão de oferecer um cardápio completo de opções substanciosas, como bambá de couve (sopa de fubá com couve e linguiça), frango com quiabo e a vaca atolada (cozido de costela de vaca com mandioca) e jiló refogado. A carne de porco é muito bem-representada nesta culinária em pratos como a canjiquinha com costelinha, o arroz com suã de porco, o leitão à pururuca, o tutu à mineira (mexido de feijão com farinha, servido com torresminho).

Ingrediente exclusivo da culinária mineira é um vegetal de folhas suculentas, o ora-pro-nóbis, muito usado no preparo da galinha caipira, servida com angu. Alguns chefs têm se inspirado nessa verdura para dar um toque especial a outros pratos, como o "pesto de ora-pro-nóbis", de Mônica Rangel, do restaurante Gosto com Gosto, em Visconde de Mauá (RJ).

Depois de tanta comida boa, é preciso ter espaço para as diversas sobremesas, como o clássico romeu e julieta (goiabada cascão com queijo de minas), a ambrosia (doce com leite e gemas) e todos os doces de frutas em compotas.

Para arrematar toda essa comilança, o mineiro adora tomar um cafezinho e uma dose de cachaça. Em Minas, há muitas marcas de cachaças artesanais boas, destacando-se as da região de Salinas.

Você pensa que acabou? Há ainda as características "quitandas", como se chama o lanchinho do fim da tarde em Minas. São biscoitos de polvilho, bolo de fubá, bolinhos de chuva (fritos e polvilhados com açúcar e canela), curau (creme de milho), canjica, broa de milho, pamonha salgada ou doce e, claro, o pão de queijo, que já se espalhou pelo Brasil e pelo mundo. Tal é a fama das quitandas que na cidade de São Bartolomeu os doces em tacho são patrimônio cultural. Em São Tiago, o biscoito feito de queijo tornou-se Indicação Geográfica em 2013. Claro que todas essas delícias vão acompanhadas de um cafezinho. Não é pra menos: Minas é um dos estados de maior produção do grão, destacando-se também pela qualidade. Duas regiões possuem Indicação Geográfica: o cerrado mineiro e o café da serra da Mantiqueira de Minas Gerais.

→→→→→→→→ QUEIJOS FEITOS EM MINAS

Os mais famosos queijos de Minas Gerais são os da cidade do Serro, próximo de Diamantina, e os da Serra da Canastra. Eles são parte da herança cultural dos portugueses que se fixaram nessas regiões na época do Ciclo do Ouro, no século XVIII, e iniciaram a produção nos moldes do famoso queijo lusitano da Serra da Estrela. A fama se espalhou porque, no século seguinte, o rei D. João VI incentivou a produção. São queijos de massa crua e compacta, artesanais, que podem ser frescos, meia cura ou curados (maturados por alguns dias, obtendo uma casca amarela que muda o sabor e ajuda em sua conservação). Ambas as regiões obtiveram a Indicação Geográfica.

O mineiro adora "botecar" e, para tanto, não faltam petiscos modernos e tradicionais. Próximo a Belo Horizonte, em Itabirito, o tira-gosto mais apreciado é o pastel de angu, feito com fubá de moinho, que virou até Patrimôniio Cultural da cidade.

←←←←←←←←←←←←←←←←←←←←

ESPÍRITO SANTO

O prato símbolo do Espírito Santo é a moqueca capixaba, que difere da baiana por não levar nem azeite de dendê nem leite de coco, mas recebe cor de um ingrediente especial, o urucum. No lugar do azeite de dendê entra o "azeite doce" (óleo de oliva).

Outro ícone do litoral é a torta capixaba, que vale por um prato principal, pois é recheada de badejo e frutos do mar (sururu, ostras, camarões e caranguejos), além de azeitonas, ovos e temperos como coentro e urucum. A garoupa salgada com banana-da-terra também é famosa. Feita artesanalmente em panela de barro até hoje, é um exemplo da preservação dos costumes da região, uma tradição de 400 anos.

Na região serrana, o clima mais frio foi um chamariz para os imigrantes italianos e alemães, que preservam suas receitas típicas, seus costumes e seu folclore. No município de Santa Teresa, alguns pratos típicos são o delicado tortei de abóbora (massa em formato retangular, recheada do legume), o *agnolini* (sopa de *capeletti*) e a pavesa (sopa feita com caldo de carne, torradas e gema de ovo crua). Do outro lado da serra, a 43km de Vitória, fica a cidade de Domingos Martins, reduto alemão com charmosos cafés coloniais, que serve o típico *michjabroud* (pão de milho), brevidades com raspinha de limão, rocambole alemão, vinho de jabuticaba (produzido na região), inúmeras geleias e rosquinhas e o clássico *apfelstrudel* (torta de maçã). Mas a robusta culinária germânica também se mostra em pratos como o guisado de pato caipira e o *einsbein* (joelho de porco). É muito característico da região também a machacota, doce puxa-puxa (feito de farinha de mandioca, rapadura e gengibre).

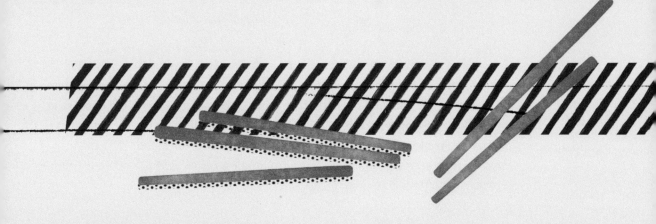

REGIÃO SUL: UMA RELEITURA DO VELHO MUNDO

Povoada a partir do século XVII por imigrantes portugueses açorianos**, italianos e alemães, entre outros, os hábitos e costumes dos sulistas fazem lembrar muito os dos antepassados europeus. A maior parte dos pratos da região são receitas do Velho Mundo adaptadas aos trópicos. Mas não podemos esquecer que o nosso querido churrasco nacional nasceu nos pampas gaúchos.

PARANÁ

Pudemos observar que os tropeiros colaboraram com algumas receitas tradicionais: feijão-tropeiro e a quirera (cozido feito com costela de porco, linguiça e quirera de milho). Os paranaenses também adoram os frutos do pinheiro, árvore símbolo do Paraná. É uma tradição das festas juninas o consumo de pinhões crus, cozidos ou assados na brasa. vale ressaltar as receitas salgadas com o ingrediente como o entrevero de pinhão (cozido de carnes, linguiça, quiabo, pinhão e vinho), feito em panela de ferro.

A contribuição dos imigrantes pode ser notada nas receitas locais alemãs como os salsichões, as linguiças de porco, as carnes defumadas, o chucrute (repolho azedo) e os picles (conserva de legumes em vinagre, água e outros líquidos). São muito apreciados os doces como o *strudel* de requeijão e o *stolen* (bolo de farinha de trigo, semelhante ao panetone, com passas brancas e pretas, castanhas, frutas cristalizadas e rum).

Do lado dos poloneses, é típico o *pierogi* (pastel cozido, feito de massa de farinha de trigo levedada, recheada com batatas cozidas e requeijão). E da comunidade ucraniana pode-se provar pratos como o *borscht* (tradicional sopa de beterraba, feita com creme de leite fresco).

Na capital paranaense há um bairro gastronômico, o italiano Santa Felicidade, em que se encontram especialidades como o frango caipira com polenta e radicchio. Por todo o estado há muitas outras receitas: o leitão desossado e recheado, o porco no rolete, o carneiro ao molho de vinho e o ancestral carneiro no buraco, típico da cidade de Campo Mourão. Na cidade da Lapa, uma especialidade tradicional da cultura tropeira é a quirera. Mas a receita símbolo do estado é mesmo o barreado.

BARREADO

De origem açoriana, seu tempero acompanhou outras manifestações culturais, entre elas o fandango, dança de tamancos ao som da rabeca. Nas festas, as pessoas passavam dias e noites dançando e precisavam de um prato substancioso que pudesse ser requentado sem perder o sabor original. Criaram, então, o barreado, um cozido de dianteira do boi (ou músculo) com temperos – como sal, cebola, alho, louro, cominho – feito em panela de barro, que fica no fogão a lenha por cerca de 10 a 20 horas até que a carne desmanche. O que faz o prato tão especial é o fato de a panela ser vedada (barreada) com goma feita de farinha de mandioca, deixando o sabor da carne mais concentrado. É servido sobre pirão de farinha de mandioca feito com o molho do próprio barreado, acompanhado de laranja e banana-da-terra cozida, cortada em rodelas. A grande divulgadora do prato é a cidade de Morretes, para onde muitas pessoas vão exclusivamente para saboreá-lo nos restaurantes locais.

SANTA CATARINA

Recheada de festas folclóricas, a bela Santa Catarina tem encantos que atraem turistas o ano inteiro. Além de belas praias, os roteiros gastronômicos são a grande atração, como a rota do marreco, no vale do Itajaí, em que se pode saborear a ave assada recheada com repolho roxo, acompanhada de purê de batatas e chucrute. Outro prato que preserva a cultura germânica local é o *kassler* (chuleta de porco). Também é típica a carne de ovelha seca ao sol.

Todos os anos, milhares de apreciadores de cerveja visitam a Oktoberfest, realizada em Blumenau, onde, além de beberem muitos barris da bebida, provam também as especialidades alemãs.

Carinhosamente chamada de Floripa, a ilha de Florianópolis e seus arredores têm frutos do mar de ótimo padrão de qualidade. A região é hoje a maior produtora de ostras do país, e a criação especializada, feita por pequenos produtores, tem padrão internacional. O esmero na produção acabou rendendo uma festa anual, a Fenaostra, que também ressalta a produção local de mexilhões. Vários restaurantes de Floripa servem a chamada "sequência de camarão", em que um dos preparos é o camarão ao bafo.

Os açorianos que ali se fixaram acabaram formando comunidades de pescadores. Até hoje, entre maio e junho, estes realizam a pesca artesanal da tainha. Feita com rede, os cardumes são "arrastados" para a beira da praia. A abundância e a predileção pelo pescado resultaram em muitas receitas típicas, como a tainha escalada (seca ao sol e feita na brasa) e a recheada com farofa (feita da ova), esta última uma iguaria muito valorizada no exterior. Os pratos geralmente são servidos com pirão de caldo de peixe ou pirão d'água.

O terreno de altitude da Região Serrana de Santa Catarina propicia a elaboração de vinhos finos em São Joaquim, Bom Retiro, Caçador, Videira, Campos Novos e Água Doce, de variedades como *cabernet sauvignon*, *pinot noir*, *merlot*, *chardonnay* e *sauvignon blanc*.

RIO GRANDE DO SUL

Nosso churrasco nasceu pelas mãos dos gaúchos, no extremo sul do país, na divisa com os pampas uruguaios e argentinos. Como manda a tradição, o verdadeiro churrasco é feito no espeto, assado durante horas, só com sal grosso, usando-se costela bovina (chuleta), paleta e matambre, este sempre assado, com recheio de legumes, linguiça e ovos. Toda a cultura do churrasco propiciou um esmero na produção do gado. Em função disso, a carne bovina do Pampa Gaúcho da Campanha Meridional recebeu Indicação Geográfica (ver página 162).

Os acompanhamentos mais típicos são a farinha de mandioca cozida, arroz de carreteiro (com charque, tomate, pimentão e temperos), feijão campeiro e vinagrete. É claro que no final do churrasco gaúcho não pode faltar uma roda de chimarrão. A bebida típica e digestiva é feita com erva-mate e água quente, colocada em cuia e mexida com uma bomba, cujos preparo e compartilhamento são um verdadeiro ritual.

O sucesso estrondoso das churrascarias com sistema de rodízio teve início na década de 1960. A história começou nas estradas do Rio Grande do Sul, onde foram abertas churrascarias para atender aos motoristas e caminhoneiros. Visando a um atendimento rápido, assavam vários tipos de carnes em espetos (três ou quatro, entre peças bovinas, suínas e aves).

Muitos gaúchos levaram esse sistema para o restante do país, também conhecido como "espeto corrido": os garçons passam constantemente pelas mesas servindo carnes assadas em espetos. Os clientes escolhem as de sua preferência, comendo à vontade, a um preço fixo.

Há rodízios para todos os bolsos. Isso atrai uma ampla clientela e, mais ainda, os turistas estrangeiros, que se surpreendem com a quantidade de carnes oferecidas e o imenso bufê de saladas, frios e pratos quentes. Hoje há centenas dessas churrascarias espalhadas não só no Brasil, como nos Estados Unidos, na China, no Japão e na Europa.

Pelotas, ao sul do estado, ganhou fama, primeiro, como um polo distribuidor de charque; depois, veio a tradição da doçaria portuguesa, pela qual a cidade hoje é conhecida, com seus toucinhos do céu, papos-de-anjo e pastéis de santa clara.

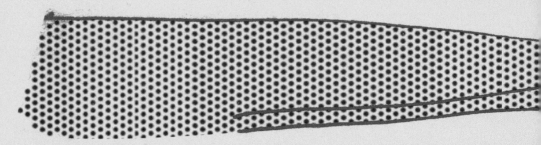

Na região da Serra Gaúcha, são marcantes também as tradições italianas, destacando-se o galeto (frango abatido jovem) na brasa, servido com *radiccio* no bacon, sopa de *agnolini* (capelete) e polenta frita. Dos alemães, principalmente nas cidades de Gramado, Canela e Nova Petrópolis, é atração turística o café colonial. Consumido pela manhã ou como lanche da tarde, o costume traz grande variedade de pães caseiros, queijos serrano e tipo *grana padano***, embutidos como copas**, culatelo** e codeguim**, tortas como o *apfelstrudel*, cucas de maçã e banana, geleias, tudo regado a café, sucos, chás, chocolate quente ou um bom vinho.

VOCAÇÃO VINÍFERA DO RIO GRANDE DO SUL

Como bons amantes do vinho, os primeiros italianos chegaram à serra Gaúcha trazendo na bagagem mudas de uvas próprias para a produção de vinho, só que estas morreram no caminho. Assim, até 1930, os colonos tiveram que se contentar em produzir vinho com as chamadas uvas de mesa. Só a partir dessa data, com a organização das cooperativas, é que se iniciou a produção de vinhos finos, usando variedades como *riesling* e *cabernet sauvignon*.

O que fomentou a produção de vinhos de qualidade na região foi a chegada das multinacionais, em 1970, como a francesa Chandon. Elas impulsionaram os investimentos em tecnologia e o estudo das variedades adequadas ao clima. Estimulados por esse panorama, os produtores de vinho começaram a se formar em enologia. Dirigida por profissionais especializados, a indústria do vinho da serra Gaúcha descobriu vocações na década de 1990, como a do espumante (vinho feito com uma segunda fermentação em garrafa ou em tanques de inox) e a do vinho tinto da uva *merlot*. Na mesma localidade, o vale dos Vinhedos obteve, em 2012, a denominação de origem (ver página 162). Outras regiões também passaram a desenvolver a vitivinicultura e hoje produzem vinhos finos de qualidade, como Campanha e Serra do Sudeste.

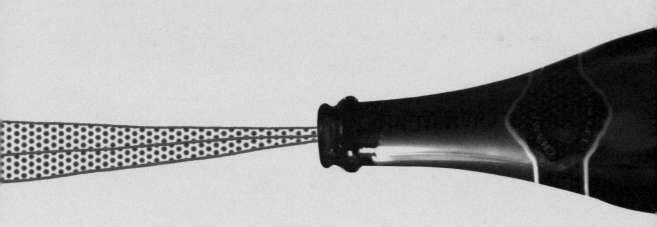

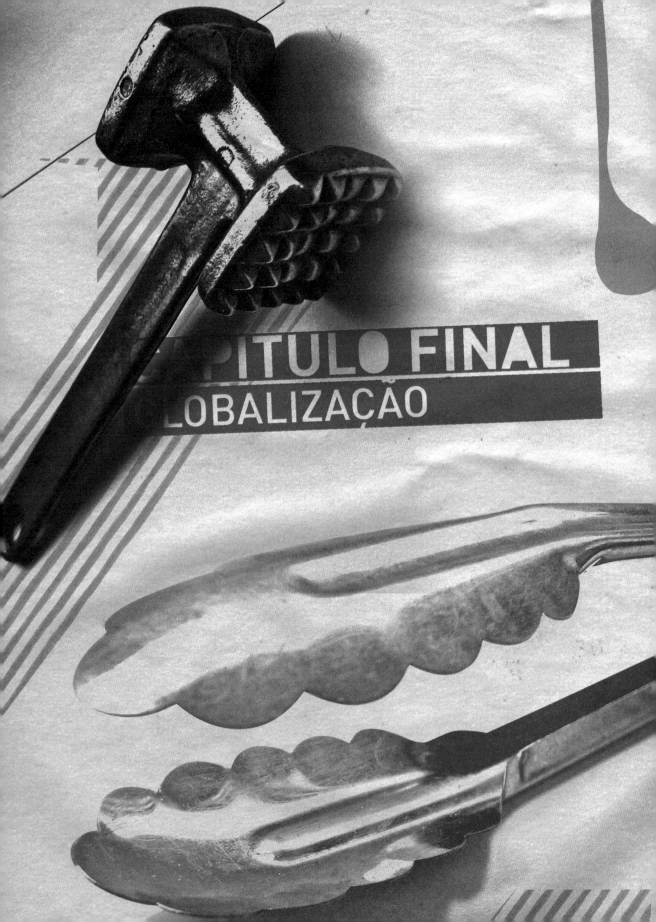

A gastronomia nunca esteve tão em alta como nos dias de hoje. Claro que isso é consequência do processo histórico da globalização. No mundo interligado pela Internet, tendências e ideias se espalham em décimos de segundos. Ingredientes e técnicas culinárias circulam rapidamente, influenciando de maneira multicultural** os hábitos à mesa.

O cenário do mundo contemporâneo tem muitas faces, como veremos aqui. Ficar antenado a tudo o que acontece no mundo tornou-se uma "necessidade" do nosso tempo, mas gerou comportamentos padronizados, como vestir as mesmas roupas, assistir aos mesmos filmes, comer as mesma comidas. Entrando num shopping center em Singapura (na Ásia), em Lima (no Peru), ou em Belo Horizonte (no Brasil), por exemplo, praticamente não se notará diferença na maneira como as pessoas se vestem e se alimentam.

A alta tecnologia da indústria alimentícia coloca no mercado mundial uma infinidade de produtos cada vez mais sofisticados, com gostos e sabores artificiais, nem sempre salutares, que seduzem as várias camadas da população.

Como contraponto à padronização de comportamentos suscitados pela globalização, o interesse pelo turismo gastronômico tem aumentado bastante. Se turistas estão procurando degustar as especialidades culinárias regionais, isso significa que os ventos também sopram a favor da diversidade.

De tal forma está em evidência esse estilo de viagem, em busca da experiência com a culinária local, que até se criou um nome para identificar o aventureiro de garfo e faca na mão: são os gastroturistas, ou *food trotters***, em inglês. Mas eles não querem só sentar-se à mesa e escolher um bom prato. Geralmente faz parte do pacote conhecer os produtores e o processo de elaboração dos ingredientes regionais, como queijos artesanais e cachaças de alambique, o que inclui saborosas degustações *in loco*. O roteiro pode incluir, ainda, a visita a feiras e mercados.

Mesmo com o grande manancial ligado à riqueza alimentar, ainda há muito por fazer na área do turismo gastronômico no Brasil. Mas existem bons exemplos a se seguir, como a Rota 232, em Pernambuco, que reúne vários municípios da Zona da Mata, Agreste e Sertão, com 553 quilômetros de extensão, cujo foco são o artesanato e a gastronomia.

No Rio Grande do Sul, destaca-se o Caminhos de Pedra. Localizado na área rural de Bento Gonçalves, o roteiro mostra a herança cultural da colonização italiana, que se revela através das receitas típicas, do vinho, da música e da arquitetura.

Um portal de qualidade, que conta com reportagens, dicas de lugares e curiosidades da gastronomia regional brasileira, é o Viagem e Sabor, do jornalista e escritor Chico Júnior.

Além disso, durante o ano todo, há festivais gastronômicos pelo país. São centenas de eventos, como o Festival da Costa do Descobrimento, na Bahia, o Festival Gastronômico e Cultural de Pirenópolis, em Goiás, a Festa Nacional do Pinhão, em Mauá, no Rio de Janeiro, e o Festival de Cultura e Gastronomia de Tiradentes, Minas Gerais.

Algumas agências vão além e apostam num filão ainda mais específico, que são os gourmets. Estes estão dispostos a pagar o preço pela exclusividade do roteiro gastronômico. Como exemplo, uma visita ao Piemonte, que inclui a caça às trufas** e *tours* por vinícolas para provar o famoso Barolo. É uma verdadeira imersão conduzida por guias especializados, que podem ser, inclusive, um chef de cozinha estrelado ou um sommelier reconhecido no mercado.

A mistura da culinária com a sétima arte deu tão certo em vários filmes que foram lançados com essa temática, que a ideia se expandiu para outros enfoques. É o caso do *Mesa de Cinema*, realizado em parceria com o CineSesc e que faz parte da programação da *Semana Mesa SP*. Banqueteiros são convidados a criar pratos para o evento inspirados nas projeções os quais são oferecidos ao público durante a sessão. vale também destacar a *Mostra DOC Gastronômica*, organizada pela cineasta Janka Babenco em parceria com a Livraria Cultura, em São Paulo. Ela exibe documentários nacionais e estrangeiros que tratam de questões atuais relacionadas ao universo da alimentação, como as formas de produção e consumo e as consequências para a sustentabilidade do planeta.

EVENTOS GASTRONÔMICOS DO SENAC

Com a missão de fomentar o conhecimento em gastronomia, o Senac realiza eventos de grande importância no setor. Um deles é o Semana Mesa SP, feito em parceria com a revista *Prazeres da Mesa* e considerado o maior congresso gastronômico da América Latina. Realizado desde 2004, conta com os principais chefs de cozinha do Brasil e do mundo, que debatem sobre o futuro alimentar e as tendências do planeta. É reproduzido também em Fortaleza (Ceará), em Brasília, em Recife (Pernambuco) e na capital carioca.

O Senac organiza ainda festivais gastronômicos por todo o país, como o Sabor de São Paulo, em conjunto com a mesma publicação e com a Secretaria de Turismo do Estado de São Paulo, em que se selecionam pratos típicos de diferentes regiões do estado para constar no *Guia de Turismo Gastronômico* oficial da Secretaria de Turismo.

No Rio de Janeiro, vale destacar o Petrópolis Gourmet, feito por Senac RJ / Sesc RJ, composto de oficinas, pratos regionais e com a participação dos restaurantes locais.

CARACTERÍSTICAS DA GLOBALIZAÇÃO

O processo de globalização conduziu os povos do mundo a uma interdependência cada vez maior. A evolução tecnológica nas comunicações, a conexão das redes de computadores em nível mundial e a consequente profusão de informações são algumas das características destes novos tempos. "A cultura se globaliza e se homogeneíza com a criação da indústria cultural** e da cultura de massa**", disse o sociólogo brasileiro Octavio Ianni (COSTA, 2005).

Hoje esse fenômeno abrange um acesso absoluto à informação, o que não ocorria há 20 anos. Dá-se um grande avanço na tecnologia digital, possibilitando um acesso gigantesco à informação, o que contribui para a disseminação do conhecimento. Segundo Pedro Calabrez Furtado, professor de psicologia e neurociência, o jovem já nasce interconectado. E ninguém precisa estar em casa para isso acontecer: pode ser no restaurante, no mercado, na rua, em qualquer lugar, interligado através de seu celular ou tablet.

Em contrapartida, essa informação se pulveriza muitas vezes de forma superficial. Um estudo mostrou que as pessoas esquecem de um post no Face em menos de 24 horas. Portanto, é importante saber usufruir da tecnologia, mantendo uma postura mais reflexiva.

NAVEGAR É PRECISO

Nessa panela global, os veículos de comunicação têm um papel importante na divulgação da gastronomia. Entre os meios tradicionais estão revistas, jornais, programas de TV e de rádio, livros, entre outros. A partir de 2007, ocorreu o boom das redes sociais. Elas ocupam um papel fundamental na divulgação do que acontece na gastronomia. São elas – Facebook, Orkut, Twitter, My Space, Badoo, LinkedIn, Youtube, Snapchat etc. – que ditam as regras, os gostos e as modas no setor. Graças a elas é possível se interligar com blogs, sites, vídeos e fotologs. Hoje a maioria das pessoas pode acessar as redes e colocar suas impressões, tornando-as públicas, o que antes era reservado aos especialistas.

Navegar, compartilhar, curtir... Todos são protagonistas: alguém pode ir a um restaurante e postar em tempo real a foto de um prato, por meio de um fotolog como o Instagram, compartilhar sua opinião na rede e interagir com seus leitores.

Eventos gastronômicos e restaurantes, por exemplo, disponibilizam hashtags para que os participantes ou clientes façam seus comentários e os compartilhem. Isso se constitui num grande veículo de divulgação para as empresas.

Nas cozinhas caseiras, o livro da vovó já virou relíquia. Cada vez mais, ao lado das panelas, estão os dispositivos móveis (iPhones, iPads, entre outros), que levam consigo inúmeros aplicativos. Por intermédio deles se pode fazer o download, muitas vezes gratuito, com sugestões de pratos para preparar em 15 minutos, dicas de restaurantes sobre alimentos e bebidas, além de vídeos ensinando a fazer sushi ou churrasco.

Hoje é tudo muito prático e fácil: se você não sabe cozinhar esse ou aquele prato, basta um clique e terá à mão uma diversidade de ofertas para resolver sua necessidade em segundos.

É fato que hoje os guias gastronômicos impressos dividem a fama e a credibilidade entre os leitores com veículos online e as redes sociais, e os chefs, por sua vez, desejam ser dignos de bons comentários. No Brasil, é alvo dos profissionais da área constar em guias prestigiados, como o *Guia Quatro Rodas de restaurantes*, o *Guia Josimar Melo* (em São Paulo), o *Guia Danusia Barbara* (no Rio de Janeiro) e o roteiro da *Vejinha* (este em várias capitais do Brasil, sendo que em São Paulo se destaca a coluna do crítico Arnaldo Lorençato). Os amigos gourmets Boni e Ricardo Amaral reuniram uma lista de 378 restaurantes de 26 países que eles conheceram pelo mundo e indicam aos seus leitores no *Boni & Amaral – guia dos guias*.

No mundo, além dos guias já citados, caso do centenário e prestigiado *Michelin*, há outros bem-conceituados, como o norte-americano *Zagat*, sucesso nos Estados Unidos; o italiano *Gambero Rosso*; e o espanhol *Lo mejor de la Gastronomía*, do crítico gastronômico Rafael García Santos. No entanto, o veículo que tem deixado os chefs em grande evidência – e, em consequência, seus restaurantes lotados – é a revista britânica *Restaurant,* que publica anualmente a lista The Word's 50 Best Restaurants.

A MÍDIA ESPECIALIZADA E A CRÍTICA BRASILEIRA

No Brasil, as principais revistas especializadas são: *Gula, Prazeres da Mesa, Gosto* e *Menu*. Quase todos os jornais têm sua coluna de gastronomia, entre elas, a da cronista Nina Horta e do crítico Josimar Melo, no jornal *Folha de S. Paulo*; do jornalista e crítico Luiz Américo Camargo e do jornalista gastronômico J. A. Dias Lopes, do caderno "Paladar", no jornal *O Estado de S. Paulo*. vale ainda ressaltar o caderno "Rio Show", do jornal *O Globo*.

No rádio, a Band FM veicula o programa "Pitadas de gastronomia", com o gourmet István Wessel; a CBN, o "Turismo e Gastronomia"; e a Eldorado FM, o "Pitadas de Rita", da chef Rita Lobo.

Na Internet, entre os melhores sites especializados estão basilico.com.br, panelinha.com.br, de Rita Lobo e Malagueta Comunicação. Estão em alta, também, os chamados *food bloggers*, blogueiros de comida. Entre eles, podemos destacar os especialistas da área e jornalistas gastronômicos, como Guta Chaves; Boa Vida, de Alexandra Forbes; Gastrolândia, de Ailin Aleixo; Seja Bem Vinho, de Cristiana Couto; Blog do Castilho (revista *Prazeres da Mesa*); Comes e Bebes, de Marcelo Katsuki (*Folha Online*); E-Boca Livre, do sociólogo Carlos Dória; Comidinhas, de Alessandra Blanco (portal IG); e *Come-se*, da nutricionista Neide Rigo. Há também o fenômeno dos blogs feitos por gourmets amadores, que eram um hobby e acabaram virando parte de suas vidas profissionais. É o caso do Snack in Box, da artista plástica Cris Kimi, do Cuecas na Cozinha, do ator Alessander Guerra, e do Prato Fundo, de Vitor Hugo, farmacêutico-bioquímico e gastrônomo. No mundo dos vinhos, Jorge Lucki, Jorge Carrara, Mário Telles Jr., Danio Braga e Manoel Beato são autoridades. Destacam-se também as revistas *Decanter* e *Vinho Magazine*. vale uma homenagem póstuma ao grande jornalista e crítico de vinhos Saul Galvão, que deixou um legado importante no setor.

TENDÊNCIAS NO MUNDO

Pipocam a cada momento novas tendências gastronômicas que, neste livro, convencionamos chamar de contemporâneas, ou seja, as modas culinárias da época em que vivemos. A arte culinária francesa começa a dividir espaço com os modismos – *fusion cuisine*, cozinha mediterrânea, asiática, a cozinha *kappo* (estilo em que o chef prepara pratos japoneses finos e com ingredientes frescos, na frente do cliente, tendo apenas a separação de um balcão entre eles), praticada no Brasil pelo chef Tsuyoshi Murakami – e, principalmente, a chamada vanguarda, com muitíssimas técnicas científicas inovadoras, influenciando o mundo gourmet.

Há espaço, inclusive, para aquela comida que lembra a avó e a mãe, a *comfort food*. Esse termo se refere à comida vista como um viés de resgate das lembranças afetivas da infância – aquele bolo de fubá delicioso, uma canja de galinha reconfortante –, mas sempre procurando adaptar as receitas de forma que estejam mais equilibradas para os dias atuais.

Num clima mais despojado, o *casual dining*, que surgiu nos Estados Unidos, representa redes de restaurantes que unem a rapidez do fast-food ao atendimento personalizado e à qualidade na cozinha.

IZAKAYA, O BOTECO JAPONÊS

Uma tendência no Japão é o izakaya, uma mistura de bar e restaurante familiar, de ambiente despojado, mas com boas opções de bebidas e um cardápio enxuto. A parte mais disputada é o balcão. Nesses locais a rapidez se alia a preços módicos. "Você encontra muitas dessas casas com receitas bem gourmets e algumas ofertas inclusive de outras especialidades, como risoto de parmesão com foie gras e trufas", exemplifica a chef consultora nipo-brasileira, radicada no Japão, Mari Hirata. Esse conceito também chegou ao Brasil, em que já existem alguns izakaya, inclusive de chefs destacados.

O *finger food* surgiu para facilitar os serviços de bufê nas festas e nas recepções, em que as pessoas podem comer de pé enquanto circulam pelo ambiente. Literalmente significa "comida para comer com os dedos" e lança mão de peças charmosas e modernas, como pauzinhos, espetinhos, recipientes pequenos e comidas oferecidas em pequenas colheres. Isso permite servir miniporções de pratos mais sofisticados de forma lúdica.

Além disso, crescem os movimentos de defesa da cozinha regional e da tradição à mesa, como o Slow Food, em contraponto ao fast-food. Assim, se valoriza uma alimentação mais saudável e natural, menos industrializada, como a orgânica e a biodinâmica.

Para elucidar essa ideia de contemporaneidade, vamos lançar mão das palavras do grande chef francês Alain Ducasse:

> A cozinha de nossa época se caracteriza por liberdade. Liberdade na combinação de sabores, de inspiração, no tratamento das matérias-primas e na interpretação das heranças culturais gastronômicas. A cozinha contemporânea é objeto da sociedade em que vivemos, com todas as vantagens e inconvenientes que se pode ter quando se está sob os projetores da mídia! (Entrevista concedida a Guta Chaves em janeiro de 2007)

UMA RESPOSTA AO FAST-FOOD: O SLOW FOOD

O ato de sentar-se à mesa para apreciar uma boa refeição junto com a família e os amigos é uma fonte de prazer. Tudo isso se perde quando a pressa em se alimentar toma conta do nosso dia a dia.

Como reação ao ato cotidiano de comer rapidamente, que traz consequências como estresse e desequilíbrio à saúde, formou-se o movimento chamado Slow Food.

Liderado pelo gastrônomo e sociólogo italiano Carlo Petrini, em 1986, o movimento queria resgatar nada mais do que a essência do convívio à mesa, do comer e beber devagar, assim como preservar as tradições de receitas e ingredientes regionais que se perderam com a globalização. A filosofia do Slow Food está voltada para o alimento "bom (de qualidade), limpo (livre de agrotóxicos) e justo (que seja sustentável em relação às comunidades de produtores)".

PARA QUE TANTA PRESSA?

Na década de 1980, foi inaugurado um McDonald's na Piazza di Spagna, num dos maiores centros turísticos de Roma (Itália). Imagine como isso deixou os italianos furiosos. Na qualidade de amantes da mesa farta, cheia de antepastos, massas, carnes e maravilhosas sobremesas, claro que ficaram muito ofendidos com a afronta do ícone maior do fast-food.

O movimento Slow Food cresceu e tornou-se rapidamente uma associação atuante na gastronomia. Tem representantes em boa parte do mundo e faz sua divulgação por meio do site da rede e de uma editora, que publica livros, revistas e cartilhas. A associação, formada por profissionais da gastronomia, estimulou a criação do curso de três anos de Estudos em Ciências Gastronômicas da Universidade de Pollenzo e Colorno, na Itália.

Desde 2000, criou-se o Prêmio Slow Food pela Defesa da Biodiversidade, realizado na cidade italiana de Bolonha, do qual podem participar todas as pessoas que zelam pela conservação do equilíbrio ecológico do planeta, preservando os recursos vegetais e minerais, assim como a cultura local. A divulgação do movimento se dá por intermédio de ações como o Terra Madre, encontro internacional da rede Slow Food, que acontece na Itália a cada dois anos e se reproduz também nos países em que há adeptos do movimento, inclusive no Brasil. Ocorre em paralelo com o Salone del Gusto, um festival de alimentos em que são reunidos pequenos produtores de todo o planeta.

Os adeptos do Slow Food criaram o conceito de "ecogastronomia", entendido como a atitude capaz de preservar o gosto dos alimentos, levando em conta o cultivo e a valorização dos produtos locais no processo de elaboração dos pratos. Um dos desdobramentos da ecogastronomia é a interação entre os pequenos produtores das comunidades e os profissionais do setor de alimentos que, adquirindo os produtos, comprometem-se a salvaguardar as variedades cultivadas com base nas heranças culturais.

No Brasil, desde 2004, o Slow Food tem um acordo de cooperação internacional com o Ministério do Desenvolvimento Agrário do Brasil, que apoia projetos voltados a pequenos agricultores e artesãos, valorizando os alimentos tipicamente brasileiros. Nesse sentido, uma das iniciativas do Slow Food é a Arca do Gosto, um catálogo que identifica produtos ameaçados de extinção, mas ainda com potencial produtivo e possibilidades reais de comercialização. A intenção é documentar alimentos importantes cultural e gastronomicamente. Nessa lista já se integram frutas como o cambuci e o pequi. Numa próxima etapa, que se chama Fortaleza, são escolhidos alguns ingredientes para incentivar a produção, dando uma ajuda concreta aos agricultores no desenvolvimento local, no padrão de qualidade e na garantia de sua viabilidade futura. O que acontece, por exemplo, como a castanha de baru e o arroz vermelho.

BANDEIRA VERDE

No passado, cozinha vegetariana era sinônimo de comida sem graça. O que antes era taxado pejorativamente de "natureba" ganhou, há alguns anos, o status de alimentação saborosa e variada. Até grandes chefs de cozinha se renderam ao cardápio vegetariano.

Foi na Califórnia, na década de 1990, que se iniciou a chamada Grande Cozinha Vegetariana. A chef Annie Sommerville, do restaurante Greens, era uma das expoentes.

A ideia de fazer pratos elaborados à base de legumes se expandiu para outras metrópoles, como Nova York, Tóquio e Paris. Um exemplo de chef que deu prioridade à comida vegetariana no cardápio foi Alain Passard, do L'Arpége de Paris, que tem três estrelas no *Guia Michelin*. Seu menu tem inspirações como o sushi de beterraba e raiz forte fresca, com perfume de gerânio, e, como sobremesa, bananas ao óleo de oliva e limão de Menton.

Para que fique mais claro, o restaurante natural ou vegetariano é aquele que não serve carne de animais – seja de peixe, frutos do mar, carnes brancas e vermelhas. Basicamente, existem três tipos de cozinha vegetariana: a ovolactovegetariana, de origem indiana, que aceita derivados de leite e ovos e é um dos preceitos da religião budista secular; a cozinha macrobiótica, cuja dieta traz raízes, cereais integrais, verduras e frutas; e a vegana, baseada somente em ingredientes vegetais. O veganismo vai além dessa dieta, representando uma filosofia de compaixão pelos animais, posicionando-se ativamente contra a exploração e a morte destes. Assim, também não se consomem leite e seus derivados, além de ovos e mel.

Ainda pouco difundida no mundo, na vertente da cozinha vegana existe uma culinária denominada raw food (cozinha crua). É feita à base de sucos e de vegetais e frutas, sua principal técnica é a desidratação dos alimentos em aparelho especial durante 12 a 18 horas, a 42°C – acima disso ocorreria o cozimento propriamente dito. Na alta cozinha, a raw food é praticada, por exemplo, pelo norte-americano Charlie Trotter, chef do restaurante que leva seu nome, em Chicago. No Rio de Janeiro, o espaço Universo Orgânico, da chef Tiana Rodrigues, desenvolve o conceito da alimentação crua e viva (com alimentos germinados), trabalhando com ingredientes orgânicos.

Alguns chefs estão começando a desenvolver pratos para atender ao público vegetariano, que tem crescido nos últimos anos. Tal preocupação, além de ser um gesto de delicadeza por parte do dono do restaurante, também mostra um olhar mercadológico. No país há poucos restaurantes vegetarianos de alta cozinha, mas uma representante talentosa deste estilo – o natural gourmet – é a chef Tatiana Cardoso. Seus restaurantes Moinho de Pedra, em São Paulo, e Natural com Arte, em Embu das Artes, revelam uma culinária à base de ingredientes nacionais e orgânicos. O mercado também oferece hoje boas opções de restaurantes que têm o cuidado de fazer pratos que vão além das saladas, como um charutinho de couve com grão-de-bico.

⟶⟶⟶⟶⟶⟶⟶⟶⟶⟶⟶⟶⟶ A FALSA CARNE

A soja é a mais importante fonte de vitamina na alimentação vegetariana. E se estiver nas mãos de um bom cozinheiro, o grão pode render refeições que superam, em muito, as imitações de hambúrgueres e salsinhas vegetais enlatadas. Soja torrada e salgada, por exemplo, vira um ótimo petisco. Como já vimos, os orientais sabem como ninguém transformá-la em queijos, molhos e temperos deliciosos. A razão por que os vegetarianos comem tantos alimentos de soja é seu altíssimo teor de proteína, em comparação com outros vegetais. Hoje são facilmente encontrados nos supermercados produtos à base de soja: leite, creme de leite, leite condensado, patês, sorvetes, bebidas de frutas enriquecidas com soja, o queijo de soja (tofu) e, claro, o óleo de soja, o mais popular no Brasil.

ALIMENTOS PUROS

A agricultura orgânica representa uma alternativa sustentável de produção de alimentos sem o uso de agrotóxicos, pesticidas, fungicidas e outros produtos químicos que acarretam sérios problemas ao meio ambiente e à qualidade da vida humana. Abrangente, o conceito inclui também o uso racional da água e de métodos agrícolas que permitam ao solo criar sua própria defesa. A disseminação dessa prática agrícola no mercado consumidor beneficia os pequenos produtores, que têm a chance de obter maior rentabilidade e assim dar continuidade aos seus negócios.

Uma das chefs de cozinha pioneiras a utilizar a comida recém-colhida da horta, sem pesticidas, é Alice Waters, que inaugurou seu restaurante Chez Panisse em New Jersey (EUA), em 1971. Ela explica em livros como *The art of simple food* (*A arte da comida simples*) e *In the green kitchen*, em workshops e programas educacionais do Chez Panisse e Fundation a importância dos alimentos, desde o cultivo até o consumo. Alice Walters é praticante de uma cozinha que ela chama de "revolução deliciosa", baseada no consumo de produtos locais, respeitando a sazonalidade**. Assim, seu menu é feito a partir dos produtos frescos de sua horta e muda todos os dias.

No mundo e no Brasil, a produção de alimentos orgânicos tem crescido progressivamente, sobretudo na última década. isso revela que o setor deixa de ser uma parcela de mercado para se tornar uma tendência mundial, como atesta a realização de feiras como a Bio Brazil Fair/Biofach América Latina.

Tem aumentado a oferta de produtos frescos e saudáveis, como verduras, legumes, frutas, e ainda de laticínios, pães, geleias, patês, carnes e vinhos. Além disso, outros gêneros, como açúcar, farinhas, massas, azeites, biscoitos, massas, arroz, podem ser encontrados em feiras de orgânicos, assim como nas prateleiras dos supermercados.

O LIGHT E O DIET

Produtos diet e light (refrigerantes, sorvetes, iogurtes, chocolates, leites, margarinas, pães, caldos, sopas e outros) lotam as prateleiras dos supermercados há tempos, mas ainda é enorme a confusão entre essas duas palavras de origem inglesa, popularmente associadas a dietas de emagrecimento. É bom saber que seus benefícios são bem diferentes. Vamos agora entender suas utilizações.

O termo diet é usado para definir alimentos criados para os indivíduos que têm doenças específicas, como, por exemplo, diabetes. A palavra diet impressa na embalagem significa, por exemplo, que o produto "não contém" açúcar para pacientes diabéticos, ou "não contém" gordura para pessoas com colesterol alto, ou "não contém" sal para quem tem problemas com o sódio, como hipertensão.

Já o produto light tem como finalidade a redução calórica dos nutrientes de sua composição em, pelo menos, 25% relativamente ao similar convencional. Ele não tem o compromisso de atender a necessidades dietéticas específicas. É feito para quem quer apenas perder peso, ou mesmo seguir uma dieta menos calórica.

COZINHA MEDITERRÂNEA

Como vimos, a famosa jornalista gastronômica inglesa Elizabeth David foi pioneira ao fazer o mundo despertar para a leve e saudável dieta mediterrânea, baseada em legumes, verduras, grãos, ervas aromáticas, peixes, carnes de cordeiro, cabrito, azeite e vinho tinto.

A dieta passou a ser objeto de pesquisas e estudos médicos, que começaram na década de 1950 com o fisiologista americano Ancel Keys. O cientista foi morar na cidade de Pioppi, no sul da Itália, para estudar a boa saúde local. E comprovou cientificamente os benefícios salutares dessa alimentação, sobretudo no que diz respeito às doenças do coração, tendo ele próprio morrido com 101 anos.

A cozinha mediterrânea, que parece tão atual, há milênios é parte integrante da cultura dos povos banhados pelo mar de mesmo nome. Ela envolve Europa, África e Oriente Médio e países como Espanha, França, Itália, Grécia, Turquia, Israel, Líbano, Marrocos, Argélia e Tunísia. Por isso é considerada Patrimônio Imaterial da Humanidade pela Unesco (ver capítulo 1).

Alguns restaurantes aproveitam a moda e colocam no cardápio "dito mediterrâneo" apenas pratos de um país, como a Itália, o que torna o conceito cultural esvaziado. É importante frisar que não existe uma culinária mediterrânea, e sim várias, com diversos ingredientes comuns e receitas muito particulares, como o cuscuz do Marrocos, a paella da Espanha, o falafel (bolinho de grão-de-bico) do Egito, a coalhada seca do Líbano, a *bouillabaisse* da França, a caponata da Itália.

COZINHA DE FUSÃO

No final do século XX, por conta da globalização e das imigrações, tanto no Ocidente quanto no Oriente apareceram restaurantes étnicos italianos, franceses, espanhóis, alemães, japoneses, chineses, tailandeses e vietnamitas. Assim, além da cozinha japonesa, que fez tanto sucesso a partir da *nouvelle cuisine*, ingredientes e técnicas das outras cozinhas asiáticas passaram a encantar os chefs e a clientela, com seus sabores exóticos: por exemplo, nirá**, flor de lótus, pastas tailandesas como o nampla (molho feito de extrato de suco de peixe), pastas de curry e molho de amendoim.

O inverso também ocorre. No Brasil, os restaurantes orientais acabaram se adaptando aos nossos produtos tropicais. Os sushis, muitas vezes, levam frutas como abacate e manga.

Essa permuta de ingredientes fez surgir uma tendência chamada de *fusion cuisine* ou *fusion cook* (cozinha de fusão), que mistura técnicas culinárias de várias partes do mundo. Há muitos pratos da cozinha francesa, por exemplo, que mesclam estilos asiáticos, como rolinhos vietnamitas; ou mesmo a quinua peruana pode entrar na culinária italiana.

Tudo isso parece muito extravagante. Contudo, se as "fusões" forem feitas com muita base, bom senso e equilíbrio, os resultados podem revelar sabores surpreendentes. Por outro lado, como alguns bons chefs gostam de ironizar, muitas vezes as combinações podem virar uma "confusion", se forem inadequadas e sem critérios – o que acontece muito hoje em nome da moda.

UMAMI, O QUINTO SABOR

Doce, salgado, azedo e amargo. Esses são os quatro sabores que somos capazes de sentir com o palato (céu da boca). Será?

No começo do século XX um cientista japonês chamado Ikeda Kokunai, da Universidade Imperial de Tóquio, descobriu o que chamou de "quinto sabor". Até hoje o tema é controverso entre os cientistas, mas o fato é que, isolando o kombu (alga), o seu gosto ativo, isto é, a substância química glutamato de sódio, obteve-se o que se chamou de umami – gostosura em português.

Tanto frisson causou a descoberta, que o produto foi industrializado e patenteado no Japão, nos Estados Unidos, na Inglaterra e na França com o nome de "ajinomoto". Cumpriu-se assim o objetivo de seu inventor: baratear o caldo japonês dashi, preparado tradicionalmente com algas e flocos de peixe bonito seco. Dessa forma, o ajinomoto acabou sendo usado para potencializar o sabor de muitas outras receitas.

Recentemente, pesquisas descobriram receptores nas papilas gustativas capazes de detectar o umami. Ele está comprovadamente presente em estado natural em vários alimentos, como tomates, champignons, queijo parmesão, carne, molho de soja, frutos do mar, além do leite materno, como importante elemento de sabor em alimentos naturais.

Não é coisa da contemporaneidade a sabedoria do uso de molhos como o de peixe para conferir gosto às receitas. Você se lembra do garum, o molho de peixe usado pelos romanos? Era um tipo de dashi, um caldo condensado de peixe que realçava as comidas, curiosamente muito parecido com o molho nampla tailandês. Até então o produto era usado nas cozinhas caseiras, na forma de caldos de carne, aves e peixes em cubos, por exemplo. A novidade é que hoje a substância umami é acrescentada a pratos da alta cozinha.

COMBINAÇÕES PERFEITAS

A arte da boa mesa se faz quando vinho e comida harmonizam-se com perfeição, o paladar fica mais aguçado, e essa sensação dá ainda mais prazer ao gourmet. Não faz muito tempo, era habitual juntar um vinho com um prato da mesma região, por exemplo, vinho italiano com comida italiana. Também era de praxe servir vinhos brancos com carnes brancas e vinhos tintos com carnes vermelhas. Num mundo sem fronteiras, essas duas regras caíram por terra.

Há quase três décadas surgiu o conceito da enogastronomia, liderada pelo enólogo italiano Giancarlo Bossi, fundador da ASI (Association de la Sommellerie Internacionale). A missão da enogastronomia, hoje considerada uma ciência, é estudar as composições químicas dos vinhos e como eles se relacionam com os ingredientes e modos de preparo dos pratos. Essa é a função do sommelier.

Muito requisitado nos melhores restaurantes, é o sommelier quem dá as orientações sobre as melhores possibilidades de combinações das bebidas com a comida. Isso envolve, além dos vinhos, também cervejas, chás, licores, destilados, o que inclui cachaças, no caso do Brasil. Ele precisa ser muito experiente e atualizado, já que existe uma enorme oferta de vinhos de ótima qualidade tanto nos tradicionais países europeus produtores de vinho, quanto no chamado Novo Mundo do vinho.

Para equilibrar comida e vinho, o sommelier segue alguns princípios. Em linhas gerais, os casamentos se fazem de duas maneiras. Por aproximação: delicado com delicado, ou forte com forte, por exemplo, um prato com molho cremoso combinando com um vinho aveludado**. Ou por oposição: delicado com pesado, por exemplo, uma receita gordurosa, como uma picanha, harmoniza-se muito bem com vinhos jovens de boa acidez, como o da uva tannat.

Para quem está começando a apreciar vinhos, os princípios da enogastronomia podem parecer complexos, ainda mais nas cozinhas contemporâneas, cujos desafios das combinações são bem maiores. Mas o fundamental é experimentar sempre novas possibilidades de harmonizações, sem medo de ser feliz!

→→→→→ TALENTO TÉCNICO E EMOCIONAL

A jovem chef Anne Sophie Pic tornou-se a quarta mulher da história do *Guia Michelin* a ser agraciada com as três estrelas. Hoje é uma das figuras femininas mais influentes da culinária francesa. Até então, somente tinham sido contempladas Eugenie Brazier, do Mère Brazier, de Lyon; Marie Bourgeois, do Mère Bourgeois, de Priay, em 1933; e Marguerite Bise, em 1951, do restaurante L'Auberge du Père Bise, em Tailloires.

Anne Sophie Pic pertence à quarta geração de uma família de cozinheiros que abriram o primeiro restaurante em 1891. Ao assumir a Maison Pic, em valence-sur-Rhône, em 1997, pôs à prova sua maior herança, o talento para a cozinha. Em suas mãos, a casa ganhou uma culinária moderna, porém sem deixar a tradição de lado, combinando diferentes formas de cozimento, aromatizando pratos através da maceração e fixando os sabores com o auxílio de técnicas da perfumaria. A chef elabora pratos como saint-jacques da Normadia, puxado lentamente na manteiga, com maçã verde, folha de canela, anis e cerefólio. Mantém ainda um restaurante no Beau Rivage Palace, em Lausanne, na Suíça, e o La Dame de Pic, em Paris. "A cozinha que vai perdurar será a que respeitar os produtos. As pessoas complicaram muito e, no final, a simplicidade é um valor essencial na vida, mesmo que haja uma certa complexidade por trás."

←←←←←←←←←←←←←←←←←←←←←←←

LIVROS

O mercado editorial de gastronomia nunca esteve tão em alta. Existem títulos de comida e bebida para todos os gostos, o que comprova o grande crescimento dessa temática. São publicações sobre restaurantes, receitas práticas para o dia a dia, e mesmo ensaios mais aprofundados, com vieses antropológico e sociológico.

As crianças não ficam de fora: as editoras os entendem hoje como um filão e estão lançando livros para atiçar a curiosidade e o paladar dos pequenos. Aos poucos também o livro digital, o e-book, passa a fazer parte da cozinha.

Mas a grande tendência é o chef celebridade, cujas fotos geralmente são estampadas na capa. Algumas dessas obras são edições de luxo, com reduzida tiragem para colecionadores. É o caso de *Ma cuisine française*, do chef francês Yannick Alléno, o livro atual mais caro do mundo – custa 1.500 euros. Conta com mais de mil fotos e 500 receitas que revelam a cozinha desse chef parisiense estrelado.

Segue uma seleção de obras tanto para serem usadas quanto degustadas com os olhos, pois muitos não economizam lindas imagens.

Grandes chefs franceses radicados no Brasil têm livros que são verdadeiras contribuições para a gastronomia. Entre eles, Laurent Suaudeau, que publicou *Cartas a um jovem chef*; Claude Troisgros, com a obra *Jantares do Que Marravilha! – GNT* e *As melhores receitas do Que Marravilha!*, ambos da editora Globo; e Emmanuel Bassoleil, com *Os sabores da Borgonha*. O norte-americano Anthony Bourdain, depois de se tornar best-seller com *Cozinha confidencial*, enveredou pela literatura culinária com obras como *Em busca do prato perfeito* e *Maus bocados*. Em ambos, mostra suas viagens pelo mundo, descobrindo e provando pratos das diferentes culturas alimentares, o que inclui situações inusitadas, como comer cobra no Vietnã. Seu programa de TV *Sem Reservas* faz sucesso no TLC.

No mercado editorial está também Roberta Sudbrack, com *Eu sou do camarão ensopadinho com chuchu*, editora Tapioca, que mostra receitas e cenas de sua cozinha; Carla Pernambuco, com *As doceiras*, da editora Nacional, entre outros.

Grande divulgador dos produtos nacionais, o chef Alex Atala conta com uma obra considerável. Entre seus livros mais recentes está *D.O.M.: redescobrindo os ingredientes brasileiros*, da editora Melhoramentos, traduzido do português para o inglês e o alemão.

O sociólogo Carlos Alberto Dória publicou *A culinária materialista*, da editora Senac São Paulo, e *A formação da culinária brasileira*, da Publifolha, entre outros.

Buscar técnica e sabor nas cozinhas simples de várias regiões do país foi a proposta de Mara Salles com o seu *Ambiências: histórias e receitas do Brasil*, da editora DBA Artes Gráficas.

Outra pesquisadora de mão-cheia é a chef Ana Luiza Trajano, do restaurante Brasil a Gosto, que lançou *Cardápios do Brasil*, da editora Senac São Paulo. Nele destrincha os processos culinários fundamentais de diversas receitas tradicionais. O sucesso de seu site Panelinha levou Rita Lobo a ter também um programa de TV e de rádio e a lançar o "selo Panelinha", de gastronomia, pela editora Companhia das Letras. Nessa editora, um de seus lançamentos é *Cozinha de estar*.

O livro *Dona Brazi – cozinha tradicional amazônica*, com texto da jornalista gastronômica Maria da Paz Trefaut, editado pela BEI, revela o universo culinário dessa descendente de índios de origem baré, em São Gabriel da Cachoeira, no Amazonas.

O crítico gastronômico do jornal parisiense *Le Figaro*, François Simon, não mede palavras em seu *Onde foram os chefes: fim de uma gastronomia francesa*, editora Senac São Paulo.

Um dos historiadores da gastronomia mais prestigiados do país, Ricardo Maranhão escreveu alguns livros ligados à alimentação. Entre seus legados, consta a obra *Árabes no Brasil: história e sabor*, das editoras Gaia/Boccato.

O antropólogo baiano Raul Lody traz sua contribuição em vários estudos sobre a alimentação brasileira, o que inclui *Farinha de mandioca: o sabor brasileiro* e *Receitas da Bahia*, do qual foi organizador e que foi editado pelo Senac São Paulo.

No âmbito da gastronomia molecular, *Modernist cuisine*, do físico Nathan Myhrvold, representa uma verdadeira enciclopédia, com 1.500 receitas divididas em seis volumes. Seu foco é a transformação que a cozinha tem sofrido nos últimos tempos e a forma técnica como instrui os cozinheiros a serem mais criativos com tecnologia.

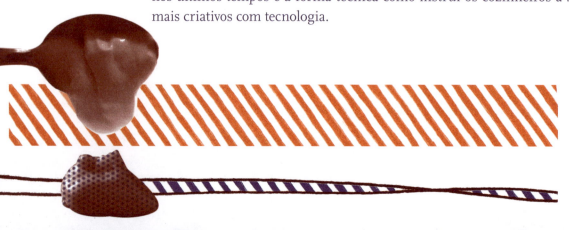

PROGRAMAS DE TV

O interesse pela cultura que cerca a gastronomia virou um nicho** para a criação de vários programas de televisão. Uma novidade é o reality show, em que os participantes enfrentam desafios culinários e são julgados por uma banca de especialistas. Outro tipo de reality é o do chef inglês Gordon Ramsay, que em *Kitchen Nightmares*, com sua experiência, tenta transformar restaurantes decadentes em locais da moda.

No Brasil, o cardápio de programas televisivos é extenso e pipoca cada vez mais: *Que Marravilha!*, com o chef Claude Troisgros; *Diário do Olivier*, de Olivier Anquier; e *Tempero de Família*, que enfoca o lado mais caseiro da cozinha, com receitas de mãe, tendo à frente das panelas o ator Rodrigo Hilbert; *Homens Gourmet*, da Fox Life, com os chefs Carlos Bertolazzi, Dalton Rangel e Guga Rocha; e *Brazil Cookbook*, em que a chef de cozinha e *food styling* (produção de comida para fotografia ou vídeo) Letícia Massula apresenta um programa sobre a culinária das regiões brasileiras; destacam-se também o *Programa da Palmirinha* e o *Brasil no Prato*, da chef Carla Pernambuco, ambos da Fox Life.

Há ainda quadros de culinária, em que chefs preparam jantares em programas de variedades, como *Todo Seu*, na TV Record, apresentado pelo ex-príncipe da jovem-guarda Ronnie Von. Para quem quer ter à mão pratos rápidos para um cotidiano mais saboroso, a charmosa inglesa Nigella Lawson dá dicas descoladas no GNT.

No mundo atual, em que chefs chegam ao status de celebridade, poucos têm tanta expressão internacional como o inglês Jamie Oliver, que encanta por praticar uma cozinha descomplicada, nutritiva e saborosa. Seu império global conta com dezenas de restaurantes na Inglaterra e no exterior e inúmeros programas de TV veiculados em dezenas de países, inclusive no Brasil, pela GNT. Além disso, tem aplicativos para celular, um canal no Youtube, uma revista mensal de receitas, uma rede de catering e quase 30 livros best-sellers traduzidos em diversas línguas (entre eles, *Jamie Oliver: 15 minutos e pronto*, da editora Globo). Ele ainda consegue arrumar fôlego e criatividade para atuar numa fundação em que promove a alimentação consciente nas escolas. "Meu sonho é que toda criança no mundo seja alimentada corretamente e deixe a escola com seus 16 anos entendendo o que é comida e como ela afeta seu corpo" (ORENSTEIN, 2007).

PREFERÊNCIAS ALIMENTARES E QUESTÕES CULTURAIS

O famoso crítico da revista *Vogue*, o americano Jeffrey Steingarten, publicou os best-sellers *O homem que comeu de tudo* e *Deve ter sido alguma coisa que eu comi*. Em ambos ele confirma sua teoria de que as preferências alimentares têm a ver com questões culturais: "assegurei a mim mesmo que nenhum cheiro ou gosto é repulsivo de nascença e que aquilo que foi aprendido pode ser esquecido".

Em suas viagens obstinadas em busca de novas receitas e provando todas as especialidades do planeta, comeu iguarias como vermes de bambu crocantes e ovos das formigas açucareiras do norte da Tailândia, além de miolos de porco amassados com especiarias e cozidos no vapor em folha de bananeira de Iunan, no sul da China. Seu conselho: "por seu próprio prazer, não tenha medo de provar de tudo".

ESCOLAS DE GASTRONOMIA

Influenciados pelo estrondoso sucesso dos chefs, cada vez mais jovens sonham em ter uma carreira brilhante comandando fogões. Por conta dessa demanda, o número de escolas de gastronomia cresceu em escala meteórica desde o ano 2000.

Nas últimas décadas, o status da carreira de chef de cozinha é notório pelo mundo. No Brasil, esse processo se iniciou na década de 1990, e hoje a profissão representa um mercado potencial, com grandes perspectivas. O campo de trabalho é abrangente: restaurantes (incluindo os localizados em hotéis, pousadas, spas, hospitais), bufês, eventos, cozinhas industriais, serviço personalizado em residências, como personal chef, e ainda há a possibilidade de se tornar um professor de gastronomia.

Desde o início do século XX aumentou progressivamente o número de escolas renomadas. No Brasil, há boa oferta de instituições de ensino especializadas em segmentos da gastronomia, algumas com formação internacional, que habilitam o aluno a trabalhar no exterior.

A formação em gastronomia oferece algumas opções: técnico em cozinha, um curso de ensino médio com cerca de cinco meses de duração; cursos de extensão universitária, como o de cozinheiro chef internacional, que tem cerca de um ano de duração; e a graduação em "tecnologia em gastronomia", de nível superior, compreende uma média de dois anos de estudo, todos do Senac. vale ressaltar a iniciativa pioneira dessa instituição em construir hotéis-escola, como o Grande Hotel Águas de São Pedro e o Grande Hotel Campos do Jordão, ambos no estado de São Paulo; e ainda o Hotel Escola Senac Barreira Roxa, em Natal (Rio Grande do Norte), e o Hotel Escola Senac Guaramiranga, no Ceará.

Hoje um bom número de universidades (ver link abaixo) oferece cursos de graduação na área, além de uma multiplicidade de cursos livres, de extensão e de pós-graduação, como os de Cozinha Brasileira, Gastronomia: História e Cultura e Gestão em Negócios da Alimentação, também ministrados pelo Senac. Uma boa dica é consultar os sites das instituições de ensino para obter informações detalhadas sobre o programa dos cursos e verificar se elas possuem bons laboratórios de cozinha.

Em 2011, sob a administração do Departamento Nacional, foi criado o Senac Gastronomia, que mantém empresas pedagógicas em Brasília, na Câmara dos Deputados e no Senado Federal. São restaurantes e lanchonetes-escola, contando também com a operacionalização do Centro de Aperfeiçoamento em Gastronomia, que oferecem refeições com extrema qualidade. Esse setor tem por objetivo disseminar novas tecnologias educacionais e capacitar profissionais para atuação nas empresas pedagógicas da Instituição.

Muitas escolas do Brasil têm convênios com renomados institutos internacionais de cozinha e gastronomia. Sem falar na possibilidade de especialização em países como Argentina, China, Coreia, Espanha, Estados Unidos, França, Inglaterra, Itália. A inscrição nessas escolas estrangeiras precisa ser feita com bastante antecedência, pois algumas apresentam listas de espera.

Selecionamos alguns sites para você visitar na Internet:

BRASIL
Instituições e cursos de educação superior
http://emec.mec.gov.br/

Senac
www.senac.br

EXTERIOR
Argentina
Mausi Sebess – Instituto Internacional de Artes Culinárias
www.mausisebess.com

China e Coreia
Italian Culinary Institute For Foreigners (ICIF) – filiais do ICIF italiano
www.icif.com

Espanha
Escuela de Hosteleria Hofmann
www.hofmann-bcn.com

Espai Sucre – Escuela-Restaurante de Postres de chef Jordi Botrón
www.espaisucre.com

Fundació Alícia
www.alicia.cat
(Tem convênio com a universidade Senac.)

Estados Unidos
The Culinary Institute of America (CIA)
www.ciachef.edu

International Culinary Center
http://www.internationalculinarycenter.com/

Rede Laureate
http://www.laureate.net/OurNetwork
(Tem unidades em quase todos os continentes. A Universidade Anhembi Morumbi faz parte da rede.)

França
École Lenôtre (Paris)
www.lenotre.fr
(Tem convênio com a Universidade Senac.)

École Ritz-Escoffier (Paris)
http://www.ritzescoffier.com/

Instituto Paul Bocuse – Hotellerie & Arts Culinaires (Lyon)
www.institutpaulbocuse.com

Centro de formação Alain Ducasse Formation
http://www.centreformation-alainducasse.com/index.html
(Tem convênio com a Universidade Estácio de Sá.)

Le Cordon Bleu (Paris)
www.cordonbleu.net

Inglaterra
Raymond Blanc's le Petit Blanc Ecole de Cuisine
www.manoir.com

Itália
Italian Culinary Institute For Foreigners (ICIF)
www.icif.com

Universitá degli Studi di Scienze Gastronomiche
(Convênio com a associação Slow Food.)
www.unisg.it
www.slowfood.it

Alma – Scuola Internazionale di Cucina Italiana
http://www.alma.scuolacucina.it/
(Tem convênio com a escola Senac, no Brasil.)

ESCOLA DA ARTE CULINÁRIA LAURENT

O grande chef francês Laurent Suaudeau, que já foi consagrado pelo restaurante Laurent, em São Paulo, como um dos melhores dos anos de 1990, desde 2000 enveredou pelo caminho da formação de profissionais e amadores nas artes culinárias. Sua escola prima pela excelência das técnicas francesas, sem deixar de contemplar as novidades da vanguarda. Os cursos são divididos em módulos curtos, como Peixes e Crustáceos e Thermomix, facilitando as pessoas que não podem se afastar por muito tempo do trabalho.

A COZINHA DO SÉCULO XXI

Muitos cozinheiros hoje se sentem como profissionais do futuro e se dizem de "vanguarda". Com certeza é a mídia que os nomeia assim. Mas, afinal, o que será vanguarda no mundo contemporâneo? De acordo com o Dicionário Houaiss da Língua Portuguesa, vanguarda é um grupo de pessoas que "exercem um papel pioneiro, desenvolvendo técnicas, ideias e conceitos novos, avançados", com base no grande progresso tecnológico do século XXI.

Hoje, no mundo da alimentação, borbulham novidades revolucionárias, inspiradas pelo trabalho do cientista Hervé This. Tudo começou na década de 1980, com o químico francês e sua equipe, patrocinados pelo Instituto Nacional de Pesquisa Agrícola francês. Apaixonado pela cozinha, Hervé This resolveu testar à luz da química e da física como ocorriam as transformações das texturas, cores e sabores dos alimentos em receitas já consagradas e passadas de geração para geração.

Com seus experimentos, constatou, por exemplo, que os suflês feitos em forno a vácuo – normalmente usado para desidratar amostras em laboratório – ficavam maiores; mais moléculas e o ar se movem do interior dos alimentos para fora, assim o suflê cresce mais. Conseguiu desvendar como ocorre, por exemplo, a mudança do sabor de uma carne crua para uma deliciosa e suculenta picanha grelhada (ver o boxe desta página).

Todos os conhecimentos científicos da chamada gastronomia molecular, de Hervé This, estão sendo aproveitados por cozinheiros do mundo todo, que realizam aventuras gastronômicas com experimentos químicos e novas aparelhagens – o que possibilita o uso de outras formas de preparo e de ingredientes inusitados, aplicação prática que se chama de cozinha molecular. Assim, alguns chefs passaram a elaborar receitas que "desconstroem" ou "reconstroem" as estruturas dos pratos, fazendo releituras muitas vezes regionais e conseguindo formas inesperadas. É a alta tecnologia, já usada na indústria alimentícia, a serviço da gastronomia.

OS RESPONSÁVEIS PELOS AROMAS E SABORES

Algumas experiências do cientista contemporâneo Hervé This partiram da chamada reação de Maillard. Em 1921, o químico Louis Camile Maillard descobriu as reações dos principais compostos aromáticos de alimentos aquecidos. Em linhas gerais, funciona assim: sob a ação do calor, as moléculas da mesma família do nosso açúcar de mesa (os glicídios) e dos aminoácidos (os elos das grandes moléculas de proteínas) reagem entre si, transformando os aromas das carnes grelhadas, das cervejas e do chocolate, por exemplo. Foram encontrados nas carnes outros compostos voláteis, como os fosfolipídeos, que também contribuem para o sabor e o aroma durante a cocção. Para se ter uma ideia do alcance dessa experiência, a eliminação dos fosfolipídeos fez com que a carne perdesse seu aroma característico de churrasco e ganhasse o de biscoito. Por meio da modificação desses compostos mediante aquecimento, os alimentos adquirem cores castanho-escuras chamadas de melanoidinas (os pigmentos que dão cor aos alimentos cozidos).

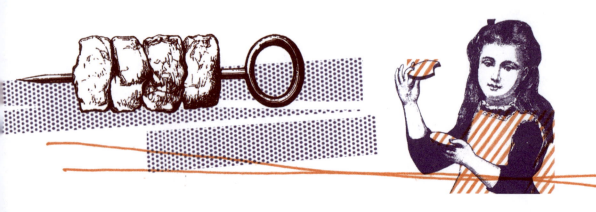

Um dos expoentes da cozinha molecular é o catalão Ferran Adrià, que dividiu espaço com a culinária francesa e ganhou vários seguidores pelo mundo. Ele começou sua trajetória de sucesso em 1990. Era dono do badalado El Bulli, que fechou suas portas em 2011, depois de ser consagrado cinco vezes, consecutivamente, como melhor restaurante do mundo pela revista inglesa *Restaurant*.

A vida profissional do chef autodidata no extinto El Bulli se dividia em duas etapas durante o ano: por seis meses, ele desenvolvia novas invenções em sua cozinha experimental, composta de cozinheiros e engenheiros químicos. No restante do ano, sua clientela podia desfrutar das mais recentes descobertas gastronômicas, como um espaguete elaborado sem massa, apenas com parmesão; o ar de cenoura, uma espuma de textura quase tão leve quanto o ar; as colheres de piña colada, um coquetel sólido servido no talher; um ovo de leite de coco puro congelado, feito com nitrogênio líquido. Ou ainda croquetes líquidos de frango, a famosa espuma de fumaça, um condutor de aromas que encanta também visualmente, que foram alguns dos pratos oferecidos no último jantar.

A ilusão visual e aromática que ativa a memória, relacionando-a a um ingrediente, mas que no fundo se descobre ser outro, é a grande sacada da cozinha lúdica de Adrià, que o jornalista espanhol Pau Arenós, redator-chefe do *El Periódico de Catalunya*, nomeou como "cozinha tecnoemocional".

Imagine degustar pratos cujos aspecto, aroma e sabor você não sabe como vão ser? É por isso que o restaurante de Ferran Adrià causou tanto frisson. Mesmo aqueles que torciam o nariz acabaram se rendendo e esperando meses para poder experimentar as novas explosões sensoriais.

Atualmente, Ferran Adrià mantém a Fundação El Bulli, segundo ele, um "viveiro de novas ideias e de novos talentos". Congrega todas as pessoas que apreciam gastronomia, do amador ao profissional de cozinha e de salão. Além disso, trabalha em projetos de pesquisa, como o do genoma da cozinha, que o chef chama de "El Bulli DNA".

No Brasil, um expoente da cozinha molecular é o chef carioca Felipe Bronze. Pelo fato de apresentar um programa na TV aberta, ganhou expressão perante o grande público e encanta porque desmistifica, mostrando de forma lúdica, simples e saborosa, as inovadoras técnicas, cheias de efeitos especiais, como espumas, nitrogênio líquido e esferificações. Em seu restaurante Oro, aberto em 2010, a base são os ingredientes brasileiros. Entre suas criações está a feijoada desconstruída, em que são servidos no mesmo prato porções de creme de feijão, com arroz frito, porquinho de leite assado a baixa temperatura, linguiça, carne-seca desfiada, couve crocante, farofa, laranja kinkan e torresmo caramelado.

Com estilo próprio, mas lançando mão de técnicas da cozinha de vanguarda, destaca-se a chef gaúcha Helena Rizzo, do Maní, cuja fama já se espalhou pelo globo, pois consta na lista dos cem melhores restaurantes do mundo, pela revista inglesa *Restaurant*. Um exemplo de suas receitas criativas é o peixe do dia a baixa temperatura no tucupi, com banana-da-terra e migalhas do Maní.

AS PRINCIPAIS TÉCNICAS E EQUIPAMENTOS DA VANGUARDA

Esses equipamentos high-tech muitas vezes substituem até o fogão e, com alguns comandos, elaboram com rapidez e precisão um cardápio completo. Conheça aqui algumas dessas importantes técnicas e aparelhagens utilizadas em surpreendentes invenções, que vão muito além das propagadas espuminhas.

Baldes de azoto líquido – O azoto congela, solidifica e cristaliza. É uma forma de fazer espumas para aromatizar pratos.

Cozimentos longos, em baixa temperatura – Mantêm e ressaltam as condições naturais da matéria-prima, como o "ovo perfeito" (de Hervé This), em que gema e ovo se fundem totalmente. Esta técnica é praticada, por exemplo, pelo chef Andoni Aduriz, do Mugaritz, na cidade de Gipuzkoa, na Espanha. É a técnica com tudo que um ingrediente pode dar, como ele diz. O foie gras com lascas do peixe (*katsuo bush*) é outro exemplo. Muito leve, o foie gras vai à mesa parecendo mais um pudim de tão fofo e liso (sem as tradicionais veias). Para fazê-lo, a principal técnica é congelar, fritar a 120°C, depois assar no forno a 48°C por 15 horas e, finalmente, deixar descansar por 40 minutos.

Espumas – Feitas com os ingredientes da receita, misturados a CO_2 (gás carbônico) e aplicadas com sifão (garrafa em que se introduzem substâncias sob pressão e que contém um dispositivo que faz jorrar a espuma).

Centrífugas de tubos de ensaio – São usadas para extrair essências e temperos. Os aromas são partículas mais pesadas e, por isso, se depositam no fundo do tubo, facilitando sua retirada.

Destiladores de essência – Aparelho usado na indústria perfumista para extrair essências. Partindo da observação de que gostos são aromas líquidos, consegue-se destilar sabores antes desconhecidos pela cozinha, como o "sabor da terra". Exemplo: prato de ostra com gosto terra, do chef espanhol Joan Rocca, do restaurante El Celler de Can Roca.

Esferificação – Processo que transforma os alimentos em esferas gelatinosas, de forma que se consegue mudar o conceito, criando, por exemplo, uma falsa gema de ovo ou um falso caviar.

Espectrômetro de massa – Aparelho que analisa a composição molecular das substâncias aromáticas dos alimentos para melhor combiná-los. Um exemplo são as hóstias de chocolate branco com caviar, do chef Heston Blumenthal, do The Fat Duck, em Londres (Inglaterra).

Gastrovac – Uma espécie de panela de pressão às avessas. Enquanto a panela de pressão põe atmosfera dentro dela, esta retira. Assim, dá para trabalhar de duas maneiras. Primeiro, com a expansão do corpo, em temperatura ambiente; é como colocar na panela uma maçã com aromas e temperos injetados – em pouco tempo, esta absorverá os aromas sem se deteriorar. A segunda utilidade é que essa panela pode cozinhar em baixa temperatura, sem pressão e com fervura, o que conserva mais as propriedades naturais do alimento.

Hand Mixer – Equipamento de 200 Watts de potência, com lâminas afiadíssimas para fazer musses de alta cremosidade.

Máquina de vácuo – Sistema de cozimento a vácuo de baixa temperatura, a 60°C. Aproveita o suco da carne e aumenta a concentração do sabor.

My Cook – Processador multiuso de alimentos que refoga, cozinha a vapor, pulveriza e emulsiona, entre outras funções.

Nitrogênio líquido – Usando temperaturas negativas de cerca de -238°C, atua num processo semelhante ao da fritura, formando aquela característica crosta.

Paco Jet – Máquina trituradora de gelo e grãos em tamanhos imperceptíveis. Transforma alimentos congelados em purês.

Termocirculador – Espécie de banho-maria com precisão, em que uma carne é previamente embalada a vácuo (em máquina para esse fim) e depois cozida em banho-maria no aparelho a 58°C, de forma que a carne fica mais tenra por dentro e tostada por fora. O ingrediente no vácuo, o longo tempo de cozimento e a baixa temperatura se unem para preservar as proteínas do alimento, como as gelatinas da carne, dando-lhe outra consistência.

Termomix – É um processador com controle de temperatura que permite obter purês, cremes e mousselines com consistências e texturas diferentes e ainda mais leves. Regula o tempo, a temperatura, refogando e cozinhando ao mesmo tempo.

SUBSTÂNCIAS MAIS USADAS PELA COZINHA DE VANGUARDA

Estes componentes sempre foram usados na indústria da alimentação. Produtos como Danoninho, maioneses e panetones têm pelo menos um deles. A novidade é que agora são usados na alta cozinha.

Alginato: gelatina de alga que, em contato com o sal, gelifica a frio. É utilizada para fazer esferas, como o "falso caviar".

Ágar-ágar: gelatina à base de alga, muito usada na cozinha por suportar até 40°C de temperatura (a quente).

Gelan: feito de alga e suporta até 70°C de temperatura.

Metilcelulosa: ao inverso da gelatina, gelifica a quente e fica líquida a frio. Desenvolvida para fazer esferas maiores e mais firmes.

Cloreto de potássio: usado na técnica de esferificação.

Citrato: potencializa muitas reações, entrando, por exemplo, na composição dos "falsos caviares".

Goma chantana: espessante de molhos, por exemplo.

Lecitina de soja: emulsificante natural que possibilita fazer espumas sem o uso do sifão, pois aumenta a tensão de superfície de líquidos à base de água. É um emulsificante natural, que ajuda a juntar dois líquidos que normalmente não se misturam, como água e óleo. Usada em indústria de sorvete e margarina, por exemplo.

Pó de maltodextrina de mandioca: substância produzida a partir do amido de mandioca. É um produto usado na indústria da alimentação para promover a emulsão de óleos e proporcionar diferentes texturas.

Transglutaminase: uma "cola" de proteínas que possibilita ligar dois ingredientes na cozinha, como carne de vaca e peru, formando uma peça única.

Em princípio, todas as substâncias podem ser usadas no sifão, exceto o alginato, a metilcelulosa e a lecitina de soja.

O SABOR DE VANGUARDA DA AMAZÔNIA

O grande representante brasileiro da vanguarda na gastronomia é Alex Atala, chef e sócio dos paulistanos Dalva e Dito e D.O.M, este considerado, desde 2006, um dos melhores restaurantes do mundo pela premiação do The S. Pellegrino World's Best Restaurants (Os Melhores Restaurantes do Mundo, patrocinado pela S. Pellegrino), da *Restaurant Magazine*, de Londres.

Fã dos estudos de Hervé This, o criativo e irrequieto chef faz pesquisas para dar novas soluções ao manancial de ingredientes nacionais e fazer leituras surpreendentes de receitas brasileiras. Um exemplo de suas criações é o sagu com ovas de salmão, em que o sagu é cozido de forma a absorver o gosto do caldo de ostra e é servido junto com ovas de salmão, gerando a dúvida de quais seriam as ovas de peixe.

Alex Atala é um grande divulgador dos produtos da região amazônica. É por isso que a nata da vanguarda mundial se inspira em suas criações, como o arroz negro com verduras verdes e leite de castanha-do-brasil ou o gel de tomates verdes. Extrapolando os limites da vanguarda, ele faz uma cozinha de autor, com alma e bases sólidas fincadas na cultura brasileira.

Atualmente o chef vai além da busca dos produtos brasileiros. Desenvolveu um trabalho de pesquisa relacionado aos ingredientes com potencial gastronômico, como os arrozes preto e miniarroz, a priprioca, o palmito pupunha e as formigas da Amazônia, uma tradição alimentar de algumas etnias indígenas, como os baniwas.

Esse trabalho deu origem à marca Retratos do Gosto. Essa iniciativa se expandiu com a criação do Instituto Atá, uma organização sem fins lucrativos que visa à estruturação da cadeia alimentar, com o uso racional e científico dos recursos nacionais. É uma forma de rever a relação exploratória do homem com a natureza por meio do incentivo aos pequenos produtores.

COZINHA NOVA ANDINA

No início dos anos de 1980, um grupo de gastrônomos começou a refletir sobre as razões de uma gastronomia tão rica como a peruana não fazer parte da identidade nacional do país. Essas pessoas, lideradas pelo jornalista e gourmet Bernardo Roca Rey, iniciaram um movimento de estudo *in loco* dos produtos e técnicas ancestrais da cozinha nativa, principalmente das regiões Andina e Amazônica, com numerosas viagens de pesquisa.

Chefs de cozinha do país encamparam a investigação, levando para suas cozinhas esse conhecimento e os ingredientes autóctones, como as batatas, o tubérculo *olluco*, o camote (tipo de batata-doce de cor laranja), a *sacha inchi* (espécie de amêndoa selvagem), a quinua, a *kiwicha* (o amaranto), as dezenas de variedades de *maíz* (milho) e o *aguaymanto* (fisális). Assim também ocorreu com carnes de animais de diferentes regiões, como a alpaca e o *cuy* (o porquinho-da-índia).

A ideia, porém, não era utilizar os ingredientes de maneira tradicional, e sim buscar uma abordagem mais contemporânea, recriando e encontrando novas combinações, preparos e sabores. Em constante experimentação, esse movimento foi chamado de "cozinha nova andina". Um dos grandes responsáveis por espalhar esse novo estilo de cozinha foi o chef Gastón Acurio, que divulga a culinária peruana pelo mundo com seus cerca de 40 restaurantes espalhados pelo planeta.

MISTURA PERUANA

Idealizada pelo chef peruano Gastón Acurio e organizada pela Apega (Sociedade Peruana de Gastronomia), a feira Mistura, em Lima, integra todos os setores da alimentação do país, promovendo a divulgação da cultura gastronômica peruana. O evento acontece num grande parque, com a participação de pequenos produtores, de barraquinhas com comidas de ruas, incluindo comidas tradicionais como os *anticuchos* (espetinhos de coração de boi) e restaurantes populares. Na área ao ar livre, são preparados pratos como a pachamanca, um cozido ancestral, feito em panela de barro enterrada no chão, em que vão carnes como carneiro e porco, choclos (milho branco), batatas, queijo e favas. Há também espaço dedicado a apresentações e discussões relacionadas à cozinha contemporânea, com a participação de chefs do mundo todo e degustações.

A COZINHA POPULAR

O que comem, no dia a dia, os simples mortais? Por sorte, a boa tradição da cozinha popular ainda resiste nestes tempos de globalização. Pelo mundo afora, além das lanchonetes e das refeições por quilo, já comentadas, há os estabelecimentos tradicionais de cada local, que muitas vezes servem comida caseira a bom preço. Entre eles estão o boteco, a cantina e a padaria, no Brasil; a tasca, na Espanha; a trattoria, na Itália; o bistrô, o café e a brasserie, na França; o shokuto (espécie de cantina), no Japão.

Vale ressaltar, também, a comida de rua encontrada em qualquer parte do mundo. As refeições baratas preparadas ao ar livre fazem parte da cultura local e também são um deleite para gourmets sem preconceitos, que se sentem seduzidos a experimentar e a descobrir as iguarias de cada povo. Aqueles que não veem com bons olhos esse tipo de culinária deveriam reconsiderar sua opinião, observando os indícios de comida fresca: na rua, os pratos têm saída muito rápida, e é possível ver claramente como tudo é preparado.

No Brasil, por exemplo, quem vai ao Ver-o-Peso, um dos mercados de rua mais inusitados do mundo, em Belém do Pará, encontra o açaí servido com farinha e peixe. Nas famosas feiras livres da cidade de São Paulo, são comuns os pastéis fumegantes com os mais diversos recheios, em geral acompanhados de caldo de cana. As tapiocas com os mais variados recheios são servidas nas capitais brasileiras, pelo Brasil adentro. E por aí vai a nossa riqueza regional, servida aos bocados: o acarajé e o doce de coco nas barracas em Salvador; o pão de queijo e o milho quente em Minas Gerais; os doces de Pelotas, no Rio Grande do Sul, que se espalham pela cidade; os empadões goianos, que podem ser apreciados por todo o estado de Goiás.

Viajando pelo mundo não é diferente. As ruas das cidades mostram um painel colorido e saboroso dos gostos locais. São tortillas e frutas com pimenta nas ruas do México; churros na Espanha; castanhas assadas na França; pretzels e donuts nos Estados Unidos. Conhecido no Brasil como "churrasquinho grego", na Grécia o sanduíche de carne fatiada é chamado de giro e pode ser comprado em cada esquina. Em Frankfurt, na Alemanha, as pessoas marcam encontros nas tendas que servem tortas de maçã e taças de *applewein* (bebida fermentada de maçã). No mercado de Helsinque, na Finlândia, rena grelhada é servida com batatas fritas. E os exemplos não param por aqui.

Na África Ocidental, as ruas convidam os gourmets... Que tal um frango caipira com cuscuz nas ruas do Marrocos? Nas cidades de Abomey e Porto Novo, no Benim, "frangos à bicicleta" são assados e ficam de pernas para o ar nas barraquinhas de rua, podendo ser servidos com fritas e arroz. É tradicional também o akassá, uma massa de milho fermentada, esbranquiçada e embrulhada em folha de bananeira.

Na China, por todo lado e a qualquer hora, vendedores ambulantes preparam bolinhos recheados de carne e cozidos no vapor, servidos com molhos à base de ervas e shoyu. Já na Índia é uma experiência única passar pelos mercados ao ar livre e experimentar o *poha*, um arroz temperado com açafrão e outras especiarias. Curries apimentados, à base de peixes, são consumidos no Camboja.

Os sabores picantes e ao mesmo tempo delicados dos pratos tailandeses podem ser encontrados no famoso mercado flutuante de Damnoen Saduak, a 120km da capital Bangcoc. Lá, em barcos de madeira, servem-se exóticas sopas, doces e frutas. Os milhares de vendedores ambulantes espalhados por esse país oferecem o suflê de peixe (*haw mok*), feito com leite de coco, ovos, pimenta e especiarias.

➤➤➤➤➤➤➤➤➤➤➤ COMIDA SOBRE RODAS

Refeições vendidas nas ruas, em peruas e caminhões, conhecidas como *food truck*, há algum tempo fazem parte da atmosfera urbana em Nova York e em metrópoles da Europa. Além do tradicional cachorro-quente e pastel, oferecidos em unidades móveis, foi liberada em São Paulo a venda de outros tipos de alimentos. Entre eles estão incluídos pratos e sanduíches mais elaborados, alguns feitos até por chefs de cozinha famosos. Mais acessíveis e rápidos e muitas vezes com toque gourmet, esses pratos vendidos sobre rodas contam com uma grande diversidade de opções. Em pouco tempo, essa onda deve se expandir pelas metrópoles brasileiras.

Chefs vão à rua

A ideia não poderia ser mais inclusiva: colocar na rua, em barracas lado a lado, vários chefs estrelados que apresentam pratos ou sanduíches descolados, a preços populares. Essa prática possibilita que um número maior de pessoas possa desfrutar do circuito gastronômico.

O movimento começou com os eventos Chefs na Rua e O Mercado – Feira Gastronômica, contando com profissionais como Checo Gonzales e Henrique Fogaça, em São Paulo, e que já ganhou até versão carioca. Por sinal, inspirou a feira ao ar livre Chef Mix Gourmet.

Essas iniciativas estão se espalhando rapidamente pelo Brasil. Em Porto Alegre, por exemplo, lançou-se o Comida de Rua, que é mensal e itinerante. Inspirado nessas feirinhas gastronômicas, instalou-se na capital pernambucana o Festival Recife Sabor e Arte, em que o público sortudo tem a oportunidade de experimentar quitutes de grandes chefs, como Cesar Santos, do restaurante Oficina do Sabor, em Olinda.

São ótimas alternativas de lazer, combinadas a uma saborosa comida.

PETISCOS DA HISTÓRIA

Comida di Buteco é um evento que premia o melhor tira-gosto local. O projeto nasceu em 2000, em Belo Horizonte, da ideia do promotor de eventos Eduardo Maya, que era resgatar a gastronomia tradicional que esses estabelecimentos expressam. Virou sucesso absoluto por envolver a participação dos frequentadores, cujo voto influi no resultado final. Deu tão certo que a ação se multiplicou por várias cidades brasileiras, como Belém, Manaus, Goiânia e Salvador. Comida di Buteco cresceu progressivamente e se tornou um dos maiores festivais de gastronomia do país, conquistando o público e a crítica.

CONSELHOS AOS JOVENS CHEFS

Se você é um estudante de nível médio ou universitário ávido para ser uma estrela dos fogões, e se pensa que sairá da escola pronto para comandar uma cozinha profissional, pare um pouquinho e reflita conosco. Embora um curso seja importantíssimo nos dias de hoje, para se apropriar dos conhecimentos técnicos e teóricos da gastronomia, é muito importante arregaçar as mangas e conhecer tudo numa cozinha antes de comandá-la.

Aproveite, então, os conselhos dados pelos grandes chefs do Brasil àqueles que querem ser mestres-cucas, lembrando sempre que a dedicação e o bom senso são fundamentais. Você vai notar que as opiniões são tanto de homens quanto de mulheres. Pois é, essa é uma conquista firmada no século XXI: hoje, metade dos alunos de gastronomia é do sexo feminino, e já existem várias grandes chefs se destacando no mercado.

Ter bases e rigor técnicos – Para poder desenvolver suas receitas e montar o cardápio, é importante ter bases técnicas bem fundamentadas, o que resulta, por exemplo, em pratos equilibrados quanto aos sabores e às proporções. "Essa consistência técnica é fundamental, é o que garante uma comida bem-feita, independentemente de sua etnia ou da moda. Estamos na fase do sucesso instantâneo, mas é importante lembrar que a boa cozinha resiste ao tempo e pode até influenciar outros profissionais", diz Renata Braune, chef consultora do Le Chef Rouge, formada pela Cordon Bleu de Paris.

Primar pela qualidade do ingrediente e pela higiene – A busca da excelência dos produtos, que devem ser frescos, conservados com muita higiene e bem-manipulados, é característica essencial de um bom restaurante. Por essa razão, chefs e nutricionistas devem trabalhar em conjunto. "A nutricionista complementa o trabalho do chef, pois analisa o equilíbrio nutricional do prato, cuida de tudo o que diz respeito à manipulação dos alimentos e à higiene, treinando a brigada para as questões de segurança alimentar", diz Selva Fierro, nutricionista e chef consultora, proprietária da KiloCal, em São Paulo.

Entender de custos – Saber o que, quanto e de quem comprar evita desperdícios, aumentando os lucros e colaborando para obter alimentos frescos. "O cozinheiro deve guardar total independência perante os fornecedores, afastando-se daqueles que poderiam 'sujar' sua autoridade e honra", diz Christophe Besse, chef e sócio do restaurante paulista All Seasons. "Assim, é dever do chef conhecer a procedência dos ingredientes: na compra de perecíveis, tenha em mente princípios como respeito ao meio ambiente, preservação da natureza, obedecendo à sazonalidade e ao ciclo de reprodução dos seres vivos."

Ter disciplina rigorosa – Antes de comandar, é necessário aprender a respeitar horário, hierarquia e ter concentração no trabalho. É por isso que o profissional deve começar por baixo, como ajudante de cozinha. "Desconheço um restaurante que aceite alguém chegando de nariz empinado e dizendo que quer ser chef. Não é disso que a gente precisa", diz Carlos Siffert, chef e sócio do restaurante SAO, em São Paulo.

Ter liderança – Saber trabalhar em equipe, com voz de comando e ao mesmo tempo tratando com educação a brigada e entendendo suas necessidades, é fundamental para a harmonia da cozinha. "A brigada tem que vestir a sua camisa, ter sintonia com o que você está fazendo e, na sua ausência, saber tocar a cozinha como se você estivesse lá. Para isso o chef tem que passar segurança e confiança para seus auxiliares", diz Cesar Santos, chef e proprietário do restaurante Oficina do Sabor, em Olinda (PE).

Ser criativo – Seja seu estilo clássico ou moderno, a criatividade é fundamental para a montagem de um cardápio diferenciado. Ninguém vai a um restaurante de primeira linha para comer o corriqueiro. "O grande diferencial do chef está na cozinha que ele expõe, nas técnicas inusitadas que usa para fazer a interpretação de ingredientes comuns, transformando-os em grandes pratos", diz Ana Luiza Trajano, do restaurante paulistano Brasil a Gosto.

Estar sempre atualizado – O bom profissional precisa conhecer todas as tendências e ter contato com outros chefs de destaque da sua região e do planeta. "Com o mundo totalmente globalizado, hoje, para você não ficar para trás, precisa viajar, ler muito e estar a par de todas as técnicas culinárias para fazer sua arte. Na época de meu pai, as novidades levavam meses para acontecer e para correr o mundo; hoje é de um dia para o outro", diz o chef francês Claude Troisgros, do Olympe, no Rio de Janeiro.

Valorizar a cozinha regional – A gastronomia local é um verdadeiro patrimônio cultural que todos nós carregamos e do qual devemos ter orgulho. "Para ser universal, cante sua tribo", diz Alex Atala, parafraseando Tolstoi ("Se queres ser universal, cante a sua aldeia").

Esses conselhos lhe parecem fascinantes? Então você é um apaixonado pela cozinha, o quesito mais importante, aquele que o fará galgar todas as etapas profissionais com perseverança. "Alimentar é um ato de amor, a base da família, símbolo de acolhimento... Por isso para ser chef é preciso ter paixão! É ela que nos move, nos faz enfrentar desafios, superar barreiras e lutar incansavelmente sem perder o sorriso no rosto. Ela se irradia, contagia e conquista!", diz romanticamente Bella Masano, chef do restaurante Amadeus, em São Paulo.

Seguindo a mesma raiz do afeto, Ana Luiza Trajano complementa as palavras de Bella Masano com o quesito devoção: "É importante que os jovens se lembrem que, nesta área, não se tem quase vida particular, porque são muitas horas de trabalho. Assim, além de paixão, o chef precisa ter também muita devoção", diz.

Se você vislumbrar todos esses "mandamentos" pela vida profissional, naturalmente quando se sentir preparado escolherá uma tendência gastronômica em voga. Ou estará pronto para fazer a sua "cozinha de autor", assinando pratos com identidade própria, sem necessariamente estar ligado a uma vertente específica.

Comparando a arte da gastronomia à da música, podemos dizer que um chef de cozinha de autor é como um compositor: "Há muitos chefs que não têm tempo para a pesquisa e a criação e acabam sendo intérpretes. O mundo precisa dos dois, mas é claro que o compositor é mais importante", diz o chef basco Andoni Aduriz.

OUTRAS PROFISSÕES DA GASTRONOMIA

Nem só de chefs vive o mundo da gastronomia profissional. Existem vários campos de atuação, como, por exemplo, o restaurador, que é o proprietário do restaurante; o bartender, responsável pela elaboração das bebidas do bar; o sommelier; o barista**, especialista em café que, além de tirá-lo corretamente, cria drinks com café e domina todas as etapas de produção do grão.

PARA ONDE CAMINHAMOS?

Como vimos, na última década houve uma grande revolução na alta cozinha. Ela foi encabeçada pelo chef Ferran Adrià e deixou uma nova forma de pensar, elaborar e servir receitas, dentro de um conceito de vanguarda criativa.

Adrià angariou muitos adeptos. Alguns dos mais competentes, inclusive, estão no topo da lista da revista londrina *Restaurant*, como o Ell Celler de Can Rocca, em Girona, na Catalunha (Espanha), dos irmãos Jordi, Joan e Josep Rocca. Esses cozinheiros mantêm um compromisso com a memória dos antepassados da família e com os produtos locais, equilibrando a cozinha de vanguarda e suas tecnologias de ponta. Para eles, gastronomia é uma linguagem usada para explicar a terra, a cultura, a memória e as vivências, resultando para o comensal uma experiência lúdica e inovadora.

Seguindo nessa direção, a culinária nórdica ganhou visibilidade mundial através do sucesso de um pequeno restaurante localizado na zona portuária de Copenhague (Dinamarca). O Noma, do chef Rene Redzepi, reinventou a cozinha de seu país. Com base em experimentos e técnicas modernas, resgatou ingredientes, como é o caso da fruta silvestre *sea buckthorn*, que lembra a laranja, só que picante. A influência desse chef escandinavo é tanta que sua obra, *A work in progress*, da editora Phaidon, foi lançada em várias línguas.

A exemplo da Dinamarca, a gastronomia brasileira tornou-se reconhecida no mundo, quando chefs como Alex Atala, do restaurante D.O.M., em São Paulo, passaram a garimpar e divulgar primeiramente os produtos amazônicos e depois os das outras regiões do país.

COZINHA BRASILEIRA EM EVIDÊNCIA

Vivemos um momento extremamente fecundo da gastronomia brasileira. "Cada vez mais os chefs pesquisam e buscam um oceano de ingredientes, conceituando o que é uma mesa brasileira dentro de uma prática e uma teoria", comenta o historiador Ricardo Maranhão. Muitos fizeram faculdade de gastronomia no Brasil e estagiaram no exterior, nos restaurantes mais prestigiados da atualidade. Alguns deles têm até cozinhas-laboratório.

Na Amazônia, destaca-se o chef Thiago Castanho, do Remanso do Peixe e do Remanso do Bosque, em Belém. Castanho investiga as imensas possibilidades alimentares da matéria-prima amazônica como fonte de criação para seus pratos. Um exemplo é o uso inusitado da pele do peixe pirarucu para criar uma torrada, que é servida como entrada. Já Felipe Schaedler, por exemplo, do restaurante Banzeiro – Cozinha Amazônica, em Manaus, estuda cogumelos nativos, que já eram consumidos pelos índios, buscando criar uma produção comercial.

Rodrigo Oliveira, do restaurante Mocotó, de cozinha nordestina, em São Paulo, mantém no mesmo local o Engenho Mocotó, um espaço para fomentar novas ideias. De suas mãos surgem pratos com cachaça, melaço de cana, rapadura, umbu e carne de sol.

São tantos os cozinheiros irrequietos que estão construindo essa nossa história gastronômica que seria impossível falar de todos eles, mesmo porque a cada momento emergem novos profissionais nesse cenário.

Alguns seguem as tendências mais revolucionárias de vanguarda, outros procuram fazer releituras de receitas tradicionais, contudo todos buscam a valorização dos nossos ingredientes, enfatizam o respeito aos produtores e mantêm um constante processo criativo. "A gente sempre olhou pro mundo e agora o mundo olha pra gente", analisa o crítico Arnaldo Lorençato. "A fonte mais importante é saber que temos uma culinária secular". E que hoje está sendo desvendada.

O LEQUE DE OPÇÕES DO FUTURO

Diante de tantos caminhos, qual você escolheria? O fundamental é ter senso crítico para fazer opções conscientes frente às infinitas possibilidades de tendências e técnicas oferecidas no mundo da gastronomia.

O que você deve ter sempre consigo é a memória gustativa da sua origem, valorizando a identidade da terra e dos produtos que dela brotam. Mas é certo que vislumbrar o futuro e seu infinito leque de opções é primordial.

Há muitos desafios pela frente, mas uma coisa você pode fazer, onde quer que esteja: sentar diante de uma saborosa mesa farta, acompanhado de bons vinhos e de pessoas queridas, enfim, comer, beber e viver!

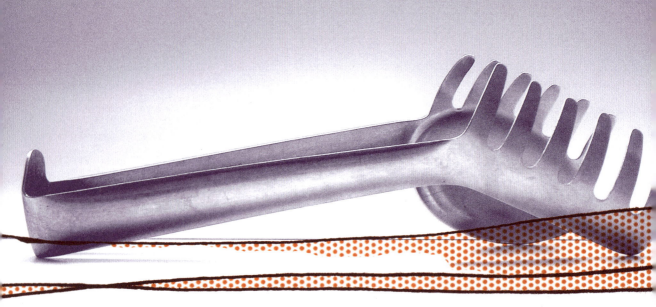

GLOSSÁRIO DE TERMOS HISTÓRICOS E GASTRONÔMICOS

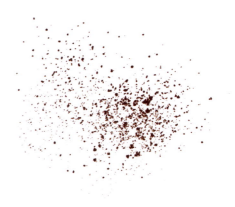

A

Açoriano. Habitante das ilhas dos Açores, situadas no oceano Atlântico e que fazem parte de Portugal.

Afinação. Do termo francês *affinage*, quer dizer cura e maturação dos queijos, de acordo com o procedimento regional.

Agraço. Suco ácido que se extrai da uva colhida verde.

Agrário. Ligado à agricultura, relativo à prática do cultivo do solo e da criação de animais.

AOC. Apelação de Origem Controlada (ver também DOC neste glossário e boxe explicativo na p. 162).

Arqueológico. Relativo à arqueologia, que é a ciência que estuda o passado da humanidade através de escavações, que remetem à cultura material fabricada pelas civilizações.

Aveludado. Termo para designar o vinho com estrutura sedosa e macia.

Azedinha. Nome comum a várias espécies de folhas ácidas vindas da Ásia, muito usadas para temperar saladas, sopas, carnes e peixes.

B

Barista. Profissional especializado no serviço do café e que detém o conhecimento de todas as etapas do grão: cultivo, processamento, beneficiamento, torra e moagem. Tudo isso é para que possa dominar perfeitamente os processos de extração da bebida, seja em máquinas de expresso ou em outros métodos de preparo. Também cria coquetéis com café, a partir de bebidas alcoólicas.

Barroco. Estilo da arte e arquitetura muito ornamentada que teve origem na Europa no século XVII. No Brasil, o maior intérprete da arte barroca foi Aleijadinho, no século XVIII, em Minas Gerais.

Blini. Espécie de panqueca russa feita com farinha de trigo, leite e ovos, consumida como entrada. Pode ter diversos tipos de recheios, entre os mais conhecidos está o creme de leite fresco com caviar.

Bouza. Cerveja de alta fermentação, preparada em água quente, com trigo triturado, pedaços de pão de cevada ou de trigo malcozidos; o resultado é um líquido espesso que é filtrado e colocado em jarros de cerâmica, como na Antiguidade.

Brasserie. Estabelecimento francês informal onde são servidos vinhos, cervejas e comida simples, como omelete, baguetes de queijo e presunto.

Brioche. Massa leve e inflada da *pâtisserie* francesa. Pode ser salgado ou doce e leva farinha de trigo, levedura, água ou leite, açúcar, ovos e manteiga. É feito em vários formatos, como alto e cilíndrico.

C

Capsicup. Gênero em que se encontram vários tipos de pimentas brasileiras, como a dedo-de-moça, a cumari e a cambuci (*Capsicum baccatum*).

Cardápio. Lista de pratos, bebidas e sobremesas que o restaurante pode servir, com os preços correspondentes; o mesmo que *carte* e *menu* (ver também *à la carte*).

Carolinas. Bombinhas de massa *choux* (feita de farinha de trigo, manteiga, sal, açúcar e ovos), que concebem tanto composições doces como salgadas.

Cassoulet de Toulouse. Prato da cozinha regional de Toulouse, na França; espécie de feijoada branca, servida numa panela de barro, composta de feijão-branco, linguiça, chouriço, pernil de porco, ombro de cordeiro, peito de ganso, tominho, louro, alho, cebola, pimenta e sal.

Chocolate premium. Com produção limitada, esse produto prima pelo controle de qualidade, desde o cultivo do cacau até a fabricação do chocolate.

Chiboust, creme. Inventado pelo chef confeiteiro Chiboust; creme de confeiteiro ligado com merengue e açúcar em ponto de calda; usado no doce *saint-honoré* e em outras sobremesas francesas.

Clarificação. Na culinária, é a técnica de tornar um caldo mais límpido, adicionando claras em neve ao líquido pronto e peneirando; na vinicultura, é o procedimento de remover sedimentos (polpa e impurezas) usando a clara do ovo.

Codeguim. Linguiça típica do norte da Itália, preparada com a carne e a pele do porco, de consistência gelatinosa. Tradicionalmente, é consumida cozida com lentilhas, nas festas de fim de ano.

Comensal. Aquele que compartilha da presença de outros para fazer refeições em comum.

Comensalidade. O compartilhamento à mesa nas refeições.

Confit. De origem francesa, é uma das formas mais antigas de conservação da carne, em que esta é primeiramente cozida e depois guardada na própria gordura.

Confraria. Conjunto de pessoas com os mesmos interesses de estudos teórico e prático; termo usado normalmente na gastronomia para designar grupos de apreciadores da cozinha ou de bebidas que se reúnem para provar e discutir.

Contemporâneo. Que existe no nosso tempo.

Copa. Embutido italiano de aspecto marmorizado feito do músculo do pescoço do porco. A cidade de Parma, na região da Emilia-Romana, fabrica copas especiais, temperados com sal, alho e vinho branco.

Copista. O monge que, na Idade Média, dedicava-se a copiar os manuscritos à mão.

Corporação. Associação de artesãos que, na Idade Média, controlava a produção, fixava os preços e os padrões de qualidade, garantindo assim a proteção do mercado da cidade aos seus membros.

Crustáceo. Classe de animais de cabeça e tórax fundidos e dois pares de antenas, como os siris, os camarões, os caranguejos e as lagostas.

Culatelo. Variedade de presunto curado italiano, feito com a parte traseira do porco, temperado com sal, pimenta e alho. O mais tradicional é o da cidade de Zibello.

Cultural, indústria. É o conjunto de atividades de serviços culturais que se produzem e se difundem (ver também cultura de massa).

Cuneiforme. Escrita dos povos da Mesopotâmia, criada pelos sumérios, cujos sinais, talhados em placas de argila, tinham a forma de pequenas cunhas (peça de ferro ou de madeira pontuda).

Curry. Versão inglesa do condimento chamado caril, originário da Índia; de sabor marcante, é uma mistura de especiarias e ervas, como coentro, cominho, cúrcuma, pimenta-do-reino, semente de mostarda, cardamomo, noz-moscada, tamarindo, canela, manjericão. Serve para preparar peixe, frango e carne, assim como o arroz e legumes.

D

Daiquiri. Coquetel cubano à base de rum branco, suco de limão, açúcar e gotas de *grenadine* (xarope de romã).

Delicatessen. Loja especializada em produtos alimentícios finos.

Destilado. Aguardente ou *eau de vie*; vem do termo *destillaire*, o mesmo que "gotejar" ou "pingar", ou seja, a forma como o líquido sai dos alambiques. Bebida feita a partir da destilação do mosto fermentado e que resulta em graduação alcoólica entre 38 e 54 graus. O processo permite a separação de substâncias através da evaporação. Entre os destilados estão a cachaça, o rum, o uísque, o conhaque, o gim e a vodca.

Digestivos. Na Idade Média eram tidos como digestivos as bebidas destiladas em que se adicionavam ervas na sua composição. Por julgá-las boas para a digestão, costumava-se tomá-las após a refeição. O hábito é mantido até hoje e se encaixam nessa categoria as aguardentes, os conhaques, os armanhaques, os licores de ervas, de plantas, de frutas e vinhos licorosos e fortificados.

Divisas. Disponibilidade de dinheiro que o Estado possui em praças estrangeiras.

DOC. Denominação de Origem Controlada (ver também AOC neste glossário e boxe explicativo na p. 162).

Dorna. Grande vasilha de aduelas (tábua encurvada com que se forma o corpo de tonéis ou de pipas) sem tampa destinada a pisar uvas.

E

Échalotte. Um tipo de cebola pequena, muito usada na cozinha francesa como condimento de molhos, saladas e outras preparações.

Engaço. Ramo e haste do cacho de uva; normalmente é separado dos frutos antes do processo de produção do vinho, pois seus óleos e resinas podem conferir amargor à bebida.

Enófilo. Especialista e estudioso da área de vinhos, mas sem a formação acadêmica.

Enólogo. Profissional que produz o vinho.

Enologia. Ciência que estuda os vinhos desde sua plantação, sua produção – fermentação, envelhecimento – até o engarrafamento.

Entremets. Termo francês que se refere a pratos leves servidos entre os pratos importantes de uma refeição.

Escaldar. Mergulhar por alguns minutos o alimento em água fervente e logo retirá-lo.

Espelta. Espécie de trigo de qualidade inferior.

Estandardização. O mesmo que padronização (ver também pasteurização).

Ética. Conduta humana que discerne os limites de atuação dentro de normas de respeito mútuo enquadradas numa sociedade.

Etiqueta. Conjunto de regras e normas tidas como as mais adequadas para a convivência à mesa numa determinada cultura.

F

Faraó. Título dos soberanos do antigo Egito.

Feudalismo. Sistema político e econômico da Europa medieval, baseado na posse e distribuição de terras.

Feudo. A terra de um senhor, mantida por seus servos ou vassalos.

Flã (ou flan). Pudim muito leve, feito com leite, gelatina em pó, açúcar e ovos.

Flambar. A palavra vem do francês *flember* e significa "passar pela chama". Despeja-se qualquer bebida alcoólica sobre o alimento, como conhaque ou rum, e risca-se um fósforo. Após o álcool queimar, o alimento fica com o sabor e o aroma da bebida.

Food trotter. O mesmo que gastroturista. Viajante cujo objetivo principal é conhecer a gastronomia dos lugares que visita.

Fumeiro, carne de. Carne defumada. É salgada e pendurada sobre o fogão de lenha, ficando assim por cerca de três dias.

G

Gastrônomo. O apreciador e conhecedor da gastronomia, que sabe identificar as qualidades de uma boa cozinha.

Grana padano. Queijo secular italiano de massa dura, feito de leite de vaca, cozido e amadurecido lentamente por aproximadamente nove meses. Com Denominação de Origem Controlada (DOC), é produzido no vale Pianura Padana, na região do Vêneto.

Gratin. É uma palavra francesa que significa gratinar. Consiste em assar um alimento com uma camada protetora, a qual mantém seu sabor e impede que resseque no seu interior, formando uma crosta dourada sob a ação do calor na superfície. Pode ser, por exemplo, uma camada de queijo ralado ou de farinha de rosca.

Guarnição. É o nome que se dá às preparações culinárias que acompanham o prato principal da refeição.

Guisado. Método culinário de cozimento de carne que consiste em passar a peça ou os pedaços em farinha e fritá-los na gordura. Em seguida, cozinhá-los em molho espesso.

H

Hegemonia. Preponderância ou superioridade de um povo sobre outro.

Homérico. Relativo a Homero, o maior poeta grego; relativo a algo muito grande.

I

Iguaria. Comida fina, rara, delicada e apetitosa.

Ikebana. É a tradicional arte japonesa de arranjos florais; significa "a arte de fazer as flores viverem".

Imaterial, patrimônio cultural. Nome atribuído às tradições, aos saberes, às línguas, às festas, aos rituais religiosos, à gastronomia e a outras manifestações transmitidas oralmente, recriadas coletivamente e modificadas ao longo do tempo, enfim, a toda porção intangível da herança cultural dos povos.

IP. Indicação de Procedência. Está relacionada ao local que se tornou conhecido por produzir, extrair ou fabricar determinado produto de excelência (ver também AOC e DOC neste glossário e boxe explicativo na p. 162).

J

Jerez ou xerez. Nome do vinho fortificado, isto é, com adição de álcool vínico no momento da fermentação, podendo ser seco ou doce. É produzido em Jerez da Fronteira (Espanha).

Jirau. Estrado de varas sobre forquilhas cravadas no chão, usado para guardar panelas, pratos, legumes etc.

K

Kwass. Cerveja russa feita de centeio.

L

Lagar. Espécie de tanque onde se espremem e se reduzem a líquido certos frutos, especialmente as uvas.

Lavra. Local de mineração de onde se extrai ouro ou diamantes.

Leguminosa, farinha de. Farinha feita de pequenas plantas herbáceas, arbustos e ervas, como soja, alfafa, trevo, feijões em geral, ervilha, fava e outros.

M

Marc de Champagne. Destilado feito do bagaço das uvas na região de Champagne.

Marcha. Na cozinha, representa o caminho que o prato faz até chegar ao cliente no salão.

Marinado. Molho preparado à base de vinagre, vinho branco ou tinto seco, acrescido de água, suco de limão, sal e condimentos a gosto, como pimenta-do--reino, louro, mostarda em grão, ervas aromáticas e, dependendo da receita, alho e cebola.

Marzipã. Pasta de amêndoas descascadas, tostadas e moídas, açúcar de confeiteiro e claras de ovos.

Massa, cultura de. Toda cultura produzida para o grande público e veiculada pelos meios de comunicação de massa, como a televisão. Diz respeito à padronização cultural voltada para o mercado de consumo (ver também indústria cultural).

Matambre. Carne magra que cobre as costelas do boi. É a primeira que se retira depois do couro. É necessário cozinhá-la bem para que fique macia. Seu nome vem da expressão espanhola *mata-hambre*, que quer dizer "mata fome". O assado feito com essa carne é típico do Rio Grande do Sul.

Maturação. Processo que consiste em embalar a carne a vácuo e armazená-la por um período de 7 a 21 dias entre 0° a 4°C, temperatura em que as enzimas atuam sobre o colágeno (proteína responsável pela dureza da carne), tornando-a mais macia.

Matula. Saco tradicional do Brasil usado para carregar alimentos durante uma longa jornada. Também conhecido como farnel de viagem.

Menestrel. Cantor ambulante popular a serviço de um rei ou de um nobre da época da Europa medieval.

Menu. O mesmo que cardápio (ver também *à la carte*).

Metrópole. A capital ou cidade principal de um Estado. No Brasil-Colônia a metrópole era Portugal.

Mídia. Nome que se dá aos meios de comunicação em massa, é constituída pelos veículos impressos, como jornais e revistas, e os eletrônicos, como rádio, TV e Internet.

Milhete. Variedade de milho de grão muito pequeno.

Mojito. Drinque feito de rum branco e seco, suco de limão, açúcar, gelo picado, soda e *yerbabuena* (erva parecida com hortelã que decora e dá sabor). O escritor norte-americano Ernest Hemingway tornou a bebida famosa, e a maioria dos turistas não deixa Cuba sem saborear este *drink* no bar que era o preferido do escritor: La Bodeguita del Medio.

Molusco. Animal invertebrado de corpo mole e mucoso, às vezes provido de conchas. Entre eles destacam-se ostras, caracóis, mexilhões, mariscos, lulas e polvos, sendo que estes dois últimos não possuem conchas.

Momo. Personagem brincalhão que se apresentava nos banquetes da Idade Média.

Morilles. Cogumelo francês cuja parte superior tem formato cônico e é repleto de alvéolos.

Moringáceas. Família de vegetais que engloba árvores do gênero *Moringa*, própria da África e Ásia.

Mortuária, câmara. Local dentro da pirâmide onde ficava sepultado o faraó mumificado.

Moscato. Uva-branca com grande concentração de açúcar, que resulta em vinhos de sabor marcante e doce.

Mouro. Denominação dos árabes na Península Ibérica (Espanha e Portugal).

Mousseline. Espécie de purê batido com muito vigor, o que lhe confere textura mais leve e aerada. Geralmente leva leite, creme de leite fresco e boa quantidade de manteiga. Na alta cozinha brasileira, é famosa a *mousseline* de batata-baroa (ou mandioquinha), celebrizada pelo chef francês Laurent Suaudeau.

Multicultural. Adjetivo que assinala a existência de muitas culturas numa localidade, cidade ou país, sem que uma delas predomine.

Murta. Condimento de pequeno arbusto da família das murtáceas, de origem mediterrânea; serve para temperar alguns pratos da Sardenha (Itália), como leitão assado; da fruta da murta também se produz um óleo de ótima qualidade.

N

Narguilé. Cachimbo composto de uma espécie de vaso com água, uma piteira com tubo e um aro de metal em que se coloca o tabaco aromatizado com frutas e carvão para aquecê-lo; muito usado entre árabes, turcos e indianos.

Nicho. Parcela do mercado que oferece novas e boas oportunidades de negócio.

Nirá. Espécie de cebolinha verde de sabor menos picante e muito usada na culinária japonesa, principalmente no preparo do Yakisoba.

Noix. Palavra francesa que significa nozes.

O

Oboé. Instrumento musical de sopro de timbre semelhante ao do clarinete.

P

Painço. Planta da família das gramíneas, usada antigamente para a alimentação dos pássaros. Assemelha-se ao milho miúdo de grãos pequenos, arredondados e duros. Pode ser usado em sopas e mingaus, por ser rico em hidratos de carbono e flúor.

Parador. Tipo de hotel comum na Europa destinado a um público específico, como peregrinos, ecologistas, ou a uma determinada faixa etária, por exemplo. As opções de serviço se adaptam ao público que pretende atender.

Pasteurização. Técnica utilizada para obter melhor conservação do leite e outros produtos, a fim de destruir os micro-organismos prejudiciais à saúde. O processo consiste em esterilizar o leite aquecendo-o e esfriando-o rapidamente.

Pasteurizada, comida. Diz-se quando a comida é padronizada, fazendo alusão às comidas das redes de *fast-food*.

Pâtisserie. Palavra de origem francesa que designa as preparações, geralmente doces, que necessitam de uma massa como suporte e que geralmente são cozidas no forno, como tortas, bolos e biscoitos. O nome *pâtisserie* é usado para designar igualmente a profissão de *pâtissier* (confeiteiro) e a loja onde se vendem seus produtos (confeitaria).

Petit-four. Espécie de biscoitinhos simples ou recheados, com sabor de amêndoa, usados como acompanhamento para chá e café.

Pièce-montées. Denominação que recebiam as peças inventadas para pastelaria pelo famoso cozinheiro francês Antoine Carême, considerado o escultor da cozinha.

Pífaro. Instrumento de sopro feito de madeira parecido com a flauta e usado em conjuntos musicais populares.

Poché. Método de escaldar ovos e carnes em algum líquido. Os ovos *pochés* são cozidos fora da casca, em água fervente, com um pouco de vinagre.

Politeísta. Crença e culto a vários deuses.

Q

Quenelles. Da cozinha francesa, bolinho de massa leve, de formato oval, alongado, composto de uma base de ovos e um ingrediente principal moído, que pode ser peixe, ave, ou carne de vitela. É cozido por imersão em caldo.

Quitanda. Local ou estabelecimento onde se vendem legumes, frutas, ovos, galinhas. Em Minas Gerais, a definição de quitanda é mais ampla. Lá é tudo que acompanha um bom café, como broa e pão de queijo.

R

Raiva. Docinho preparado pelas freiras na Idade Média, em Portugal; tem formato pequeno e arredondado, preparado com açúcar e gemas de ovos.

Relais & Château. São os chamados hotéis de charme, marcados por um estilo próprio, com características culturais do local em que se encontram e geralmente integrados à natureza. Fazem parte dessa seleta lista: castelos, palácios, antigos mosteiros, casas de campo refinadas, todos convertidos em hotéis aconchegantes, muitas vezes com bons restaurantes. Cada unidade é administrada pelo próprio dono, mas segue as normas da associação, como caráter, charme, calma, cortesia e cozinha.

Ris-de-veau. Nome em francês dado ao timo do vitelo, que é considerado uma iguaria, por seu sabor delicado e sua textura firme, mas macia. Timo é uma glândula encontrada na garganta e próximo ao coração do boi, do carneiro e do porco.

Ritual. Conjunto de atos ou práticas consagradas pelo uso ou pelas normas de uma comunidade, em ocasiões determinadas.

Rupestre, arte. Consiste em pinturas e gravuras feitas sobre rochas (ao ar livre ou, mais frequentemente, nas paredes e tetos de cavernas).

S

Sacerdote. Pessoa responsável pelos assuntos religiosos.

Sarcófago. Túmulo onde os antigos egípcios punham os mortos.

Sarraceno, trigo. Grão semelhante ao trigo, de textura macia, usado em algumas receitas, como a russa *blinis*.

Sauté. Palavra francesa que se usa para designar alimentos dourados rapidamente, na manteiga ou no óleo. É o mesmo que saltear.

Sazonalidade. Fenômeno que só acontece em certos meses do ano.

Sefaradita. Termo usado para se referir aos descendentes de judeus originários de Portugal e Espanha.

Semita. Indivíduo da família etnográfica e linguística dos povos da Ásia Ocidental, representados pelos hebreus e árabes.

Sêmola. É a farinha granulada resultante da moagem de diversos produtos, como arroz, trigo e milho. Utilizada para preparar suflês, bolos e pudins e para engrossar sopas e cremes.

Séquito. Conjunto de pessoas que acompanham outras por cortesia; comitiva.

Sidra. Bebida fermentada produzida a partir do suco da maçã.

Sincretismo. Fusão de vários elementos culturais ou religiosos em um só, continuando perceptíveis os traços originais.

Sinhá. Tratamento dado pelos escravos a sua senhora.

Sommelier. Profissional responsável pelo serviço das bebidas no restaurante, principalmente do vinho.

Sorbet. Sorvete feito somente com suco de fruta e açúcar. É utilizado principalmente para limpar o paladar entre pratos salgados ou sobremesas.

Subsistência, agricultura de. Aquela praticada por pequenos proprietários, que plantam para o próprio consumo.

T

Tabefe. Espécie de gemada preparada com leite, ovos e açúcar, mas fervidos.

Tandoor. Forno de origem indiana criado há 5 mil anos. É feito de argila, em forma de cilindro, com paredes afuniladas, cuja temperatura interna pode atingir até 400°C. Usado para assar pães e carnes.

Tanino. Substância natural da casca da uva, que confere ao vinho o sabor adstringente (que "amarra" na boca); encontrado nos vinhos tintos. Com o envelhecimento do vinho, o tanino é amaciado.

Temperagem (chocolate). Um dos processos importantes para que se assegurem o brilho e a textura do chocolate durante sua produção. Após o chocolate ser fundido, os cristais da manteiga de cacau devem ser homogeneizados (para que derretam por igual e se estabilizem). Isso acontece quando passam pela temperagem, ato de fazer o chocolate passar por diferentes estágios de temperatura: primeiro, eleva-se a temperatura a cerca de 40°C, depois se abaixa para cerca de 28°C.

Terrine. Termo francês que se dá a certos patês e empadões preparados, servidos e conservados em recipientes de barro, louça e porcelana. Para preservar o vapor durante o cozimento, a tampa precisa ser bem vedada.

Torá. Do hebraico *Torah*. São doutrinas, leis e narrações essenciais da religião judaica, aceitas como revelação divina da verdade.

Tordo. Gênero de pássaros da família dos turdinas, de plumagem de fundo branco com manchas escuras.

Tortinha, torta. Receita de massa de confeitaria feita de farinha de trigo, gordura, ovos e água, recheada com misturas salgadas ou doces, geralmente assadas no forno. Pode ser também massa folheada, pão de ló ou biscoitos moídos. As tortinhas são feitas em fôrminhas individuais e geralmente são doces.

Trans, gordura. Tipo de gordura formada por processo industrial de hidrogenação que transforma óleos vegetais líquidos em gordura sólida à temperatura ambiente. Seu objetivo é melhorar a consistência dos alimentos e aumentar sua vida nas prateleiras. Também é produzida naturalmente por alguns animais, podendo estar presente em pequenas quantidades em carnes e leites. Segundo os nutricionistas, seu consumo excessivo faz mal à saúde, podendo causar aumento do colesterol ruim e redução dos níveis de colesterol bom.

Trapista. Referente à ordem monástica católica da Trapa, fundada em 1664, na Normandia (França). A ordem pregava a oração e o trabalho.

Traitteur. É a pessoa que lida com comida, dono do restaurante ou loja de alimentos preparados.

Tremoço. Planta da família das leguminosas, a mesma do feijão e da lentilha. Produz um tipo de vagem com grãos que podem ser brancos, amarelos ou azuis. Depois de curados, tornam-se comestíveis.

Trufa. Fungo subterrâneo, considerado uma iguaria. É encontrado numa profundidade de 30 cm da superfície, aproximadamente, próximo a certas árvores, sobretudo os carvalhos. Sua caça é feita com porcos ou cachorros, animais sensíveis ao seu perfume, na época da sua safra, que começa em outubro na Europa. São famosas as trufas brancas do Piemonte (Itália) e as negras do Périgord (França).

Turco, café. A técnica de prepará-lo consiste em colocar o pó de café moído, extremamente fino, misturado com açúcar no *ibrik* (espécie de panelinha), adicionando água e esperando a bebida levantar três vezes sem deixar queimá-la. No café turco podem ser adicionadas especiarias, como o cardamomo.

Turco-otomano. Originário do Império Otomano, que existiu de 1299 a 1922. No seu auge, compreendia a região da Anatólia (atual Turquia, Médio Oriente, Norte da África).

V

Vassalo. Indivíduo que dependia do senhor feudal na Idade Média (ver também feudalismo e feudo).

Vinho destilado. Aguardente feita de vinho; *brandy*.

Vinífero. Usado para produção do vinho.

Vinificação. São as várias operações técnicas que asseguram a transformação das uvas em vinho.

Vitivinicultura. Cultura de vinhas e fabricação de vinho.

Víveres. Gêneros alimentícios ou comestíveis.

Vomitório. Sala com dois grandes potes de barros para que os comensais pudessem expelir a comida recém-digerida e assim voltar ao banquete e comer mais.

X

Xarope. Calda rala de açúcar.

Z

Zabaione. Espécie de creme espesso, de origem italiana (*zabaglione*), feito à base de gemas, açúcar, vinho branco seco, ou vinho doce (Marsala, do Porto, Málaga etc.). Catarina de Médicis levou a sobremesa a Paris no século XVI. Na França, o *zabayone* é feito com ovos inteiros e vinho branco.

Zimbro. Planta da família das pináceas, cujos frutos são utilizados na produção do gim e da genebra, ou também na aromatização de conservas ou carnes defumadas.

REFERÊNCIAS

AGUILERA, César. *História de la alimentación mediterránea.* Madrid: Editorial Complutense,1997.

ALEXANDRE, Philippe; L'AULNOIT, Beatrix de. *Breve história da gastronomia francesa.* Rio de Janeiro: Tinta Negra, 2011.

ALLENDE, Isabel. *Afrodite*: contos, receitas e outros afrodisíacos. Rio de Janeiro: B. Brasil, 1998.

ALVES FILHO, Ivan; DI ROBERTO, Giovanni. *Cozinha brasileira*: com recheio de história. Rio de Janeiro: Revan, 2000.

AMADO, Paloma. *A comida baiana de Jorge Amado ou livro de cozinha de Pedro Archanjo com as merendas de Dona Flor.* São Paulo: Maltese, 1994.

AMOURETTI, Marie-Claire. Cidades e campos gregos. In: FLANDRIN, Jean-Louis; MONTANARI, Massimo. *História da alimentação.* São Paulo: Estação Liberdade, 1998.

ANCHIETA, José. *Cartas.* São Paulo: Loyola, 1984. p. 40-41.

ANUNCIATO, Ofélia Ramos. *Ofélia*: o sabor do Brasil. São Paulo: DBA, 1996. Publicado em parceria com a Melhoramentos.

ARTIGAUD, Frank; DORMOY, Jean-François. *Vins et fromages de France.* Paris: Éditions Soline, 1996.

ASSOCIAÇÃO BRASILEIRA DE SOMMELIERS DE SÃO PAULO. *Apostila*: curso básico.
São Paulo, [200-?]. p. 87-89.

ATALA, Alex. Livro gastronomia + Brasil + reflexões. In: ATALA, Alex. *Alex Atala*: por uma gastronomia brasileira. São Paulo: Bei Comunicação, 2003.

ATALA, Alex. *Redescobrindo os ingredientes brasileiros.* São Paulo: Melhoramentos, 2013.

ATALA, Alex. *El Terroir amazônico.* Madri. Cuaderno de la aula magistral do III Cumbre Internacional de Gastronomia, Madrid Fusion, 2005.

BÁRBARA, Danusia. *Guia de restaurantes do Rio.* Rio de Janeiro: Ed. Senac Rio, 2001.

BEATO, Manoel; Chaves, Guta (Orgs.). *Guia de vinhos Larousse.* São Paulo:
Ed. Larousse do Brasil, 2007.

BELLUZZO, Rosa. *Prazeres e sabores da cozinha paulista.* São Paulo: Departamento do Patrimônio Histórico de São Paulo, 2007.

BELLUZZO, Rosa. *Os sabores da América.* São Paulo: Ed. Senac São Paulo, 2004.

BELLUZZO, Rosa; HECK, Marina. *Cozinha dos imigrantes*: memórias e receitas. São Paulo: DBA, 1999.

BELLUZZO, Rosa; HECK, Marina. *Doces sabores.* São Paulo: Studio Nobel, 2002.

BENEZ, M. C.; MENEGASSO, M. E. (Orgs.). *Cozinha pesqueira catarinense.* 4. ed. Florianópolis: EPAGRI, 1986.

BOLENS, Lucie. *La cuisine andalouse, un art de vivre XI-XIIIéme siécle*. Paris: A. Michel, 1990.

BOTELHO, Raquel. Da prateleira para a mesa. *Folha de S. Paulo*, São Paulo, 26 maio 2005. [Caderno] Ilustrada, p. 6.

BOTTÉRO, Jean. *La plus vieille cuisine du monde*. Paris: Éditions Louis Audibert, 2002.

BOURDAIN, Anthony. *Em busca do prato perfeito*: um cozinheiro em viagem. São Paulo: Cia. das Letras, 2006.

BRAUNE, Renata; FRANCO, Silvia Cintra. *O que é gastronomia*. São Paulo: Brasiliense, 2007.

BRILLAT-SAVARIN, J.-A. *A fisiologia do gosto*. São Paulo: Cia. das Letras, 1995.

BRITO, Paulo Roberto Borges. Produção orgânica. *Sociologia e Ciência*, São Paulo, n. 1. 2006.

BRONZE, Felipe. *Cozinha brasileira de vanguarda*. Rio de Janeiro: Sextante, 2012.

BUENO, Eduardo. *A viagem do descobrimento*: a verdadeira história da expedição de Cabral. Rio de Janeiro: Objetiva, 1998.

BUENROSTRO, Marco; BARROS, Cristina. *Cocina prehispanica y colonial*. México: Tercero Milenio, 2001.

CALABRE, Lia. *A era do rádio*. Rio de Janeiro: J. Zahar, 2002.

CALDEIRA, Jorge; CARVALHO, Flavio; MARCONDES, Cláudio et al. *Viagem pela história do Brasil*. São Paulo: Cia. das Letras, 1997.

CAMARGO, Susana (Coord.). *A revista no Brasil*. São Paulo: Abril, 2000.

CAMPOS, Raymundo. *Debret*: cenas de uma sociedade escravista. São Paulo: Atual, 2001.

CARLOS Magno: a espada da fé. *História Viva*, São Paulo, n. 22, ago. 2005.

CARNEIRO, Henrique. *Pequena enciclopédia da história das drogas e bebidas*. Rio de Janeiro: Elsevier, 2005.

CARVALHO, Ana Judith de (Org.). *Cozinha típica brasileira*: sertaneja e regional.
Rio de Janeiro: Ediouro, 1998.

CASCUDO, Luis da Câmara. *Antologia da alimentação*. Rio de Janeiro: Livros Técnicos e Científicos, 1977.

CASCUDO, Luis da Câmara. *Dicionário do folclore brasileiro*. São Paulo: Objetiva, 2000.

CASCUDO, Luis da Câmara. *História da alimentação no Brasil*. 2 v. São Paulo: Edusp, 1983.

CASTILHO, Carlos. *Fogão campeiro*. Porto Alegre: Martins Livreiro, 1998.

CASTILHO, Carlos. *O Rio Grande em receitas*. Porto Alegre: RBS, 2005.

CHAGAS, Carolina. *D.O.M.*: gastronomia brasileira: o processo criativo de Alex Atala em seu restaurante. São Paulo: D.O.M., 2007. Fôlder do Restaurante.

CHAVES, Guta. Achados saborosos de Pompeia. *História Viva*, São Paulo, p. 13, fev. 2006.
Coluna Prato de Resistência.

CHAVES, Guta. Bauru do Ponto Chic. *Gula*, São Paulo, n. 27, p. 107-109, dez. 1994.

CHAVES, Guta. 100 anos de gastronomia no Brasil. *Gula*, São Paulo, p. 94-105, dez. 1999.

CHAVES, Guta. Chefs emergentes. *Gula*, São Paulo, n. 56, p. 127-141, jun. 1997.

CHAVES, Guta. Coluna Quitandas e Quitutes, Portal IG Comida. Wanessa, não localizei esta coluna

CHAVES, Guta. O dia de cada prato. *Gula*, São Paulo, n. 79, p. 10-13, maio 1999. Caderno Paulista.

CHAVES, Guta. Gastón Acurio e a cozinha peruana. *Portal IG Comida*, 21 set. 2010 [capturado em 19 maio 2014]. Disponível em: ←http://receitas.ig.com.br/gaston-acurio-e-a-cozinha-peruana/n1237781134698.html→.

CHAVES, Guta. O império de Paul Bocuse. *Gula*, São Paulo, n. 78, p. 69-79, 1999.

CHAVES, Guta (Org.). *Larousse do vinho*. São Paulo: Larousse, 2007.

CHAVES, Guta. Lições centenárias. *Gula*, São Paulo, n. 34, p. 81-83, 1995.

CHAVES, Guta. Linhagem ilustre. *Gula*, São Paulo, n. 77, p. 87-93, 1999.

CHAVES, Guta. A nova cozinha andina. *Portal IG Comida*, 8 jan. 2011 [capturado em 19 maio 2014]. Disponível em: ←http://receitas.ig.com.br/a-nova-cozinha-andina/n1237930329975.html→.

CHAVES, Guta. Pedro Alexandrino e a cozinha paulista. *História Viva*, São Paulo, p. 8, abr. 2005.

CHAVES, Guta. Poderosa Afrodite. *Sabor*, São Paulo, n. 17, p. 36-38, ago. 2001.

CHAVES, Guta. Prato de resistência: achados culinários do Egito. *História Viva*, São Paulo, n. 29, p. 13, mar. 2006.

CHAVES, Guta. Sabor familiar Carlino. *Gula*, São Paulo, n. 29, p. 65-67, fev. 1995.

CHAVES, Guta. Sabor modernista. *Gula*, São Paulo, n. 48, p. 109-112, out. 1996.

CHAVES, Guta. Sob as leis do céu. *Gula*, São Paulo, n. 89, p. 58-64, mar. 2000.

CHAVES, Guta. A vez das mulheres. *Gula*, São Paulo, n. 79, 1999.

CHAVES, Guta. A volta ao mundo do cuscuz. *Prazeres da Mesa*, São Paulo, n. 30, p. 48, nov. 2005.

CHAVES, Guta; FERRAZ, Rodrigo; FREIXA, Dolores. *Expedição Brasil gastronômico*: terroirs, ingredientes, chefs, mercados. São Paulo: Melhoramento, 2013. Publicado em parceria com Boccato.

CHAVES, Guta; FREIXA, Dolores. *Brasil, histórias de sabores*. São Paulo: Bellini, 2012.

CHAVES, Guta; FREIXA, Dolores. *Larousse da cozinha brasileira*: raízes culturais da nossa terra. São Paulo: Ed. Larousse do Brasil, 2007.

CHAVES, Guta; SENISE, Arnaldo. À sombra das tamareiras. *Sabor*, São Paulo, n. 6, p. 86–90, ago. 2000.

CHICO JUNIOR. *Roteiros do sabor brasileiro*: turismo gastronômico. Rio de Janeiro: Ed. Senac Rio, 2005.

CORRÊA, Rafael. O laboratório dos sabores. *Veja*, São Paulo, n. 1933, p. 86-88, 30, nov. 2005.

CORTESÃO, Jaime (Adapt.). *A carta de Pero Vaz de Caminha*: primeiro relato oficial sobre a existência do Brasil. São Paulo: Folha da Manhã, c1999.

COSTA, Lena de Oliveira. *Cozinha da roça*: delícias do Brasil interiorano. [S.l.]: Nova Alexandria, 2000.

COSTA, Maria Cristina Castilho. Teorias da globalização. In: COSTA, Maria Cristina Castilho. *Sociologia*: introdução à ciência da sociedade. São Paulo: Moderna, 2005. p. 231.

COUTO, Cristiana. *Arte de cozinha*: alimentação e dietética em Portugal e no Brasil (séculos XVII-XIX). São Paulo: Ed. Senac São Paulo, 2007.

AS CRUZADAS: fanatismo sem limites. *História Viva*, São Paulo, n. 15, jan. 2005.

DEBRET, Jean-Baptiste. *Viagem pitoresca e histórica pelo Brasil*. São Paulo: Círculo do Livro, 1983.

DONEL, Elisa. *O passaporte do gourmet*: um mergulho na gastronomia francesa. Rio de Janeiro: Ediouro, 1999.

DUBY, Georges (Org.). *História da vida, v. 2*: da Europa Feudal à Renascença. São Paulo: Cia. das Letras, 1990.

DUMAS, Alexandre. *Grande dicionário de culinária*. Rio de Janeiro: Zahar, 2006.

ECHAGÜE, Maria Mestayer de. *Historia de la gastronomia*. San Sebastián: R & B Ediciones, 1996.

ENCARNAÇÃO, Bianca. A mesa com a ciência. *Sociologia, Ciência e Vida*, São Paulo, n. 11, 2007.

FARIAS, Cláudio Lamas de et al. *Eletrodomésticos*: origens, história, design no Brasil. Rio de Janeiro: Frahia, 2006.

FERNANDES, Caloca. *Viagem gastronômica através do Brasil*. São Paulo: Ed. Senac São Paulo, 2000.

FESTAS populares do Paraná. Curitiba: Secretaria de Estado da Cultura, 2004. (Cadernos Paraná da Gente).

FIDALGO, Janaina. Babette à chinesa. *Folha de S. Paulo*, São Paulo, 31 jan. 2008. [Caderno] Ilustrada, p. 5.

FIDALGO, Janaina. Ocidente oriental. *Folha de S. Paulo*, São Paulo, 7 jun. 2007. [Caderno] Ilustrada, p. 7.

FLANDRIN, Jean-Louis; MONTANARI, Massimo. *História da alimentação*. São Paulo: Estação Liberdade, 1998.

FRANCO, Ariovaldo. *De caçador à gourmet*: uma história da gastronomia. São Paulo: Ed. Senac São Paulo, 2001.

FREIXA, Dolores. Brasil 500 anos de gastronomia. *Gula*, São Paulo, abr. 2000.

FREIXA, Dolores. Celebração à vida. *Gastronomia em cartaz*. São Paulo: Ateliê Guta Chaves Gastronomia, 3 mar. 2005 [capturado em 19 maio 2014]. Disponível: ←http://www.gutachaves.com.br/default.asp?id=384&voltar=1→.

FREYRE, Gilberto. *Açúcar*. São Paulo: Cia. das Letras, 2004.

FREYRE, Gilberto. *Casa-grande & senzala*. São Paulo: Record, 2000.

FREEDMAN, Paul (Org.). *A história do sabor*. São Paulo: Ed. Senac São Paulo, 2009.

FRIEIRO, Eduardo. *Feijão, angu e couve*. Belo Horizonte: Itatiaia, 1982.

FUNARI, Pedro Paulo. *Grécia e Roma*: vida pública e privada, cultura, pensamento e mitologia, amor e sexualidade. São Paulo: Contexto, 2002.

GRINBAUM, Ricardo. A revolução que Mao não queria. *O Estado de S. Paulo*, São Paulo, 25 out. 2007. [Caderno] Paladar, p. 9.

HECK, Marina; BELLUZZO, Rosa. *Cozinha dos imigrantes*: memórias e receitas. São Paulo: Melhoramentos, 1998.

HERVÉ This e os fundamentos da gastronomia molecular. São Paulo: *Revista Scientific American Brasil*, 2007. (A Ciência na Cozinha, 1).

HERVÉ This e os fundamentos da gastronomia molecular. São Paulo: *Revista Scientific American Brasil*, 2007. (A Ciência na Cozinha, 2).

HORTA, Carla Felipe de Melo Marquês (Coord.). *O grande livro do folclore*. Belo Horizonte: Leitura, 2000.

HORTA, Nina. A comida do futuro. *Folha de S. Paulo*, São Paulo, 4 jan. 2007. [Caderno] Ilustrada, Coluna Comida, p. 4.

HORTA, Nina. Duas faces da mesma moeda. *Folha de S. Paulo*, São Paulo, 15 fev. 2007. [Caderno] Ilustrada, Coluna Comida, p. 6.

HORTA, Nina. Umami, o caçula dos sabores. *Folha de S. Paulo*, São Paulo, 9 nov. 2006. [Caderno] Ilustrada. p. 4.

HOUAISS, Antonio. *Minhas receitas brasileiras*. São Paulo: Art Ed., 1990.

HYMAN, Philip; HYMAN, Mary. Os livros da cozinha na França entre os séculos XV e XIX. In: FLANDRIN, Jean-Louis; MONTANARI, Massimo. *História da alimentação*. São Paulo: Estação Liberdade, 1998. p. 625-639.

IDADE Média. *História Viva*, São Paulo, n. 5, mar. 2004.

OS IMIGRANTES. *Nossa História*, Rio de Janeiro, out. 2005.

JACOB, Heinrich Eduard. *Seis mil anos de pão*: a civilização humana através de seu principal alimento. São Paulo: Nova Alexandria, 2001.

JOHNSON, Hugh. *Guia de vinhos*. São Paulo: Cia. das Letras, 2001.

JULIANO, Roberto. *O dilema do Vegano*: crônicas, viagens e receitas. São Paulo: Ed. Tapioca, 2012.

KELLY, Ian. *Carême*: cozinheiro dos reis. Rio de Janeiro: Zahar, 2007.

KERR, Barbara. Viajando (e comendo) pela Ásia. *Estado de S. Paulo*, São Paulo, 25 out. 2007. [Caderno] Paladar, p. 10.

KURLANSKY, Mark. *Sal*: uma história do mundo. São Paulo: Ed. Senac São Paulo, 2004.

LAROUSSE da cozinha do mundo: Ásia e Oceania. São Paulo: Larousse, 2005.

LAROUSSE gastronomique. Paris: Larousse, 1996.

LAROUSSE gastronomique. Paris: Larousse-Bordas, 2000.

LAYTANO, Dante de. *Cozinha gaúcha*: estudo histórico. [S.l.]: Edigal, 1988.

LAZARETTI, Mariella. *O sabor está nos detalhes*. São Paulo: 4 Capas, 2008.

LEITE, Luiz Alberto. *Comida campeira e povoeira*: segredos e costumes. Porto Alegre: Ed. Martins, 2002.

LEITE, Luiz Alberto. *Comida gaúcha*: cozinhando com Mestre Leite. 6. ed. Porto Alegre: Ed. Martins, 2004.

LENDAS sobre a origem do guaraná. In: WIKIPÉDIA: a enciclopédia livre, 11 fev. 2008 [capturado em 10 abr. 2008]. Disponível: http://pt.wikipedia.org/wiki/Lendas_sobre_a_origem_do_guaran%C3%A1.

LIGABUE, Luiz Henrique. A origem do chocolate de origem. *O Estado de S. Paulo*, São Paulo, 13 maio 2008. [Caderno] Paladar.

LIMA, Cláudia. *Tachos e panelas*: historiografia da alimentação brasileira. Recife: Comunicarte, 1999.

LIMA, Zelinda Machado de Castro e. *Pecados da gula*: comeres e beberes das gentes do Maranhão. São Luís: CBPC, 1998. 2 v.

LINSKER, Roberto, *Mar de homens*. São Paulo: Terra Virgem, 2005.

LOPES, Dias. *Canja do Imperador*. São Paulo: Ed. Nacional, 2004.

LOPES, Juliana; MIN, Marcelo. A nova geração de chefs. *Época SP Gourmet*, São Paulo, 19 set. 2005.

MADER, Heloísa. O movimento slow food no Brasil. In. MIRANDA, Danilo Santos de (Org.). *Cultura e alimentação*: sabores alimentares e sabores culturais. São Paulo: Edições Sesc, 2007.

MAESTRI, Mário. *O escravismo no Brasil*. São Paulo: Atual, 1994.

MAM LISBOA. *Cozinha e doçaria do Ultramar Português*. Lisboa: Agência Geral do Ultramar, 1969.

MARANHÃO, Ricardo. *Árabes no Brasil: história e sabor*. São Paulo: Gaia, 2009.

MARCELLINI, Rusty. *Caminhos do sabor*: a rota dos tropeiros. Belo Horizonte: Gutenberg, 2005.

MARTIN-FUGIER, Anne. Ritos da vida privada burguesa. In: PERROT, Michele (Org.). *História da vida privada*, v. 4: da Revolução Francesa à Primeira Guerra Mundial. São Paulo: Cia. das Letras, 1991. p. 202.

MATOS, Maria Zilda S. de. A cidade que mais cresce no mundo. In: CAMARGO, Ana Maria (Coord.). *São Paulo*: uma longa história. São Paulo: CIEE, 2004. (Nossa História).

MATTOS, Neusa de. *A cozinha gaúcha*. São Paulo: Melhoramentos, 2001.

O MELHOR do Brasil: guia 2006. *Veja*, São Paulo, n. 54, dez. 2005. Edição Especial.

MELO, Josimar. A comida do futuro. *Folha de S. Paulo*, São Paulo, 15 maio 2005. Revista da Folha, p. 9-10.

MELO, Josimar. O truque do Mediterrâneo. *Folha de S. Paulo*, São Paulo, 23 nov. 2006. [Caderno] Ilustrada, p. 6.

MESPLÈDE, Jean-François. *Trois étoiles au Michelin*: une histoire de la haute gastronomie française. Paris: Éditions Gründ, 1998.

MESTAYER, Maria de Achagüe. *Historia da gastronomia*. San Sebastián: R&B, 1996.

MIRANDA, Danilo Santos de; Cornelli, Gabriele (Org.). *Cultura e alimentação*: saberes alimentares e sabores culturais. São Paulo: Edições Sesc São Paulo, 2007.

MODESTO, Maria de Lourdes. *Cozinha tradicional portuguesa*. São Paulo: Verbo, 1982.

MORO, Fernanda de Camargo. *Arqueologias culinárias da Índia*. Rio de Janeiro: Record, 2000.

NAVES, Rodrigo. Debret: um neoclássico diante da miséria tropical. *Caderno Paladar* [capturado em mar. 2008]. Disponível: ←http://cultura.estadao.com.br/noticias/artes,debret-um-neoclassico-diante-da-miseria-tropical,136168

NOGUEIRA, Tânia. Quer provar? Então, cozinhe. *Época*, São Paulo, p. 92, 13 mar. 2006.

NORBERT, Elias. *O processo civilizador*. Rio de Janeiro: J. Zahar, 1990.

NORMAND, Jean-Michel. *Une saveur d'avance*. Paris: Société Éditrice du Monde, 2004. P. 24-33.

NOVAKOSKI, Deise; FREIRE, Renato. *Enogastronomia*: a arte de harmonizar cardápios e vinhos. Rio de Janeiro: Senac Nacional, 2005.

OJEA, Angel. *O coquetel e sua arte*. São Paulo: Escrituras, 2001.

OLIVER, Jamie. *Jamie Oliver*: 15 minutos e pronto. Rio de Janeiro: Globo, 2013.

ORNELLAS, Lieselotte Hoeschl. *Alimentação através dos tempos*. São Paulo: EDUFSC, 1970.

PANTEL, Pauline Schmitt. As refeições gregas: um ritual cívico. In: PASCOAL, Norberto. *Aroma de café*: guia prático para apreciadores de café. São Paulo: Ed. Fundação Educar, 1999.

PELLOTA, Paulo. Paz na terra aos homens de botequim. In: CRÔNICAS e histórias curtas sobre bares e botequins. São Paulo: Clio Editora, 2003.

PERDOMO, Lucía Rojas. *Cocina prehispánica*. Santa Fé de Bogotá: Voluntad, 1994.

PERNAMBUCO, Carla. *As doceiras*. São Paulo: Ed. Nacional, 2007.

PERROT, Michele (Org.). *História da vida privada*, v. 4: da Revolução Francesa à Primeira Guerra Mundial. São Paulo: Cia. das Letras, 1991.

PINO, Francisco Alberto; VEGRO, Celso Luis. *Café*: um guia do apreciador. São Paulo: Saraiva, 2005.

PINSKY, Jaime. *As primeiras civilizações*: história natural, história social, agricultores e criadores, mesopotâmicos, egípcios e hebreus. São Paulo: Contexto, 2006.

PIRES, Mário Jorge. *Raízes do turismo no Brasil*. Barueri: Manole, 2001.

PLÍNIO JÚNIOR. *Imigrantes, viagem trabalho e integração*. São Paulo: FTD, 2000.

PODANOVSKI, João (Org.). *São Paulo*: capital mundial da gastronomia. São Paulo: Sindicato de Hotéis, Bares e Similares de São Paulo, 1988.

POMAR, Wladimir. *Retrospectiva do século XX*. São Paulo: Ática, 1998.

PROENÇA, Graça. *O Renascimento*. São Paulo: Ática, 2002.

PROST, Antoine; VINCENT, Gerard (Orgs.). *História da vida privada*, v. 5: da Primeira Guerra até os nossos dias. São Paulo: Cia. das Letras, 1991.

PUTZ, Cristina. *História da gastronomia paulistana*. São Paulo: Guia D, 2004.

RABELAIS, François. *Gargântua e Pantagruel*. Belo Horizonte: Itatiaia, 2003.

REJOWSKI, Miriam (Org.). *Turismo no percurso do tempo*. São Paulo: Aleph, 2002.

REVEL, Jean-François. *Um banquete de palavras*. São Paulo: Cia. das Letras, 1996.

RIBEIRO, Antonio. Nenhum chef é gênio. *Veja São Paulo*, São Paulo, p. 11-15, 3 out. 2007. Entrevista com Alain Ducasse.

RIBEIRO, Joaquim. *Folclore do açúcar*. Rio de Janeiro: Fundação Nacional de Arte, 1977.

ROCHA, Ana Augusta; LINSKER, Roberto. *Brasil aventura*: guia ilhas. São Paulo: Terra Virgem, 1996.

ROMIO, Eda. *500 anos de sabor*. Rio de Janeiro: E. R. Comunicações, 2000.

ROSA, Javi Antoja de la. *Apicius, 1900-2008*: cuaderno de alta gastronomía. Folder apresentado na palestra de Rosa no evento Prazeres da Mesa ao Vivo, nov. 2007.

ROSHER, Tatiana (Org.). *Sabor rural*: 50 receitas com tempero do Brasil. [S.l.]: Ed. RBS, [200-].

ROUTH, Shelagh; ROUTH, Jonathan. *Leonardo's kitchen notebooks*: codex Roamnoff. Londres: W. Collins, 1987.

SABORES selvagens. *Nosso Pará*, Belém, n. 7, dez. 2000.

SALLES, Mara. *Ambiências*: histórias e receitas do Brasil. São Paulo: DBA Artes, 2011.

SANTOS, Sérgio de Paula. *Vinhos, a mesa e o copo*. Porto Alegre: L&PM, 1992.

SCHARLACH, Cecília. Copo d'água vem antes de comilança. *Folha de S. Paulo*, São Paulo, 23 ago. 2007. Caderno de Turismo.

SEMERENE, Bárbara. Aprendizes de mestre-cuca. *Época São Paulo Gourmet*, São Paulo, 19 set. 2005. p. 6-10.

SENAC. DN. *Cachaça artesanal do alambique a mesa*. Rio de Janeiro: Senac Nacional, 2002.

SENAC. DN. *Dos comes e bebes do Espírito Santo*: a culinária capixaba no Hotel Ilha do Boi. 3. ed. Rio de Janeiro: Senac Nacional, 2002.

SENAC. DN. *Culinária amazônica*: o sabor da natureza. Rio de Janeiro: Senac Nacional, 2000.

SENAC. DN. *Culinária nordestina*: encontro do mar e sertão. Rio de Janeiro: Senac Nacional, 2001.

SENAC. DN. *A doçaria tradicional de Pelotas*. Rio de Janeiro: Senac Nacional, 2004.

SENAC. DN. *Do Pampa a Serra*: os sabores da terra gaúcha. Rio de Janeiro: Senac Nacional, 1999.

SENAC. DN. *Pantanal*: sinfonia de sabores e cores. Rio de Janeiro: Senac Nacional, 2003.

SENAC. DN. *O pão na mesa brasileira*. Rio de Janeiro: Senac Nacional, 2004.

SENAC. DN. *Sabores e cores das Minas* Gerais: a culinária mineira no Hotel Senac Grogotó. 2. ed. Rio de Janeiro: Senac Nacional, 2002.

SEVCENKO, Nicolau. *A corrida para o século XXI*. São Paulo: Cia. das Letras, 2002.

SGANZERLA, Eduardo; STRASBURGUES, Jan. *Cozinha paranaense*. Curitiba: Esplendor, 2004.

SILVA, Alberto Costa e. A África acordava nas ruas do Rio. *O Estado de S. Paulo*, São Paulo, 7 mar. 2008 [capturado em mar. 2008]. Caderno Paladar. Disponível em: ←http://www.estadao.com.br/estadaodehoje/20080307/not_imp136160,0.php→.

SILVA, Cíntia Cristina da. Pense orgânico, cultive seu quintal. *O Estado de S. Paulo*, São Paulo, 31 jan. 2008. [Caderno] Paladar.

SILVA, Paula Pinto e. *Angu e empada, aipim e avelã*. *O Estado de S. Paulo*, São Paulo, 7 mar. 2008 [capturado em mar. 2008]. Caderno Paladar. Disponível em: ←http://www.estadao.com.br/estadaodehoje/20080307/not_imp136162,0.php→.

SILVA, Paula Pinto e. *Farinha, feijão e carne-seca*: um tripé culinário no Brasil colonial. São Paulo: Ed. Senac São Paulo, 2005.

SILVA, Sivestre. *Frutas Brasil frutas*. Barueri: Círculo, 1991.

SIMON, François. *Onde foram os chefes*: fim de uma gastronomia francesa. São Paulo: Ed. Senac São Paulo, 2010.

SIMON, Joanna. *Vinho e comida*: um guia básico e contemporâneo das melhores combinações de vinho e comida. São Paulo: Cia. das Letras, 2000.

SOMMA, Iolanda. *Pratos típicos regionais do Brasil*. Rio de Janeiro: Ediouro, 1994.

SOUSA NETO, Júlio Anselmo de. *O vinho no gerúndio*. Belo Horizonte: Gutenberg, 2004.

SOUZA, Sergio de; CEGLIA NETO, Paschoal. *O prato nosso de cada dia*: arte da culinária brasileira. São Paulo: Yucas, 1994.

SPAIN gourmetour: vino y viajes. Madrid: Instituto Español de Comercio Exterior, sept./dic. 2005.

SPANG, Rebeca. *A invenção do restaurante*. São Paulo: Record, 2007.

STEINGARTEIN, Jeffrey. *Deve ter sido alguma coisa que eu comi*. São Paulo: Cia. Das Letras, 2004.

STEINGARTEIN, Jeffrey. *O homem que comeu de tudo*: feitos gastronômicos do crítico da Vogue. São Paulo: Cia. das Letras, 2005.

STRONG, Roy. *Banquete*: uma história ilustrada da culinária, dos costumes e da fartura à mesa. São Paulo: J. Zahar, 2004.

SUDBRACK, Roberta. *Eu sou do camarão ensopadinho com chuchu*. São Paulo: Tapioca, 2013.

TAILLEVENT. *Le viandier*: d'après l'edition de 1486. Paris: Manucius, [200-?]. (Livres de Bouche). Disponível: ←http://manucius.blog2b.net/4822/Livres+de+Bouche.html→.

TALLET, Pierre. *História da cozinha faraônica*: a alimentação no Egito antigo. Tradução de: Olga Cafalcchio. São Paulo: Ed. Senac São Paulo, 2005.

TARASANTCHI, Ruth Sprung. *A vida silenciosa na pintura de Pedro Alexandrino*. Dissertação (Mestrado em Artes) – Escola de Comunicações e Artes, USP, São Paulo, 1981.

TEMAS brasileiros: um país chamado café. História Viva, São Paulo, n. 1, [200-].

TERRA paulista: a formação do estado de São Paulo, seus habitantes e os usos da Terra. São Paulo: Impr. Oficial, 2004.

TOLEDO, Vera Vilhena; GANCHO, Cândida. *Sua majestade o café*. São Paulo: Moderna, 2000.

THIS, Hervé. *Um cientista na cozinha*. São Paulo: Ática, 2001.

TOTA, Pedro Antônio. *O imperialismo sedutor*: a americanização do Brasil na época da segunda Guerra. São Paulo: Cia. das Letras, 2000.

TRAGER, James. *The food chronology*. New York: Owl Books, 1997.

TREFOIS, Jacques. Ferran Adrià: vinte anos de cozinha criativa. *O Estado de S. Paulo*, São Paulo, 25 out. 2007. [Caderno] Paladar.

TREFZER, Rudolf. *Clássicos da literatura culinária*: os mais importantes livros da história da gastronomia. São Paulo: Ed. Senac São Paulo, 2009.

TREVISANI, Bruna; MATTOS, de Neuza; RAMOS, Regina Helena de Paiva. *Sabores da cozinha brasileira*. São Paulo: Melhoramentos, 2004.

TRINDADE, Garcia. *Cachaça um amor brasileiro*: história, fabricação, receitas. São Paulo: Melhoramentos, 2006.

TROISGROS, Claude. *As melhores receitas do que maravilha!* Rio de Janeiro: Ed. Globo, 2012.

TRAJANO, Ana Luiza. *Cardápios do Brasil*. São Paulo: Ed. Senac São Paulo, 2013.

TREFAUT, Maria da Paz. *Dona Brazi*: cozinha tradicional amazônica. São Paulo: Bei Comunicação, 2013.

VEYNE, Paul (Org.). *A história da vida privada*, v. 1: do Império Romano ao ano mil. São Paulo: Cia. das Letras, 1990.

VIANNA, Hélio. O que comia o imperador. In: CASCUDO, Luís da Câmara (Org.). *Antologia da alimentação no Brasil*. Rio de Janeiro: Livros Científicos Técnicos, 1977. p. 151.

WALKER, John. *Introdução à hospitalidade*. Barueri: Manole, 2002.

WELLS, Patrícia. *Cozinha de bistrô*. Rio de Janeiro: Ediouro, 1993.

FILMOGRAFIA

BARRETO, Fábio. *O Quatrilho*. São Paulo: Paramount, 1995. 1 DVD, color.

BIRD, Brad. *Ratatouille*. [S.l.]: Walt Disney Home Entertainment, 2007. 1 DVD, color.

DONALDSON, Roberson. *Cocktail*. [S.l.]: Elektra / Wea, 1988.

A FESTA de Babette. Direção de Gabriel Alex. [S.l.]: Playarte, 1987. 1 fita de vídeo (103 min), VHS, NTSC, color.

LEE, Ang. *Comer, beber, viver*. [S.l.]: Central Motion Picture Corporation: Ang Lee Productions: Good Machine, 1994.

WILDER, Billy. *Sabrina*. [S.l.]: Home Entertainment, 1954. 1 DVD (113 min), color.

YAMASAKI, Tizuka. *Gaijin*: caminhos da liberdade. [S.l.]: Embrafilme, 1980. 1 DVD (104 min), color.

AGRADECIMENTOS

Foram muitas as contribuições de instituições, secretarias, bibliotecas, chefs, culinaristas, pesquisadores, profissionais da gastronomia e amigos pelo Brasil afora e exterior. Sem essas pessoas seria impossível a realização deste projeto.

Agradecemos, de coração,

Ao Senac Nacional, que abraçou nossas ideias e nos deu suporte técnico, pedagógico, sem falar da grande atenção em todos os momentos deste desafio. Uma equipe e tanto que sempre esteve do nosso lado.

Ao consultor do Senac e presidente da Abaga, Jorge Monti, todo o carinho por ter acreditado em nosso potencial.

Agradecemos, em especial, aos chefs brasileiros ou estrangeiros radicados aqui, de várias regiões do país, que nos forneceram com tanta generosidade informações e depoimentos para o livro: Alex Atala, Ana Luiza Trajano, Ana Soares, Bella Masano, Benê Ricardo, Beto Pimentel, Carlos Siffert, Cesar Santos, Claude Troisgros, Christophe Besse, Emmanuel Bassoleil, Flávia Quaresma, Laurent Suaudeau, Mara Salles, Marc Le Dantec, Paulo Martins, Rafael Barros, Renata Braune, Selva Fierro, Tatiana Szeles e Tsuyoshi Murakami. E, no exterior, aos chefs Alain Ducasse e Paul Bocuse (França) e Andoni Adoriz (Espanha).

Aos que contribuíram para a pesquisa de conteúdo: J. A. Dias Lopes (jornalista gastronômico, escritor, diretor da revista Gula); Cristiana Coutto (jornalista gastronômica); Ronaldo Pontes Barreto (diretor educacional do Senac São Paulo); Rosa Moraes (diretora de gastronomia da Universidade Anhembi Morumbi); Ricardo Maranhão (professor de história da gastronomia); Michel Thénard (restaurador e sommelier, de Paris); Manoel Beato (sommelier); Cenia Salles e Heloísa Mader (da Slow Food Brasil); Sílvia Franco (escritora); Ana Ignácio (jornalista) e Alexandre Ferro (historiador); Aires Scavone (da Escola Aires Scavone, do Rio Grande do Sul); Ricardo Castilho (jornalista gastronômico e diretor da revista Prazeres da mesa). E ainda Ronnie Von, Anice Aun, In Press Porter Novelli; Gabinete de Comunicação; Sofia Carvalhosa; Luiza Estima; Lucia Paes de Barros; Deni Bloch, Joana Munné, Janka Babenco.

A Rose Campos e Thiago Domenici pela leitura atenta.

À Biblioteca do Senac da Francisco Matarazzo e à escola e loja Le Viandier, em São Paulo, que nos forneceram material de pesquisa.

Às Secretarias de Turismo do Brasil. Em especial, a Carlos Silveiro, da Graffit Projetos Turísticos, da Aresp e do Sindicato dos guias do Estado de São Paulo.

Nesta edição, agradecemos os depoimentos dos seguintes chefs, que nos auxiliaram nos conceitos em "Leque de opções para o futuro":

Ana Luiza Trajano, Beto Daidone, Felipe Bronze, Felipe Schaedler, Manu Buffara, Marcos Livi, Mari Hirata, Monica Rangel, Pere Planagumà (Espanha), Raphael Despirite, Sergio Peres, Tanea Romão, Tereza Paim. E também à barista, Isabela Raposeiras, ao crítico Arnaldo Lorençato, ao historiador Ricardo Maranhão. E, ainda, ao movimento Slow Food Brasil, ao evento Mesa SP, realizado pelo SENAC e revista Prazeres da Mesa, em São Paulo, e ao evento Paladar Cozinha do Brasil, realizado pelo Caderno Paladar do jornal O Estado de São Paulo.

Em "Globalização", gostaríamos de retribuir a contribuição dos seguintes especialistas: Alec Duarte, coordenador e professor dos cursos de pós-graduação em Comunicação Multimídia e Jornalismo Esportivo da Faap (SP); e Pedro Calabrez Furtado, diretor da Neurovox, professor de psicologia e neurociência do MBA da universidade ESPM.

Aos familiares queridos, que muito nos apoiaram: Basília, Vicente e Luiza Chaves; Maria, Yuri e José Maria Freixa.

E a Maria Tereza Franchon, exemplo a seguir do verdadeiro mestre, que ensina o conhecimento aplicado à vida.

Este livro foi composto com as famílias tipográficas Scala e Din.
Impresso em papel offset 90g/m² no miolo e em cartão supremo 250g/m² na capa.